国家出版基金项目
NATIONAL PUBLICATION FOUNDATION

大国经济丛书　　　主编　欧阳峣

新兴大国的自主创新道路

"金砖四国"比较研究

欧阳峣　生延超　等著

格致出版社　　上海人民出版社

总　序

经济学发展历史表明,经济理论的重要程度往往取决于被解释现象的重要程度。中国的崛起被称为"东亚奇迹","金砖国家"的崛起已成为"世界奇迹",这说明大国经济现象的重要程度是毋庸置疑的。如果将典型的大国经济发展现实和经验的研究提升为普遍性的理论体系和知识体系,那么,中国经济学就有可能掌握国际话语权。

一般地说,掌握国际话语权应该具备三个条件:一是研究的对象具有典型意义,被解释的现象不仅对某个国家的发展具有重要意义,而且对世界的发展具有重要意义;二是取得的成果具有创新价值,在学术上有重要发现,乃至创造出新的科学理论和知识体系;三是交流的手段具有国际性,研究方法符合国际规范,可以在世界范围交流和传播。

在大国经济研究领域,第一个条件是已经给定的,因为大国经济发展具有世界意义。关键是要在第二个条件和第三个条件上下功夫。要通过创造性的思维和研究,深刻把握大国经济的特征和发展规律,构建大国经济的理论体系和知识体系,追求深层次的学术创新和理论突破;要使用国际化的交流手段,运用规范的研究方法和逻辑思维开展研究,从中国与世界关系的角度来看待大国经济问题,并向世界传播大国经济理论和知识体系,从而使大国经济理论具有世界意义和国际影响力。

我们将联合全国的专家学者,致力于探索超大规模国家经济发展的特征和规律,进而构建大国经济理论体系和知识体系。格致出版社以深邃的目光发现了这个团队的未来前景,组织出版这套《大国经济丛书》,国家新闻出版总署将其列入

"十二五"国家重点图书出版规划,为大国经济研究提供了展示成果的平台。

我们拥有这样的梦想,并且在集聚追求梦想的力量。我们期望这个梦想成为现实,并用行动构建中国风格的经济学话语体系,为中国经济学走向世界做出积极的贡献。

欧阳峣

前　言

　　新兴大国的崛起要走自主创新的道路,增强自主创新能力。本书运用理论分析、历史分析、比较分析、实证分析和系统分析方法,对金砖四国自主创新的体系、模式及能力进行综合评价,对新兴大国自主创新机理进行系统分析,并借鉴发达大国的经验和针对金砖国家的问题,提出了新兴大国自主创新的政策框架,以及构建金砖四国科技合作交流平台的思路。

　　首先,本书对金砖国家自主创新进行了比较研究。本书选取 8 个发达国家与中国、俄罗斯、印度、巴西进行比较,结果表明:金砖四国创新体系的效率与发达国家有较大差距,无论是研发效率还是科技成果向经济转化的效率,都处于较低水平。究其原因,一是国家创新体系中创新行为主体的严重错位及其联动机制的缺乏,企业的主体地位尚未确立,高校和科研机构主要完成政府计划和任务;二是缺乏有效改善研发效率和促进科技成果转化的创新环境,风险投资和专利制度不健全,市场机制引导和促进创新的作用尚未充分发挥。通过对金砖国家的技术创新模式的研究,发现巴西属于政府主导型创新模式,俄罗斯属于大型企业主导高新技术型创新模式,印度属于重点扩散型创新模式,中国属于政府主导型创新模式。金砖四国的共性在于:政府在促进科技创新方面都采取积极的扶植措施,制定相关的适应政策;创新模式的复合化,既重视原始创新,又重视集成创新。通过确定国家自主创新能力评价指标及权重,并以创新投入、创新环境和创新产出等方面进行比较,本书发现中国在创新产出方面有明显优势,其直接产出(专利)、上游产出(论文)和下游产出(高技术产品出口)都遥遥领先于其他三国,但与发达国家比较又逊色很多,印度的优势主要体现在直接产出(专利)和上游产出(论文)上,其下游产出(高技术产品出口)和劳动生产率较低;巴西的优势主要体现在创新的下游产出和劳动生产率上,其直接产出和上游产出较为薄弱;俄罗斯的优势主要体现在劳动生产率上,其下游产出和直接产出都较为薄弱。

然后,本书对新兴大国自主创新的机理进行了研究。通过分析新兴大国自主创新动力转换机理,本书认为一个国家所拥有要素的数量和质量上升到一定程度时,该国的技术能力才会相应地提升层次;新兴大国由于庞大的资源规模、自成体系的国内市场和强烈的发展愿望,使它在模仿创新、合作创新到一定程度后,就必须实行自主创新战略。新兴大国自主创新动力转换需要经过三个阶段:一是新兴大国凭借庞大的资源优势,不断增加要素投入,通过社会能力的培育实行模仿创新;二是新兴大国提升要素质量,通过学习能力的培育实行合作创新;三是新兴大国改善要素禀赋,提升自主创新能力实施技术领先战略。通过分析新兴大国自主创新模式转变机理,认为新兴大国自主创新模式的转换取决于技术差距和人力资本中熟练劳动与非熟练劳动的比例,随着人力资本的构成比例和技术水平不断提高,自主创新模式从专业化模仿创新到模仿创新与自主研发并存,再到专业化自主研发逐步转换。而且,只有以自主研发为主要模式时,采取对自主研发的补贴政策和较强的知识产权保护政策才有利于技术进步;当技术差距较大时,采取鼓励以模仿创新为主的政策有利于技术进步和经济增长。因此,新兴大国的科技政策应该体现行业和区域的差异性,在技术水平较高的行业和地区,通过鼓励高素质人力资本积累、补贴自主研发、并辅以较强的知识产权保护鼓励技术进步;而在技术水平较低的行业和地区,通过"逆向工程"对引进技术进行模仿性创新。通过分析新兴大国自主创新资源配置机理,通过拓展以研发为基础的内生增长模型,将新兴大国技术进步刻画为通过自主研发和对国外技术的模仿创新两条途径,并使用物质资本和人力资本投入共同作用的结果,利用动态最优方法分析了资源在生产性投资与研发投资间的最优分配,以及研发资源在自主研发与对国外技术的模仿创新间的最优分配,结果表明:应该根据技术差距权衡生产性投资与研发投资、模仿性投资与自主研发投资,使有限的研发资源得到有效的利用;新兴大国在技术差距较大时,可以实行适度鼓励研发投入的政策,努力缩小与技术领先国的技术差距,实现有限赶超。通过分析新兴大国自主创新成果转化机理,认为其科技成果转化能力不强,主要问题在于:新兴大国可转化的有效性科技成果供给的不足;新兴大国的科研管理体制尚未真正与市场接轨;新兴大国科技成果转化的有效性需求不足。为促进新兴大国科技成果的转化,需要明确政府角色定位,构建引导、激励和交流协调体系,营造良好的创新环境;设立转化基金,弥补创新链条的缺失,设立中试环节的专项资金,建立相应的评审监督机制;吸纳大学、研究机构、企业和政府人员共同打造中介机构,构建功能完整、服务专业的中介体系。

接下来,本书对新兴大国自主创新的道路进行了研究。通过分析发达大国自主创新的经验借鉴,总结了美国、法国和日本的有效做法:一是大幅度增加教育和科技投入,推行国家高技术发展战略;二是铸造产学研一体化链条,加速创新知识的产品转化;三是政府主导加强创新政策体系调控,促进企业开展创新活动。通过分析目前金砖四国自主创新的状况,根据新兴大国的特点,认为自主创新应该构建以政府为主导、以企业为主体、以高校和科研机构为依托的体系;应该实行整体推进战略,并选择一些重点支柱产业,在关键核心技术方面取得突破,通过技术创新带动产业创新;应该培养高层次创新人才,完善创新活动的机制,制定和实施有利于创新的政策,为自主创新提供优良的环境。同时,应该借鉴发达国家的成功经验,采取积极有效的措施提升自主创新能力:一是完善新兴大国自主创新机制,健全公平竞争机制、市场调控机制和政府调控机制;二是努力掌握关键核心技术,选择国民经济和社会发展的重点领域,组织关键核心技术的攻关;三是积极培育和发展战略性新兴产业,以技术创新促进产业创新,创造新的经济增长点。

同时,本书提出了新兴大国科技合作的平台构建。本书认为金砖国家的科技合作有利于突破西方国家的技术壁垒,有利于开展具有大型化和复杂化特征的科学研究,有利于从外部获取短缺的技术要素。同时金砖国家的合作基础及科学技术本身的国际性和共享性特点,为开展国际科技合作提供了可能性。具体合作方式包括:政府间联合资助设立国际科技合作计划;政府间开展人力资源计划;政府采购项目下的国际科技合作。为此,需要建设以网络平台为依托、服务体系为支撑的国际科技合作平台,包括构建金砖国家科技合作的公共信息网络平台、服务体系、人才交流平台和保障机制。

Abstract

The rise of emerging countries should embark on the road of independent innovation and enhance independent innovation capability. This book, by using methods of theoretical analysis, historical analysis, comparative analysis, empirical analysis and system approach, evaluating comprehensively the BRIC countries' independent innovation systems, its model and capacity, analyzing systematically the innovation mechanism of emerging powers, and drawing major developed countries' experiences for reference, proposes policy framework of independent innovation for emerging countries targeting the problems in BRIC countries, and builds technology cooperation and exchange platform among BRIC countries.

The comparative study is to compare independent innovation system between selected eight developed countries and China, Russia, India, and Brazil. The result shows that there is a wide gap between BRIC countries' innovation system efficiency and that of the selected developed countries. No matter the development efficiency or the efficiency of transformation from scientific or technological achievements into economy, BRIC countries are at a low level. Reasons are analyzed. First, serious dislocation of innovation actors in national innovation system, and lack of linkage mechanism; the enterprise's dominant position has not been established; universities and research institutions mainly complete the tasks and projects from government. Second, lack of environment for innovation to promote effective research and development and promote scientific and technological transformation; venture capital and the patent system are not comprehensive; and the market mechanism to guide and promote the role of innovation has not been fully realized.

After studying on the technical innovation model in BRIC countries, the author found that Brazil is a government-led innovation model, Russia is a large high-tech enterprise oriented innovation model, India is innovation focus diffusion model, and China is a government-led innovation model. The commonplace of BRIC countries is that, government has taken proactive measures and has developed relevant adaptation policies to promote technological innovation; and composite innovative model which government puts emphasis on both original innovation and on the importance of integrated innovation.

By determining the evaluation index and weights of national independent innovation capability, and comparing innovation investment, innovation environment and innovation output, the author found that China has obvious advantages in innovation output. Its direct output(patents), the upstream output(papers) and downstream outputs(high-tech exports) are far ahead of the other three countries, but there are a lot less compared with the developed countries. India's main advantages are the direct outputs(patents) and upstream output(paper), and its downstream output(high-tech exports) and labor productivity are low. The main advantage of Brazil is downstream output of innovation and labor productivity, and its direct output and upstream output are weak. Russia's main advantage is labor productivity, while its downstream outputs and direct output are relatively weak.

Then, this book refers the innovation mechanism of emerging powers. By analyzing the emerging powers innovation power conversion mechanism, the author believes that until a country's quantity and quality of elements has risen up to a certain extent, its technological capabilities will enhance accordingly. Due to the huge scale of resources, self-contained domestic market and a strong desire to develop, after the phase of imitation of innovation, cooperation and innovation, emerging powers must implement innovation strategies.

Emerging powers' innovation power conversion needs to go through three stages. First, by virtue of the huge advantages in resources, emerging powers keep increasing factor inputs to practice imitated innovation through social competence cultivation; secondly, emerging powers enhance the quality of elements, and practice cooperation and innovation through learning ability cultivation; thirdly, emerging countries improve factor endowment to enhance the ability of independent innovation and carry out the strategy of leading the implementation of technology.

By analyzing the shift mechanism of emerging powers innovation paradigm, the author holds that emerging powers innovation mode conversion relies on the technology gap and the ratio of skilled labor to unskilled labor in human capital. With the keep rising of composition ratio of human capital and technology level, independent innovation model has developed from the specialized imitative innovation to imitative innovation and independent R&D co-exist, then to specialized independent research gradually.

Moreover, when independent research and development is as the main mode, the best is to take on independent research and development subsidies and strong intellectual property protection policies, which will be conducive to technological progress. When the technology gap is large, polices to encourage imitative innovation are conducive to technological progress and economic growth. Therefore, science and technology policies in emerging powers should reflect the sector and regional differences. In the higher level of technology industries and regions, technological progress can be realized by encouraging high-quality human capital accumulation, independent research and development subsidies, and a strong intellectual property protection. While in lower-skilled industries and regions, it is good to introduce imitative technology innovation through the "reverse engineering".

By analyzing innovation resource allocation mechanism in emerging powers, through the expansion in R&D-based endogenous growth model, the emerging powers technological progress is portrayed as the result of two ways of innovation through independent research and imitating foreign technology innovation, together with using both physical capital and human capital. Using the dynamic optimal method to analyze the resources in productive investment and R&D investment to get the optimal allocation, and the optimal allocation of R&D resources between independent R&D and imitation of foreign technology innovation, the results showed that: the limited R&D resources can be effectively utilized according to the technology gap between productive investment and R&D investment, imitative and independent R&D investment. Emerging powers, when the technology gap is large, can implement appropriate policies to encourage R&D investment to narrow the technologically gap with advanced country and achieve limited catch.

By analyzing independent innovation transformation mechanism in emerging powers, the author thinks that the ability to transform scientific and technological achievements is not strong, and the main reasons are as follows. First, supply of scientific and technological achievements that can be converted effectively is inadequate in emerging powers. Second, scientific management system has not really in line with the market in emerging powers. Moreover, there is lack of effective demand of scientific and technological achievements conversion. To promote technological achievements transformation in emerging powers, it is required to specify a clear government role, build, guide and motivate a communication and coordination system, to create a favorable environment for innovation; to establish transformation fund to make up the innovation chain missing, to establish pilot sectors of special funds to establish the appropriate accreditation oversight mechanisms; to absorb universities, research institutions, businesses and government working together to build full-featured, professional intermediary services system.

The book also analyzes the road of independent innovation research in emerging powers. By analyzing the experience of independent innovation from major developed countries, and summing up effective approaches of the United States, France and Japan, the author found there are three ways. First, there is a substantial increase in investment in education and technology, and the implementation of national high-tech development strategy in these three countries. Second, they cast integration of industry chain, and accelerate innovation and knowledge conversion. Third, they strengthen the government-led regulation on innovation policy system to promote enterprises to carry out innovation activities.

By analyzing the current innovation status of BRIC countries, according to the characteristics of emerging powers, the author believes that innovation should be built as a system of government-led, with enterprises as the main body, and universities and research institutions as the base; overall advancement strategy should be implemented, and some key pillar industries should be selected to make breakthrough in key core technology, and then to promote industrial innovation; high-level innovative talents should be cultivated to improve innovation activities, formulate and implement policies conducive to innovation, and to provide an excellent environment for independent innovation. Meanwhile, we should learn from the successful experience of developed countries to take active and effective measures to enhance the capability of independent innovation. First, we should improve the independent innovation system in emerging powers, and improve the mechanism for fair competition, market regulation mechanisms and government regulation mechanisms. Second, we should make efforts to master the core technology, select the focus areas of economic and social development, and organize key core technology research. Third, we should foster and develop actively strategic emerging industries, use technology and innovation to promote industrial innovation, and create new economic growth point.

Moreover, scientific cooperation platform is proposed to build in emerging powers. The author believes that science and technology cooperation among BRIC countries is conducive to breakthrough in technical barriers in Western countries, conducive to having a large-scale scientific research with complex characteristics, and can help to gain technical elements from outside. Meanwhile, the cooperation basis among BRIC countries and the features of internationality and sharing of science and technology itself provide a possibility for international science and technology cooperation. Concrete forms of cooperation include the establishment of inter-governmental co-funded international science and technology cooperation program; inter-governmental human resource planning; international science and technology cooperation under the government procurement projects. For this purpose, the international science and technology cooperation platform based on a web platform, supported by the service system should be built including the public information network platform, service system, talent exchange platform and protection mechanism among BRIC countries.

目　录

CONTENTS

第 1 章

导论

自主创新与大国崛起的逻辑关系已经成为共识,新兴大国的崛起需要国家创新能力的支撑,中国的崛起需要走自主创新道路。关于"大国"的概念,欧阳峣、罗会华(2010)给出了比较合理的界定,即世界范围内具有幅员广阔、人口众多、国内市场巨大、资源总量丰富等条件,或具有其中比较突出的条件以至于能够成为国际市场上某些产品价格制定者的享有主权利益的国家。其把美国、俄罗斯、中国、印度和巴西列为典型大国,认为它们是具有典型意义的经验对象。"新兴市场"的概念是由美国的国际投资经纪人安东尼·阿格塔米尔于 1981 年提出来的,认为它代表了发达国家企业看待发展中国家企业的一种眼光或者视角。1994 年美国商务部在《国家出口促进策略》中提到:一个新世界正在崛起,未来美国将与这类新的国家进行竞争,这类国家可称为"新兴市场"国家。它们是在 20 世纪 80 至 90年代兴起的,普遍具有经济增长速度快和市场潜力大的特点,而且正在力图通过改革和发展融入全球经济体系。其中,特别值得注目的是,美国高盛公司在 2001年提出了"金砖四国"(BRICs)的概念,即巴西、俄罗斯、印度和中国。2011 年,"金砖四国"领导人会议吸收了南非,统称为"金砖国家"。但是,南非的国土面积仅有122.1 万平方公里,人口数量仅 4 905.2 万,与其他四国的差距巨大,并不是具有典型意义的"新兴大国"。因此,本书没有将南非纳入研究对象,仍然使用"金砖四国"的概念。本书试图在对"金砖四国"的自主创新状况进行比较分析和综合评价的基础上,研究新兴大国自主创新的系统性机制,并借鉴发达国家的经验,提出新兴大国自主创新的道路选择及政策框架。

1.1　研究背景和目标

世界经济发展的经验表明,一个国家只有具备强大的自主创新能力,才能在激烈的国际竞争中把握先机和赢得主动。自主创新能力已成为新兴经济体增长和发展的主要驱动因素,决定各国竞争优势的强弱和发展潜力。所以,新兴经济体都希望设计和实施协调一致和有效的创新体系,从而支持更广泛的发展目标和社会经济需求。当前,作为新兴市场国家的典型代表——"金砖四国"的崛起令世人瞩目,中国、印度、俄罗斯和巴西的国内生产总值已占世界总量的14.6%,贸易额占全球贸易额的12.8%,按购买力平价计量对世界经济增长的贡献率已超过50%。根据国际货币基金组织(IMF)的统计,从2006年到2008年,四国经济平均增长率为10.7%,在世界各国中居于前列。为保持这种发展势头,各国期望通过努力促进有效的知识创新和技术创新,增强自主创新能力,以便在全球化的市场竞争中占据优势。各国以2008年在俄罗斯召开的"金砖四国"峰会为契机,将"金砖四国"从经济学概念建设成为国际合作平台,包括经济贸易和科技交流合作平台。

胡锦涛曾在全国科学技术大会上发表重要讲话,提出走中国特色自主创新道路,加快建设国家创新体系,建设创新型国家。中国的发展正处在转型的时期,从全局看,走新型工业化道路,调整经济结构,转变经济增长方式,缓解资源和环境的瓶颈制约,加快产业优化升级,促进人口健康和保障公共安全,维护国家安全和战略利益,比以往任何时候都更加迫切地需要坚实的科学基础和有力的技术支撑。因此,要以科学发展观为指导,大力推动科技进步和创新,增强我国的自主创新能力。同时,经济发展需要对外开放,科技进步也需要对外开放,即需要加强国际科学技术交流与合作,特别是基于新兴大国的共同特征和战略利益,加强"金砖四国"之间的科学技术交流与合作,学习和借鉴其他国家的经验,选择适合中国国情的自主创新道路，推动国家创新能力的提升。

　　基于这样的背景，本书试图通过对"金砖四国"的创新体系、创新能力、创新模式进行综合评价，比较不同创新体系的异同及其优劣，并分析实现自主创新的机制，为探索新兴大国的自主创新道路提供参考。具体的研究目的可描述如下：

　　1. 通过研究"金砖四国"国家创新体系的结构、特征及其演变和发展前景，对四国的创新能力进行测度和评价，分析各国的优势、劣势和互补性，为各国实施自主创新战略提供依据。

　　2. 通过研究"金砖四国"自主创新的机理，根据新兴大国科技创新的特征规律，系统分析创新的动力转换机制、创新模式转变机制、创新资源配置机制和创新成果转化机制，以此为依据探索新兴大国的自主创新道路。

　　3. 借鉴世界各国自主创新的成功经验，总结新兴大国自主创新的有效经验，遵循新兴大国自主创新的机制和规律，结合"金砖四国"自主创新的现状及存在问题，提出新兴大国自主创新道路的政策框架，制定相应的战略措施。

1.2　相关研究述评

1.2.1　关于自主创新问题的研究

　　自主创新的研究最早可追溯到内生经济增长理论，Arrow(1962)将技术进步纳入经济增长模型内在因素进行分析，Uzawa(1965)则为解释内生技术变化提供了一个可能的尝试，Grossman 等(1994)建立了一个基于自主创新的长期经济增长模型。但是，自主创新是我国提出的一个组合名词，国外没有等同的概念，相似概念有内生创新(endogenous innovation)(Krugman, 1999; Rainer and Franco, 2005)。内生创新是相对于模仿创新、外部引进和裂化(spiniff)的技术创新模式，是系统内自发的行为(Rainer and Franco, 2005)。显然，国外学术界研究的内生创新与我们现在提出的自主创新概念虽然有重合的地方,但是并不等同。另一个相近的概念是集成创新(integrated innovation)(Rothwell and Dodgson,1992),Rothwell 在分析欧洲科学技术政策变化过程时,提出整合"科学创新政策"和"产业创新政策"为一体的集成创新政策,这个观点实际上是区域创新系统和国家创新系统的概念延伸。因此,从这个角度分析,自主创新能力的概念与国家创新系统有很大的关联性,也就是说自主创新能力的提升必须依赖国家创新体系建设。

国外涉及的实质性的自主创新研究源自发展中国家或者新兴工业化国家对技术创新道路的选择。以韩国学者 Lee(1988)为代表的新兴工业化国家的专家指出:U-A(Utterback,1975)模式只是基于发达国家的实际所提出的,并不能揭示发展中国家技术创新的动态规律。韩国的金麟洙(Kim,1997)在分析韩国企业的技术学习与创新机制时,引入了 4 个分析框架:全球技术框架、组织机构框架、企业层面上的主动学习与技术转移,将自主创新模式概括为 3 种模式(Lee and Lim,2001):跟随追赶、跳跃式追赶和创造新的技术轨道。国外学者在对发展中国家技术追赶策略的研究上投入了大量精力,并取得了不错的效果。Forbes 和 Wield(2000)的研究表明,技术追赶者的自主创新是非常必要的,而且这种研发的方式和技术领先者有很大的不同;Kim 和 Lee(1997,2001)进一步对韩国的产业发展经验进行了研究,他们提出的"逆向 A-U 模型"表明,发展中国家的技术追赶路径是在对引进技术创新的不断积累上最后形成自主创新能力。Sikka(1998)在研究印度企业自主研发的状况后认为,企业应该和国家实验室以及其他国家研发机构建立紧密的联系;Pavitt、Freeman 和 Patel(1995,2001,2002)的研究进一步表明,尽管创新活动的国际化程度在不断加深,但是国家创新体系的作用仍然是十分重要的。

在自主创新的内涵方面,国内最早使用"自主创新"概念的是浙江大学的陈劲(1994),他对从技术引进到自主创新的学习模式进行了研究,认为研究开发中的学习是自主创新过程中的主导学习模式,只有通过研究与开发,才能掌握技术的本质。接着,东北大学谢燮正(1995)也认为自主创新是相对于技术引进的"他技术创新"，这里的"他"就是外国的技术，谢教授理解自主创新是"以科技成果转化为基础的技术创新模式"。最早对自主创新进行明确论述的是中国科学院研究生院的杨德林、陈宝春(1997)，他们认为企业自主创新是指依靠自身力量独自研究开发、进行技术创新的活动，自主创新具有在核心技术上的自主突破、关键技术的领先开发、新市场的率先开拓三个显著特点。傅家骥(1998)指出，自主创新是企业通过自身的努力或联合攻关探索技术的突破，并在此基础上推动创新的后续环节，完成技术的商品化，获得商业利润，以达到预期目标的一种创新活动。我国学者对自主创新的理论研究是从吸收西方的研究成果开始的，近几年出现了比较全面地论述自主创新涵义的研究。许广玉(2005)认为自主创新是企业通过自身的努力和联合攻关，探索技术的突破，以达到预期目标的一种创新活动。周寄中等(2005)指出，所谓自主创新是指通过提高科技原始性创新能力、集成创新能力和引进消化吸收能力，从而拥有一批自主知识产权，进而提高国家竞争力的一种创新活动。刘凤朝等(2005)指出，从一般意义上说，自主创新是创新主体依靠自身(或主要依靠自身)的力量实现科技突破，进而支撑和引领经济社会发展，保障国家安全的活动。温瑞珺(2005)提出，自主创新分为两类，第一类是渐进的自主创新，就是通过原有技术的融合或引入来建立新的技术平台；第二类是根本的自主创新，就是通过自己的研究，发明全新的技术，由此开发出全新的或新一代的产品。2006 年，胡锦涛在全国科学技术大会上的讲话，对自主创新进行了科学的诠释：自主创新，就是从增强国家创新能力出发，加强原始创新、集成创新和引进消化吸收再创新。在这里，实际上明确了自主创新的出发点，概括了自主创新的三种形式。

　　关于大国自主创新的战略意义，国外和国内都进行了研究。美国历史学家保罗·肯尼迪在 1988 年出版的《大国的兴衰：经济变迁与军事冲突》一书提出，大国兴衰史的基本特征是：大国的历史处于不断地变迁之中，而非稳定和恒久。其主要原因：一是各国国力的增长速度不同；二是由于技术突破和组织形式的变革，一国可比另一国得到更大的优势。因此，各国技术突破和组织形式的变革，是影响各国增长速度的重要因素。国内学者分析了中国自主创新的现状，研究了自主创新的战略措施。陈至立(2005)[①]认为,我国几乎全部光纤制造设备、集成电路制造装备的 85%、石化设备的 80%、数控机床的 70%、医疗装备的 95%依赖进口,因而自主创新是国家的重大战略抉择。杜谦(2001)认为,我国近 10 年来研究与发展经费占 GDP 的比例一直徘徊在 0.7%左右,不仅低于发达国家 2%的平均水平,也低于巴西等发展中国家。因此,我国科技发展战略应该以解决科技自主创新能力不足为主要目标。另外还有一些研究围绕着创新战略及主要模式展开。万君康(2000)认为,产业技术发展战略大致可以分为 3 种模式:领先型或自主创新型、紧跟型或技术引进与自主创新结合型、模仿创新或技术引进型;产业技术战略的模式选择取决于决策实体的经济科技能力以及战略目标的价值取向。程源、雷家骕等(2005)认为,技术战略分为 3 种类型:领先创新战略、跟随创新战略和模仿创新战略。

1.2.2 关于国家创新系统的研究

国家创新系统(national innovation systems,NIS)概念是 Lundvall 在 1985 年提出的,但是直到 1987 年 Freeman 才对这一概念最早予以描述。Nelson(1987)认为,国家创新体系是由大学、企业等有关机构形成的复合体制,制度设计的任务是在技术的私有和公有两方面建立一种适当的平衡。Freeman(1992)指出,从广义上说,国家创新体系包括国民经济中所设计的引入和扩散新产品,以及与此有关的过程和系统的所有结构。Lundvall(1992)认为,国家创新体系是由一些要素及其相互联系作用构成的复合体,这些要素在生产、扩散和使用新的、经济上有用的知识的过程中相互作用,形成一个网络系统。Patel 和 Pavitt(1994)认为 NIS 是一个国家制度安排、组织效率和国家能力的体现,用以测度一国技术和知识流动的效率和方向。OECD(1997)认为,NIS 由参加新技术发展和扩散的企业、大学和研究机构组成,是创造、储备和转让知识、技能和新产品的相互作用的网络系

---

① 陈至立在 2005 年中国科协学术年会上的讲话摘要,2005 年 8 月 22 日。

统。路甬祥(1998)认为,NIS 指由科研机构、大学、企业及政府等组成的网络,它能够更加有效地提升创新能力和创新效率,使得科学技术与社会经济融为一体,协调发展。Birn 和 Isaksen(2002)认为,NIS 是指由不同组织支撑的区域聚集体系。

从不同学者关于 NIS 的定义的研究可以看出:(1)目前所有对 NIS 的定义基本上都是以知识和技术作为创新的主导,也就是说是沿用 Schumpeter 的技术创新思想;(2)出于知识经济的兴起和对技术概念的深化和泛化,现在对于技术创新的认识也进化到知识创新的研究;(3)随着知识和资本的全球化,目前对于 NIS 的概念和内涵,还处在一个动态的多样化阶段,迄今仍然没有一个统一的认识,至少目前的定义还没有包括资源型产业和服务型企业的创新过程;(4)目前大多数学者主要采用 OECD 提出的概念。

关于 NIS 的结构研究,目前主要有如下几种:Lundvall 从微观层面着重分析 NIS 微观基础,即国家边界是如何对技术创新实绩发挥作用的。Freeman 和 Nelson 从宏观层面认为 NIS 包括政府政策、教育与培训、非工业研究机构、企业的研究开发能力、产业机构状况五个方面。Porter(1990)从企业层面提出,政府应该追求的主要目标是为国内的企业创造一个促进创新的环境。OECD(1996,1997,1998,2002)着重于 NIS 所包含的不同知识生产者(企业、大学、科研院所)的知识创新培育研究,以及相互知识流动和耦合研究。此外,Archibugi 和 Michie 从国家行为角度认为 NIS 应该包含教育与训练、科学与技术能力、产业结构、科学与技术的长处与弱点、创新系统间的互动、海外技术能力之吸收及合作 6 个方面。何树全(2005)认为,NIS 包括 5 个子系统,即观念创新系统、制度创新系统、知识创新系统、技术创新系统、知识传播和应用系统。还有许多学者从不同的侧面对 NIS 进行了解剖式的研究,主要包括政策工具、科技系统构建和国家环境三方面。其中,具有代表性的研究如下:在政策方面,美国沃顿学会(Wharton Econo-metric Forecasting Association,WEFA・1995・1998)认为,产业政策包括鼓励创新、市场导向等四个方面。Rothwell 和 Zegveld 指出,创新政策应包括科技政策及产业政策,并根据政策对科技活动之作用层面,将政策分为供给面(supply)、需求面(demand)及环境面(environmental)等三类政策。在知识系统构建方面,Carlsson 和 Stankiewicz 认为科技系统(technological system)是在特定的结构性基础(institutional infrastructure)上,为达到技术的创造、扩散与利用,在每个特定科技领域中的组织或经济个体(economicagents)所形成的网络关系(network)。在环境研究方面,最有影响力的成果是 Porte 的钻石理论(Diamond Theory)模型。钻石理论从产业环境的角度认为国家环境包括整体环境、外在机会和政府角色,其中,整体环境包括生产环境、需求环境、相关产业和支持产业的表现、企业策略、结构和同业竞争。

在企业层面,Hansen 和 Meredith 通过对 5 个国家 4 个领域的案例,研究中小企业创新成本、创新联动和政策环境。Nauwelaers 和 Wintjes 挑选 10 个欧洲地区的 40 个创新政策来研究中小企业融入区域化的外部体系。Marsh 从三个方面论述了企业和政府共同进行技术投资的动因;中国学者郭庆存(2005)指出中国企业最大的危险是技术空心化。Verspagen(1999)以 Philips 公司的电子业务为例,研究了大公司的知识流动和转移问题;Unger 和 Martinzagler(2003)研究了产品创新中的制度和组织因素问题;Daven-port 和 Bihbv(1999)也从企业层面研究了小国发展 NIS 的路径。

在产业层面,Parail(2005)对信息技术行业、Sophie(2003)对媒体产业、Aylward(2003)对无线产业、Virginie 和 Bernard(2002)对能源产业都进行了产业领域的专门研究;Magnusson(2003)从微涡发电机的案例研究了新技术商业历程中的不同阶段;Kumaresan 和 Miyazaki(2001)研究了日本机器人技术的管理和政策策略。在产业族群方面,Newlands 从政策角度研究了产业聚集中的竞争和联合问题;Hallen-creutz 和 Lundequist 从瑞典的经验出发,研究了产业聚集从政策层面上的可行性和潜在优势;Moodley 研究了葡萄牙的 Marinha Grande 地区的产业联合问题。另外,Spinardi(2002)以来自英美日的三家公司为对象,研究了碳纤维行业的产业共同发展问题;Ramani 和 Looze(2002)比较研究了法国、德国、英国各自生物领域专利使用的路径和特质。

在区域层面,Nauwelaers 和 Wintjes(2002)研究了中小企业创新和区域化过程中所需要的外部政策和智力支持环境；Rankin(2003)从区域特点和民族文化角度研究了全球化进程中区域政策的实践问题；Bathelt(2003)研究了在民族产品发展中产品创新、公共机构和社会体系的协同问题。Peters(2003)分析了知识经济下大学在创新格局中的层次划分和定位；中国学者李凌已和胡平(2005)提出大学是NIS 的创新极概念。此外，Pike(2001)通过案例研究了英格兰东北部开展制造业合作的问题；Holmen(2002)研究了瑞典西部区域产业复兴的路径。

在国家层面，Andreosso 和 Qian(1999)研究了在中国和欧盟之间进行技术合作的模式；Sakakibara 和 Dodgson(2003)从日本、中国台湾和韩国的经验出发，探索了战略合作研究的成效和教训；Kostiainen 和 Sotarauta(2003)探索了在知识经济时代，爱尔兰如何借助欧盟的创新联合来发展本国知识体系；Koehler 和 Wurzel(2003)从研究欧盟与中东和北非的技术政策着手，探索了通过技术转移和合作实现区域合作的思路。此外，Low(2002)从国家经济增长的角度研究了新加坡的知识和技术流动问题。同样从国家经济增长角度对知识和技术流动问题作出研究的包括 Khan(2002)对中国台湾的研究，Walsh(2002)对英国的研究，Engelbrecht 和 Darroch(1999)对新西兰的研究，以及 Nadvi(1999)对巴基斯坦的研究。

1.2.3　关于"金砖四国"创新体系的研究

1. 巴西的研究

涂俊、吴贵生(2005)认为，过分自由的宏观经济政策削弱了巴西国内的研发和创新能力，给巴西带来了国家创新系统的暗毁(undermine)。Oliva(2009)在"创新在巴西，印度和南非：新的经济增长和发展的驱动器"会议中介绍巴西的公共创新政策，认为进一步提高巴西的国家创新系统需要所有部门的共同努力，完善国家创新体系的其他机构，运用资本工具筹措资金等。Wright(2008)分析了巴西的创新政策与商业战略间的关系，认为巴西的知识创新能力得到很大的增强，但缺乏有效的商业化，需要推动科学技术的公共政策，使科学技术商业化，生产有竞争力的产品和服务。Ekboir(2001)研究了提高巴西创新体系的政策：促进代理人的相互作用,提高的公共研究机构的效率,给予科研人员足够的自由和对研究质量的监测。

2. 俄罗斯的研究

柳卸林、段小华(2003)认为,俄罗斯的经济和科技体系与原苏联科技体制相比有相当大的改变。库兹克(2005)研究了 2030 年前俄罗斯经济创新发展战略。张寅生、鲍鸥(2005)论述了俄罗斯科技创新体系改革的进展情况,从面临的问题、改革的目标、科研组织结构改革、创新促进组织现状四个方面论述了改革的沿革、措施和效果。戚文海(2007)论述了经济转轨以来俄罗斯技术创新战略演进的路径,涉及从经济转轨初期的"培植战略"、"引进战略"、"转让战略"到进入稳定增长阶段后的惯性发展模式、出口发展模式和投资发展模式的转变。戚文海(2005)论述了俄罗斯的国家创新体系与俄罗斯经济转轨的互动关系——俄罗斯的国家创新体系重建是俄罗斯经济转轨深化的内在客观必然要求,俄罗斯的国家创新体系绩效有助于该国经济转轨的深化。戚文海(2008)分析了中小企业在俄罗斯技术创新体系中的地位和作用,认为在俄罗斯经济转轨过程中,中小企业的技术创新效果显著,中小企业成为俄罗斯经济走向复苏的增长点。戚文海(2005)分析了转轨时期俄罗斯政府在技术创新中的地位与作用——从被动到主动,从主动到创新,加快政府职能补位,并在更高层次上努力实现政府行为创新。Gokhberg(2003)研究了新经济下俄罗斯的国家创新体系,认为俄罗斯的创新体系遗留着原苏联体制,忽视了市场需求,使得创新体系并未发挥相应的效能。Alexey(2006)认为,俄罗斯的国家创新体系正在逐步增强俄罗斯的竞争力。Gianella 和 Tompson(2007)分析了俄罗斯的创新制度和创新政策对俄罗斯创新的作用,认为俄罗斯的政策倾向于投资研究机构而忽视了对企业的鼓励,导致效益不高,因此,提高创新效益的政策需要鼓励私营部门间的竞争,让企业成为创新的主体。Peltola(2008)通过对俄罗斯的创新体系进行国际比较,分析了俄罗斯创新体系的优劣势,并讨论了俄罗斯创新环境和政策面临的机遇和挑战。俄罗斯工程技术转化部(2006)通过对俄罗斯与欧盟国家间的比较,认为俄罗斯国家创新体系不完善,创新政策不利于竞争,法律规制符合国际惯例但缺乏执行能力和经验,技术转让和商业化方面较弱,公共机构与私营机构间合作较少,公共研究机构仍然是主要技术推动力量。Liuhto(2009)讨论了俄罗斯经济特区的创新改革现状。

3. 印度的研究

沈开艳、刘社建(2007)认为,印度自主创新模式是政府推动、企业主导、政府与企业共同努力的"双核心"模式,该模式有效提升了印度的自主创新能力和科学技术水平,促进了印度的经济发展。黄军英(2006)认为,国家创新体系是促进信息技术成功发展的关键。印度国家创新体系中的关键要素包括高等教育体系、科技政策制定和实施的制度基础、优秀的研究中心及研发机构、软件技术园等。张俊芳(2007)分析了当代印度建国至今国家创新系统的演进过程,分析了两个阶段国家创新系统演变的整体经济环境,各创新主体的发展状况及相关制度的影响,各创新主体间的相互作用及相关制度建设,以及国家创新体系的制度建设。Dutz和Editor(2007)认为,印度经济制度促进了企业间的竞争从而释放创新。Herstatt和Tiwari(2007)揭示了印度创新体系特别是知识密集部门的长处和短处,分析了印度国家创新体系的关键要素,认为印度成为跨国公司研发中心聚集地的原因在于其突出的人力成本优势、市场潜力、收入水平、政府作用及教育质量。Bowonder和Mani(2005)分析了印度风险资本对印度创新的支持。Gupta和Duttal(2005)分析了印度创新体系的及其性能,认为印度的创新体系正在经历一个演变阶段,不断适应新的研发方式,使经济融入全球创新体系;此外,其从建立创新专家小组和数据库,创新意识运动、知识产权保护的培训等方面提出了政策建议。Pradhan和Prakash(2007)分析了印度国家创新体系与信息软件跨国公司涌现间的关系,认为印度信息跨国公司的形成和发展得益于印度的创新政策环境、政府对发展新机构的支持、人力资本积累和风险投资等。Mehra(2008)研究了中介机构在印度国家创新体系中的作用,认为中介结构在技术转让、专利申请、技术转移等方面起到了非常重要的作用。

4. 中国的研究

Motohashi和Ma(2003)认为,中国的创新系统受到俄罗斯模式的影响,公共研究机构和国有企业的科学研究基本分开,但中国的创新体系正在向网络型体系改革中,企业与大学、研究机构间的联系日益密切。MingFeng Tang 和 BETA (2005)分析了中国如何执行国家政策,以建立国家创新体系,即以外国直接投资为基础的创新体系和本土创新体系;然后评估这两个创新体系的效率。Liu 和 White(2001)运用通用的框架分析了中国创新体系,揭示了不断变化的结构和动态的系统,认为决策者必须解决现有的不一致和不正当奖励措施,以实现其发展目标。Gu 和 Lundvall(2006)提出了两个关键概念——"内源性创新"和"和谐发展",强调中国国内需求的重要性,而非片面侧重以出口促发展。OECD(2007)从基础研究、创新主体、公共创新政策等方面研究了中国的创新政策。Zhu 和 Tann(2009)认为,中国的创新体系的发展经历了三个不同的阶段:从 1949 年至 1977 年,1978 年至 1998 年,从 1999 年开始至今。每一阶段都出现了重大政策转变,从对技术和创新的高度集中控制,到以市场为导向和合作政策;并把中国系统模型分为三个空间层次。

5. "金砖四国"比较研究

李海海(2007)对中印国家创新系统创建路径、规制体制和绩效进行了对比研究,并从制度选择角度分析导致中印国家创新能力差异的原因。李杰(2005)分析了两国的人力资源、产业集聚、科研机构和知识产权状况,重点评价和比较了国家范围内的知识配置和知识流动的主要渠道,找出了制约软件产业创新的瓶颈。Nassif(2007)比较研究了印度和巴西的国家创新体系,认为虽然巴西研究和开发支出、教育覆盖面、平均年的教育和识字率优于印度,但 20 世纪 80 年代初以来,印度的经济表现显示比巴西更好,印度比巴西在国家创新体系建设与宏观经济政策间协调方面表现也更好。Kong 和 Ruet(2007)比较分析了中国与印度间国家创新体系的商业模式轨迹,认为两者的原始创新的起源和动机存在差异。瑞穗研究所(Mizuho Research Institute,2006)比较分析了"金砖四国"的技术创新,认为"金砖四国"的创新体系日益完全,创新能力逐步上升。Fan(2008)比较分析了中国和印度的创新能力和经济发展,认为两国政府在改变国家创新体系中发挥着重要的作用,主要通过改变研究机构与商业机构间的关系,对创新活动实行奖励,但有限的财政支持和落后的人力资本是两国提升创新能力面临的最大挑战。吴晓波、范志刚、杜健（2007）以国家创新系统的理论为背景，从创新环境子系统、创新运行子系统、宏观经济绩效三个方面对中印两国创新体系进行了分析。

1.2.4　简要的评价

综上所述，自 20 世纪 60 年代以来，国内外学者比较系统地研究了自主创新和国家创新系统，初步分析了"金砖四国"的创新体系、创新模式和创新能力，并进行了一些比较研究。

对于自主创新的研究可以分为微观企业层面、中观产业层面和宏观的国家创新体系层面的研究。国家层面的自主创新主要从政策角度进行研究，此外，专门针对企业自主创新研究的也比较多，其内容多涉及自主创新的现状和企业自主创新的实践活动。但是，目前对自主创新的研究还存在一定的局限性，因此也为未来研究自主创新提供了空间：一是如何对宏观层面的自主创新能力进行科学的界定，建立自主创新能力的测度模型、测度指标体系和测度标准；二是如何对不同国家自主创新的相关因素进行分析，在此基础上提出差别化的自主创新模式并形成相关政策体系；三是如何依托国家和社会经济发展中的重大工程这个提升自主创新能力的重要平台和基地，从复杂适应性系统的角度构建国家自主创新体系；四是如何学习国外成功的自主创新模式，并结合本国实际，探索出具有中国特色的自主创新道路，尽快走上创新型国家的道路。

对于"金砖四国"的创新体系进行了初步研究，分析了各国的特点及优势，揭示了存在的问题。一般认为，中国与俄罗斯的创新体系具有共同点，存在着政府与企业分离的问题，缺乏有效的市场机制；印度与巴西的创新体系也有共同点，教育与经济联系比较紧密，市场作用也发挥较好。具体地说，各国都有自己的优势和劣势：俄罗斯拥有丰富的技术资源，但需要实现经济和科技体制的转型；中国的适用技术比较发达，但需要从"世界工厂"转向以知识和高技术为基础的国民经济；印度实施精英促进战略，软件技术达到了世界先进水平，但总体创新实力不够强；巴西的航天技术和清洁技术达到了世界先进水平，但科学技术的商业化程度较低。然而,从总体上看,国内外对于"金砖四国"的创新体系缺乏全面系统的比较研究。为适应"金砖四国"崛起的国际形势,亟待在以下方面加强研究:一是大国的崛起需要强有力的科技支撑,要走自主创新的道路;二是"金砖四国"创新系统的特点和优势、劣势何在,各国怎样在互相学习和取长补短的过程中进行完善;三是怎样构建"金砖四国"的科技交流合作平台,促进各国的科技进步和自主创新;四是中国怎样借鉴国际的经验,实施大国经济战略和有中国特色的自主创新战略。

1.3 研究内容和方法

1.3.1 概念界定

为了增强研究和写作的规范性,我们对自主创新、自主创新模式、自主创新能力和国家创新体系等概念进行统一界定。

1. 自主创新

国内学术界有几个比较权威的概念。傅家骥认为,"当自主创新表现一个国家的创新特征时,自主创新是指一国不依赖于外部的技术引进,而依靠自身力量独立研发新技术进入技术创新的活动"。吴贵生认为,"自主创新是在创新主体主导之下的,由该主体完成部分或全部创新活动,且掌握核心技术并拥有自主知识产权的创新"。我国的《国民经济和社会发展第十一个五年规划纲要》提出:"自主创新,就是从增强国家创新能力出发,加强原始创新、集成创新和引进消化吸收再创新。"这里的自主创新有三个方面含义:

(1)原始创新是指前所未有的重大科学发现、技术发明、原理性主导技术等创新成果,它意味着在研究开发方面,特别是在基础研究和高技术研究领域取得独有的发现或发明。

（2）集成创新是指通过对各种现有技术的有效集成,形成有市场竞争力的产业或者新兴产业,包括将拥有的核心技术连接相关领域的技术进行创新,或者将购买的核心技术、核心零部件有机结合起来集成出新产品。

（3）引进消化吸收再创新,是指在引进国内外先进技术的基础上,学习、分析、借鉴,进行再创新,形成拥有自主知识产权的新技术。

笔者根据"十一五"规划的精神,结合专家的理解,对"自主创新"作以下界定:第一,从总体上看,自主创新是指一个国家的创新特征,但它又是由企业的创新和产业的创新所构成的;第二,从主体上看,自主创新是指创新主体(国家或企业)独立地依靠自己的智慧和力量而进行的创新;第三,从形式上看,自主创新包括原始创新、集成创新和引进消化吸收再创新;第四,从成果上看,自主创新是指创新主体(国家或企业)拥有自主知识产权的创新。从创新的源泉看,创新的形式有两种:模仿创新和自主研发。本书要区分自主研发与模仿创新,关键在于看它是否拥有自主知识产权。

2. 自主创新模式

创新模式有两种类型:模仿创新和自主创新。模仿创新是"技术扩散"的途径,它被内生增长理论和南北技术扩散模型看成后发国家利用领先国家先进技术的基本途径,也是后发国家宏观层面上技术进步的基本模式;自主创新则主要是自主研发的模式。

根据不同的标准,自主创新本身又可划分为不同的模式。以创新的程度及特点为标准,可以分为原始创新、集成创新和引进消化吸收再创新;以创新的主体及作用为标准,可以分为政府主导型创新、企业主导型创新和产学研结合型创新。本书主要研究国家层面的自主创新,从这种意义上看,自主创新模式是指一个国家在某个时期所采取的相对稳定的创新行为方式,也是各种创新要素组合的方式。

3. 自主创新能力

自主创新能力是国家竞争力的核心,它是指一个国家依靠自身力量进行技术创新和掌握核心技术的能力。自主创新能力是由多种因素构成的,主要包括自主研发的能力、形成核心技术的能力和推动高新技术产业发展的能力。

自主创新能力在很大程度上取决于创新投入、创新人才和创新环境,可以把它们看成是构建自主创新能力的三个基本要素。同时,创新产出是自主创新能力的现实表现。因此,可以从创新投入、创新人才、创新环境和创新产出等方面来评价国家自主创新能力。创新人才素质主要通过技术人才受教育的程度和科研能力来表现,前者主要以技术人才的学历来评价,后者主要以技术人才的科研成果来评价。由于技术人才的科研成果也属于创新产出的范围,所以有的学者把科研成果纳入创新产出的评价体系。

4. 国家创新体系

国家创新体系是指一个国家的各种创新主体,利用各种创新资源和创新环境,构成一个巨大的创新系统。具体地说,它是由创新主体、创新资源和创新环境构成的有机系统,其中创新主体包括政府、企业、高等学校和科研院所,创新资源包括人才、资金和基础研发状况,创新环境包括理念、制度、政策和基础设施。

从建设创新型国家的视角看,加强国家创新体系建设是一项复杂的系统工程。它要求我们发挥政府的核心作用,选择合适的自主创新战略和模式,创造良好的环境;发挥企业的主体作用,使企业真正成为研究开发投入的主体,技术创新活动的主体,及创新成果应用的主体;构建创新活动的运行机制,使政府、企业、高等学校和科研院所进行科学组合,形成产学研相结合的有效方式;建设社会化和网络化的科研服务体系,培育和发展各类科技中介服务机构,为创新主体提供高效和便捷的社会服务;建设各具特色和优势的区域创新体系,形成功能互补、优势互补、协调发展的格局。

1.3.2 研究内容

全书具体内容包括 10 个方面。

(1)"金砖四国"国家创新体系比较分析。分析国家创新系统的基本框架,在此基础上对"金砖四国"的国家创新体系的历史演变、构成要素、运行机制、创新政策和市场环境作出全面系统的分析;考察"金砖四国"创新体系各要素的作用及其相互作用的方式,从整体上检验四国创新体系的有效性,即能否有效地推动本国知识的生产、扩散和运用。

(2)"金砖四国"技术创新模式比较分析。分析技术创新模式及其相应的分类,以此为依据确定"金砖四国"现今的技术创新模式,并且具体地考察"金砖四国"技术创新模式的演进轨迹及现实情况,分析"金砖四国"创新模式的特征及优势。

(3)"金砖四国"自主创新能力比较分析。借鉴国内外已有的国家创新能力评价指标,根据"金砖四国"的共同特征,构建一套能较好反映创新投入和产出的国家创新能力评价指标;根据设计的指标体系,选取适宜的评价方法,运用相关统计软件对"金砖四国"的创新资源能力、创新攻关能力、创新技术实现能力以及创新价值实现能力等进行测度和比较。

(4)新兴大国技术创新动力转换机制。研究新兴大国经济发展所处的阶段,揭示经济增长与转型的特征,分析新兴大国实现经济转型的内在动力,探索从依靠不断增加要素投入到培育学习能力,再到改善要素禀赋的路径,不断提升自主创新能力的动力机制。

(5)新兴大国自主创新模式转变机制。通过分析新兴大国的自主创新模式转换的条件,揭示创新模式转变的内在机理,并且具体分析各种创新模式的优势及其适宜性,以此为依据提出新兴大国的科技政策和战略措施。

(6)新兴大国自主创新资源配置机制。研究在技术差距不同的条件下,如何将有限的研发资源配置到生产性投资和研发性投资中,利用动态最优化方法提出新兴大国研发资源配置的思路。

(7)新兴大国自主创新成果转化机制。科学界定新兴大国自主创新成果转化的系统要素分析各系统的运行机理,揭示不同子系统的功能及其实现的条件,探索科技成果转化系统的运行机制,提出促进动力机制、激励机制和约束机制有效发挥作用的思路和措施。

(8)发达国家自主创新的经验借鉴。通过分析发达国家自主创新体系的基本情况,探讨其自主创新体系的形成与发展过程,总结它们在政府引导和调控、增加科技投入、铸造产学研一体化链条等方面的经验,同时分析并总结亚洲新兴国家自主创新体系的形成与发展过程,揭示其对新兴大国自主创新的借鉴和启示。

(9)新兴大国自主创新的政策框架。将理论基础、实践基础和成功经验相结合,探索新兴大国自主创新的道路,提出包括创新主体、创新内容和创新环境的政策框架,提出有针对性的对策措施。

(10)"金砖四国"科技合作交流平台构建。探讨"金砖四国"创新系统交流与合作的互补性,根据"金砖四国"创新的优势选择创新合作交流的内容及领域,研究"金砖四国"的合作机制以及合作交流形式,并构建一个创新平台。

根据上述内容,全书的研究思路和技术路线如图1.1所示。

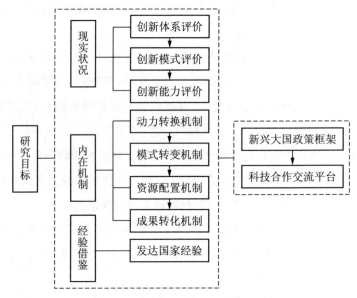

图1.1　全书研究思路和技术路线

1.3.3　研究方法

全书将在实证分析和理论分析的基础上,探索新兴大国自主创新的道路。具体的研究方法如下。

（1）理论分析方法。运用发展经济学、创新经济学、技术经济学等理论,研究新兴大国科技发展的特征和规律,研究技术进步的阶段及其模式,揭示不同阶段和模式转化的条件,把握新兴大国自主创新的内在机制。

（2）比较分析方法。对"金砖四国"的国家创新系统、技术创新模式及国家创新能力进行比较,寻求它们的共性和个性、优势和劣势,分析发展的制约因素及未来前景,为各国完善自主创新战略以及构建国际科技交流合作平台提出对策。

（3）定量分析方法。在构建国家创新能力评价指标体系的基础上,运用定量分析方法对有关数据进行统计分析,对各国自主创新水平进行评估,准确了解"金砖四国"的自主创新水平和国家创新能力状况,从而为完善自主创新战略提供科学依据。

（4）系统分析方法。将国家创新系统看做一项系统工程,深入分析各种构成要素及其作用,把握要素组合方式及整体运行机制,并把国家创新体系分为相应的子系统,研究每个子系统的作用及相互间的联系,从国家、产业、企业等方面提出系统的政策建议。

第 2 章

"金砖四国"国家创新体系比较

自 Freeman(1987)首次提出国家创新体系这一概念以来,国家创新体系一直被视为促进一国经济发展以及提升国际竞争力的重要手段,在全球化竞争日益激烈的今天,更为新兴大国实现追赶战略提供了有效途径。"金砖四国"作为主要的新兴大国,都在致力于建立完善的国家创新体系。人们往往运用相关的创新投入和产出指标,从某个侧面来衡量一个国家创新体系的完善程度。从总量上看,金砖国家都在不断加大对创新的投入,但与美国等发达国家相比还存在很大差距,而在创新产出方面则相差甚远。根据 2004 年的数据,中国、俄罗斯的研发资金投入强度仅相当于美国的 1/2,印度、巴西则仅为美国的 1/3;在研发人员投入强度方面,巴西仅为美国的 1/5,印度、中国则仅为美国的 1/20 与 1/10。从创新产出来看,俄罗斯人均专利数不及美国的 1%,中国、印度、巴西则仅为美国的 0.5%、0.3%、0.7%;在高质量论文方面,中国不及美国的 6%,印度不及美国的 3%,巴西则不及美国 9%,俄罗斯也只有美国的 14%。可见,"金砖四国"的国家创新体系还不完善:一方面国家创新投入不足,发展后劲不强,另一方面产出效果不佳,创新效率低下。那么,如何才能提升"金砖四国"的创新效率?"金砖四国"内部的创新效率到底如何?怎么来界定国家创新体系的要素?这是新兴大国自主创新的前提。本章从大国国家创新体系的要素与框架着手,通过"金砖四国"国家创新体系及其特征分析,比较"金砖四国"国家创新体系的效率,并探寻国家创新体系建设存在的问题。

2.1 国家创新体系的基本要素及框架

2.1.1 国家创新体系的要素及其作用

国家创新体系的构成要素是指那些参与、影响创新活动的要素主体,它们通过不同方式对国家创新体系的运转产生作用。根据 Lundvall(1992)、Nelson(1993)和 OECD(1997)等的观点,国家创新系统一般由政府、企业、教育与培训机构、科研机构、中介机构和基础设施等组成。路甬祥(2002)从创新单元角度,认为国家创新体系由国家科研院所、大学、企业、社会研发机构等单元组成。吴贵生和谢伟(1997)在第二届中韩产业技术政策研讨会上,提出国家创新体系的构成要素既包括硬件,也包括软件。柳卸林(1998)在关于《中国国家创新系统的现状、问题与发展趋势》的研究报告中,认为政府、企业、科研与高校以及支撑服务等四个要素以及它们彼此之间的相互作用构成了国家创新体系的主体。何树全(2005)将国家创新体系看做由一个国家的公共和社会机构组成的网络,其中企业是技术创新主体,政府机构、科研机构和高校是这一体系中的重要因素,同时,强调来自外国的技术转移也是本国创新体系的有机组成部分。马松尧(2004)认为完整的国家创新体系应包括企业、政府、科研机构和大学以及科技中介服务组织四个组成部分。罗平等(2006)认为国家创新体系由理念创新、制度创新、科技创新、产业创新和管理创新五大要素构成。

由此,学术界对国家创新体系的构成要素认识还不统一。一般认为国家创新体系是由企业、高校、科研机构、政府、中介机构等创新主体构成,但对主体数量的认识不一;也有观点认为国家创新系统的构成要素不仅包括不同的主体要素(创新的机构和组织),而且还包括非主体要素(创新所需要的环境条件),但普遍认为非主体要素处于从属地位。如前所述,对于大国而言,其国家创新体系的完整性除了源自企业、高校、科研机构、政府、中介机构等创新主体的作用外,也来自大国幅员广阔、人口众多、国内市场巨大、资源总量丰富等特征带来的强大的环境支撑,这是其他小国所无法企及的。

笔者认为,大国国家创新体系主要包括两种类型的要素:主体要素与环境要素。

主体要素即创新执行机构,是大国国家创新体系的行为主体,主要包括企业、高校、科研机构、政府、中介机构等。其中,企业是应用新知识、进行技术创新和市场开拓的主体。高校与科研机构是重要的创新知识的提供者,是技术创新基础知识的源泉,它们构成知识创新和知识传播的主体。政府作为国家职能的主要体现者和执行者,具有引导创新目标、配置创新资源、制定创新制度与政策制定和建设创新环境等功能。中介机构则是市场机制的重要载体,在知识与技术转移及应用中起着重要的桥梁作用。企业、高校、科研机构、政府、中介机构等行为主体自身特征及运行状态决定着大国国家创新体系的运行效率与国家竞争力。只有企业、高校、科研机构、政府、中介机构等都具有良好的运行状态,才能保证其自身运行效率的提高,从而保证国家创新体系整体效率的提高。行为主体间有效的联系和合作,是与大国国家创新体系运行效率密切相关的重要因素。创新资源在行为主体间高效的流动,有助于分担创新风险、减少创新成本、加快创新速度、提高创新效益,各行为主体之间的密切联系有助于提高国家创新体系的整体效率。

环境要素是大国国家创新体系能否顺利实施、能否取得成效的调控与制约因素,主要包括创新资源、创新机制、创新环境、国际互动等。创新资源包括人才、知识、专利、信息、自然资源和资金等,它们是行为主体创新活动的基础与源泉。创新机制主要包括市场运行机制、分配激励机制、公平竞争机制等,它们是保证创新体系有效运转的关键因素。创新环境指国家政策与法规、宏观经济状况、创新基础设施和服务水平、社会文化心理等国内软硬环境,它们构成维系和促进创新的保障因素。国际互动指不同国家创新体系行为主体之间所展开的合作与交流,它是促使国家创新体系不断参与国际竞争、日益走向国际化的关键。

大国国家创新体系是主体要素、环境要素构成的互动系统。其中,主体要素是核心,环境要素是基础。环境要素通过主体要素,特别是企业的行为、发展特征和经济效果反映出来,它们彼此联合与促进,服务于企业技术创新和国家整体经济社会的发展。

2.1.2 大国国家创新体系的网络架构

关于国家创新体系的分析框架,最常见的模型是将企业、大学、研究院所和政府作为创新系统的执行主体,四者之间双向联系,企业是国家创新体系的核心,其余都是外部环境(图 2.1)。这一模型的特点是突出了企业的核心地位以及高校、科研院所、政府三者在国家创新体系中的主体地位及其相互关系,其他社会组织都属于环境因素。许多国内学者基本都使用这个模型来研究和分析国家创新系统的相关问题。

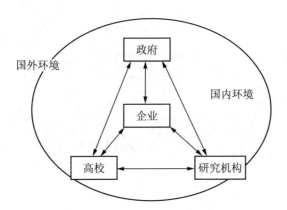

图 2.1 以企业为核心的国家创新体系的基本框架

从系统的角度看,国家创新体系以国家为分析框架,在此框架内的任何个人或组织都是该体系中的要素,其背景存在于国家范围之外。也就是说,国家创新体系是一个以国际舞台为背景的自组织系统。建设国家创新体系是为了发展国家经济并提高国家的竞争力。然而,"国家的存在是经济增长的关键,国家又是人为经济衰退的根源"。如大国美国,由于政府对基础研究的长期大量投入、积极制定正确的创新战略和政策以及创造有利于创新的环境,使得美国经济得到飞速发展。而同样是大国的原苏联,由于实行计划经济体制,资源完全由政府配置,科研机构、大学、企业之间彼此脱节,科技和经济的分离现象异常严重,导致经济迟滞不前。因此,政府作为国家职能的主要体现者和执行者,其代表国家进行的制度安排对经济增长的作用变得至关重要,特别是对于大国经济的增长而言,更是如此。所以,在大国国家创新体系中,政府而非企业居于核心地位。

基于以上分析,我们试构建以政府为核心,包括企业、高校、科研机构、中介机构等主体要素,以创新资源、创新机制、创新环境、国际互动等环境要素作为制衡层的大国国家创新体系的网络架构(图2.2)。

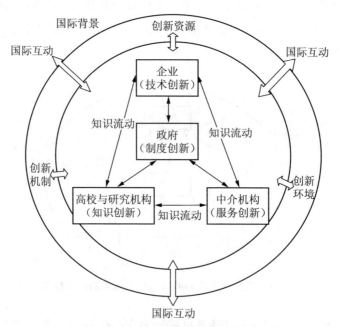

图2.2 大国国家创新体系的网络构架

在这个网络架构中,政府是大国国家创新体系的核心,负责对整个体系的宏观结构调控,促进不同创新行为主体的良性互动,以发挥体系的整体功能。高校、科研机构以及中介机构则在政府的宏观调控下,发挥着各自的行为主体功能及互动。其中,企业既是技术创新的主体,也是创新投入、产出以及利益分配的主体。高校和科研机构作为知识创新主体,承担着大量的基础研究工作,其产出的特殊性就是生产无形的知识,为企业创新提供源源不断的知识源泉。高校和科研机构同时还肩负着为企业培养和输送人才的任务,使科学技术向现实生产力的转化成为可能。中介机构作为服务创新的主体,既可以在科技创新和成果转化过程中,利用知识、技术、信息、资金等为创新主体提供各种专业化、社会化的服务,又可以为政府政策方针的执行和实施起到推波助澜的作用。

知识流动是大国国家创新系统内各要素的活动中心,企业、高校、科研机构、政府和中介机构等的复杂活动,均以促进创新系统内部知识流动为目的。其知识流动主要表现为:(1)企业之间的知识流动。有利于企业获得互补性知识资源,从而增加创新成功的可能性。(2)企业与高校和科研机构之间的知识流动。从高校和科研机构流向企业的,主要是科研成果;从企业流向高校和科研机构的,主要是市场需求等方面的信息。(3)研究部门(高校与科研机构)之间的知识流动。主要包括合作研究、不同研究机构之间的信息交流等。研究部门之间的流动,促进了不同研究的结合,有利于促进科研成果的产生。(4)企业—中介机构—高校和科研机构之间的知识流动。中介机构作为企业与大学和科研机构的桥梁,在促进科技成果转移,实现产业化以及传递科技知识需求与供给等方面具有重要的纽带作用。(5)与外部的知识流动。包括从国外获得技术、购买外国专利和许可、不同国家企业间的技术合作、外国直接投资和国际合作发表等。而政府的一个重要作用则在于通过政府的制度安排,促进企业—高校与科研机构—中介机构等创新主体之间的联系与互动,表现为不同主体之间的相互合作与交流,从而促进科学技术知识在各主体间的循环流转及应用。

创新资源、创新机制、创新环境、国际互动等环境要素作为大国国家创新体系的制衡层,影响着大国国家创新体系主体要素作用的发挥。从主体要素与环境要素之间的相互作用看,环境要素决定着行为主体各要素可能结合的方式,以及主体要素运作的效率。环境要素对主体要素的作用强度有大小差异,然而尽管有这种差异,环境要素却从总体上给出了主体要素发挥作用的客观条件。这种客观条件是主体要素选择结合方式、展现创新功能的约束因子,而且这种约束具有强制性。环境要素对主体要素的约束虽是强制性的,但却不是不可超越的。主体要素自身的创新活动提供了实现这种超越的力量。主体要素中以政府为主体的制度创新不断调整着支持和鼓励创新活动的创新政策,发挥宏观调控功能,促使市场运行机制等创新机制渐趋成熟;以企业为主体的技术创新不断提高国家的技术竞争力,改善着国家的宏观经济状况;以高校与科研机构为主体的知识创新不断改变着社会的知识与人才储备状况;以中介机构为主体的服务创新则不断提高科技市场的专业化与社会化服务水平。正是通过这样一系列的创新活动,大国国家创新体系的主体要素不断改变着约束自身创新行为的客观条件,在推动社会变革的同时,也为自我的发展争取更加广阔的空间,使自身能够具备更好的组合方式和更高的创新效率。通过主体要素与环境要素之间的交互作用网络,并积极参与国际互动,使得创新成为国家进步的动力源,大国国家创新体系这一自组织系统不断实现着自我发展、自我完善和自我超越。

2.2 "金砖四国"国家创新体系及其特征

2.2.1 巴西国家创新体系及其特征

巴西国家创新体系的萌芽始于 20 世纪 50 年代。为加强科技管理,推动基础研究,1951 年巴西成立了国家研究委员会、国家科研理事会、高等人才培训基金会。为加大对研发的支持和管理,巴西又先后建立了国家科技发展基金(1964年)、支持技术基金(1969 年)与科学研究与发展项目信贷局(1967 年)。1968 年,巴西正式将科学技术纳入国家发展计划,作为未来国家重点支持的领域。该时期巴西的科学研究已开始起步,初步建立了科研管理体系,但靠进口替代发展起来的工业,主要依靠对引进技术模仿和借鉴进行生产,缺少技术创新和扩散环节,还没有形成自主的创新体系。

20 世纪 70 年代巴西国家创新体系的框架逐步形成。为加大对研发的支持,促进科技体系建设,巴西先后制定了全国第一个(1973 年)与第二个(1975 年)科技发展规划,与之相适应,巴西将国家研究委员会改组,更名为国家科技发展理事会,负责制定科技规划、管理和协调全国研发机构。为鼓励发明创造,巴西设立了国家工业产权局(1970 年),负责技术转让和知识产权保护,推动技术进口和全国研发工作,还颁布了《工业产权法》(1971 年)和《版权法》(1973 年)。此期间,巴西建立了大批大专院校、科研机构和人才培训机构,并积极推动高校、研究机构和企业的科技活动,另外还专门设立了资助研发的金融机构和促进科技成果转化的服务机构。然而,该时期科学技术对经济还没发挥支撑作用。政府非常重视引进外资、技术和专利,重点发展基础工业,重视新兴工业部门和公共部门建设,这为巴西建立国家创新体系创造了条件。政府鼓励技术开发的政策,有利于加强科研机构与工业界的合作,推动了信息、航天等与军事有关的新技术产业的发展,但以基础研究为主的高校缺少与企业的联系,这影响了国家创新体系的完善。另外,巴西只强调国有化率,不重视自主创新,没有改变经济的对外依赖性。

进入 20 世纪 80 年代,为摆脱对资源、国外资本与技术的过度依赖,巴西开始调整国家创新体系。1980 年,巴西制定了第三个《全国科技发展基础规划》(1980—1985 年),提出要增加科研经费和补贴,加强国企的研发中心建设,实行政府采购。随后,巴西先后成立创新技术研究协会(1984 年)、科技部(1985 年)与工商科技发展部(1989 年)。此外,巴西还确定了生物、信息、新材料等国家优先发展领域,制定了优先领域科技人才培养特别计划。1988 年巴西将发展科技作为基本国策写进了宪法。为了调整政府和企业的关系,扩大企业的自主权,巴西出台了新工业政策法(1988 年),提出要通过税收优惠,鼓励私人企业进行研发和技术创新。新工业政策的颁布和实施,成为巴西实施科技强国战略的标志。

20 世纪 90 年代以来,为了促进巴西经济由"资源拉动"向"创新驱动"转变,使国家成为有影响力的国际大国,巴西将国家创新体系的建设和完善作为政策的重中之重。首先,巴西着手经济体制改革,转变政府和企业角色。从 90 年代初开始,巴西实施经济结构改革,使私人企业的研发经费和研发活动占全国的比例达到了40%以上,这不仅促进了产业结构调整,也加快了工业化进程和技术进步。为使企业逐步成为技术创新主体,巴西政府出台了一系列政策和措施。如1991年巴西颁布了《国家信息法》,1992年出台了促进软件出口的SOFTEX计划,1993年颁布了《招标采购法》,2002年颁布了《电子采购法》,2009年出台了"2009年经济补助计划"。其次,巴西致力于科研体制改革,促进科技与经济的结合。为了促进高校、科研机构面向市场,政府对高校和科研机构进行改革,赋予其自主管理权,并在科研机构建立评估机制,还通过加强大学科技园建设、企业孵化器建设和中介服务机构建设,积极推动产学研合作。此外,制定科技发展计划是巴西政府加强政策引导、减少行政干预的重要途径。1990年巴西推出了增强工业竞争力计划(PCI),旨在提高国家技术能力,促进研发成果的转化。2000年巴西推出了"技术创新计划",提出为新技术公司提供风险资金。2007年又公布了"2007—2010年科学技术和创新行动计划",提出要增加科研投入,营造创新氛围,促进企业技术创新,推动科普和技术创新扩散,进一步巩固国家创新体系建设。

巴西通过立法、制定政策、资金扶持、加强管理等措施,促进了国家创新体系的建立与逐步发展,但巴西国家创新体系基本上是一种以大学和公共研究机构为中心的供应拉动的创新体系。据巴西科技部估计,有70%的研发经费来自政府和公共部门,大学和研究中心承担了80%的研发项目,这些项目主要由公立大学尤其是联邦大学承担,局限于少数科学精英,绝大多数公立和私立大学教师实际上没有机会参与任何公共资助的研发,他们也没有任何途径与私人企业合作,承担大学外的应用研究。从创新资源来看,尽管巴西拥有雄厚的科学知识储备、高质量的研究人员,但其创新行为只局限在少数领域,多数科技成果未应用于生产和社会领域。巴西还拥有先进的高等教育研究体系,但只局限于圣保罗大学等东南部一些联邦和公立大学,对巴西整个知识结构来说,仍倾向于注重人文科学和社会科学教育,忽视对自然科学和工程学等理工学科的教育,轻视技术和工商业教育。巴西的基础教育则异常薄弱,国民教育总体水平较低。巴西每年约有7%的小学生辍学,近8%的中学生辍学。这一方面不利于科技和创新行为的推广,科技活动只能局限于小范围和有限的资源内;另一方面影响了企业的人力资本开发,企业不得不花大部分精力和财力弥补正规基础教育的不足,无力培训高技能人才。在创新体制机制上,传统天主教文化强调研究的纯粹性和独立性,轻视知识在商业和经济中的应用,形成了巴西大学独立于经济发展的科研模式,使巴西缺乏一种将科技成果应用于经济和社会领域的创新机制。在知识创新上,由于巴西经济和社会发展的极度失衡,使得巴西知识创新呈现出精英科学和满足穷人就业需求的"适当技术"并存的特征。

2.2.2 印度国家创新体系及其特征

印度国家创新体系的形成与发展可分为:独立建国到经济体制改革时期(1947—1991)与 20 世纪 90 年代初期至今的经济体制改革时期(1991—)两个阶段。

独立之初的印度,经济萧条,基础设施薄弱。为了加快经济建设步伐,尼赫鲁政府提出了以计划经济为主导,通过发展工业化和科学技术实现建立民族经济和政治独立的思想,初步形成了以政府为主导,企业、高校、研究机构为主体的国家创新体系。其中,研究机构主要为政府所管辖。中央政府所属的研究机构主要从事国防建设和原子能、航天、电子、生物技术等高新技术领域内的研究开发;地方政府所属的研究机构则侧重结合地区资源现状,主要从事用以解决当地实际问题为主的科技活动。企业研发以培养企业竞争能力为主,注重满足企业自身需求的研发能力的培养,与政府研发活动各自独立。高校以基础研究开发和培养科技型人才为主,为国家专门性研发活动奠定基础,也为政府和企业输送科技研发人才,其培养出的人才主要集中在航天、电脑软件、军工、核能、生物等重要领域。从 20世纪 70 年代起,印度逐步由"优先发展重工业"政策向"强调科技发展"政策转变,尤其是到拉·甘地经济调整时期,制定了"重视科教兴国"的治国方针。

20 世纪 90 年代的经济体制改革为印度经济发展掀开了新的一页。改革涉及工业许可证、价格管制、小工业的保留等政策,并开始改革国有企业,实施减持等措施,从根本上转变了印度经济发展战略,变进口替代为出口导向,由政府过多干预转变为更多依靠市场调节。1999 年,印度科学与工业研究委员会主席在一次"科学、技术、创新对经济和政治的影响"的讲演中,首次提出国家创新政策和国家创新体系的设想。2000 年,印度国家计划委员会成立了一个由国家计划委员会主任牵头,政府首席科学顾问、科技部长、生物技术部部长、大学拨款委员会主席和国家科学与工业研究委员会主席等知名人士以及科学家组成的专门工作组,为建立知识大国绘制蓝图。2001 年,印度国家计划委员会正式向政府提交了题为《知识大国的社会转型战略》的工作报告。印度政府的《2003 科技政策》对于研究机构的改革和发展又提出了若干新举措。

综上所述,印度国家创新系统的发展经历了不同的历史时期,并随着其制度建设而逐渐完善,其特征可概括为政府主导、技术主导与自力更生主导。这种模式的优势在于可以集中资源实现关键领域的技术突破以及特定的国家战略目标,对国家科技体系及创新能力的建构意义重大。但其自身也存在一定问题:其一,过分强调政府主导及其集中化;其二,过分偏重国防技术;其三,过分强调自力更生。此外,印度国家创新体系还面临其他一些挑战,比如,研发支出占 GDP 比重偏低(2007 年不足 1%),在"金砖四国"中是最低的;高等教育入学率低,研究型大学少且缺乏创新的文化,偏重对理工科与技术类专业学生的培养;科研机构中以中央政府直属科研机构为主,其研发活动偏重于国防技术、空间技术和原子能技术,忽视与经济发展和人们生活关系密切的民用科学技术;企业的研究力量比较薄弱,在研究人员和经费等方面不足整体的 30%;等等。

2.2.3　俄罗斯国家创新体系及其特征

自 1990 年经济转轨以来,俄罗斯处于严重的经济衰退中,其国家创新体系也随之进行了新的调整。

首先,在研发投入方面,俄罗斯大幅削减科技投入,如 1990—1995 年间,俄罗斯科技投入从 109 亿卢布锐减至 24.5 亿卢布,最为严重的是 1992 年,科技投入仅为国内生产总值的0.74%,这导致许多研究机构经费不足,1996年,俄罗斯科学院只得到其经费的78%,俄罗斯联邦基础研究协会只得到其经费的37%。而其研发投入结构中政府仍占最大比重,至2008年,其研发经费的64.7%仍由政府提供。与此同时,俄罗斯在基础研究领域的投资比例仍相当高,而应用研究的比例在下降。1991年,俄罗斯在基础研究与应用研究领域的投资比例分别为9.3%与33.4%,到2003年则分别为15.1%与15.6%。对研究开发支持的减少直接导致了研究开发人员的减少。从1992年到2008年,俄罗斯的科技人员从194万直接下降到85万左右。与此同时,俄罗斯的研究开发人员结构也经历了巨变,在现有的研究开发人员的配置中,据1998年的数据,有30%左右的科研人员在政府研究部门,65.3%在企业,只有4.8%在高校。

其次,在高等教育方面,俄罗斯的高等教育入学率一直比较高,2004年达到68.2%,遥遥领先于中国、印度、巴西,但其作用并没有得到充分发挥。传统上,俄罗斯把高校作为主要教育部门,尽管近几年高校加强了与研究开发机构的合作,但由于国家经济困难,研究开发在学校的地位严重下降。据统计,俄罗斯高校开展研发活动的比重仅为5%,而欧盟国家的这一比例为21%,日本和美国也达14%—15%。尽管大学在基础研究中的地位略有上升,但它们难以与独立的研究机构和产业研究开发部门抗衡。

此外,俄罗斯的研发部门各自为政,研发中心的所有权归属各区,整个创新体系缺乏协调和统一。基础性学术研究集中在独立于高等教育机构的俄罗斯科学院和其他国有研究院所中进行,面向企业的研究则主要由大型区级研究中心负责。在应用科学方面,公众科学中心享有许多特权,其主要从事核物理、化学和材料、航天器制造、生物技术等优先领域的研究,并负责专业科研人员的培养。但缺乏合作妨碍了研发部门进行创新。进行创新的俄罗斯企业并不多,其创新活动主要集中在少数经济领域,主宰国家经济的大企业的创新规模较大,但成果产出却远不及中小型企业。

基于此,2000年来,俄罗斯就加强国家创新体系建设并出台了相关政策。2001年年底,俄罗斯时任总统普京下令成立总统科学和高技术委员会,专门负责制定科技政策优先发展方向以及审查相关法律法规。同年,普京在接见本国科学院主席团成员时,还首次提出俄罗斯经济必须由资源型向创新型转化,必须建立与此相适应的基础设施、技术市场和完整的国家创新体系。为了加速国家创新体系建立,2002 年,俄罗斯通过了《俄罗斯联邦 2010 年前及未来科学技术发展纲要》。该纲要明确指出,2010 年前俄罗斯国家的主要任务之一,就是“构筑国家创新体系”,并将信息通信技术与电子、航天与航空技术、新型武器及军用和特种技术等九大领域确定为科技优先发展方向。2003 年俄罗斯总理批准了《俄罗斯联邦科技投资政策的基本方向》。该文件指出,国家将改变对科学技术进步的垂直管理方式,联邦目标规划、国家装备计划和国防订货将成为国家技术采购的基础。在此基础上,2005 年,俄罗斯政府进一步批准了《2010 年前俄罗斯联邦发展创新体系政策的基本方向》,这成为指导俄罗斯国家创新体系构建最基本的文件之一,也是关于俄国家创新体系建设的中期规划。2008 年,普京总理批准了《2020 斯联邦社会经济长期发展构想》,将“社会导向型创新发展模式”确定为未来十余年间俄罗斯国家社会经济发展的主要模式。

综上所述,俄罗斯政府一方面继承了原苏联时期的科技基础与科技管理体制,另一方面,其在构建和完善国家创新体系方面做了大量工作。但其国家创新体系还存在如下问题:其一,俄罗斯国家研发体系基本是一种由中央集权的管控结构,过分强调基础研究,而忽视应用研究;其二,俄罗斯高校在研发活动中的比重过低,学术研究与企业生产相脱节的问题没有改变;其三,国家创新系统各要素之间的相互作用的市场机制尚未真正建立起来,其构成要素——科技领域、企业和创新基础设施仍相互隔绝;其四,行政管理协调不力,部门条块分割,缺乏有效协调的机制,大大降低了研发资源的使用效率。

2.2.4 中国国家创新体系及其特征

中国创新系统的发展历史,可以追溯到 19 世纪末 20 世纪初。在那个年代,中国就已关注创建创新行为主体——现代意义的大学和研究机构。但是,多难的年代还是扼杀了萌芽的科学技术制度化。之后,新中国成立后,由于科学体制的复兴,中国的创新体系建设取得了瞩目的成就,但却是短暂的。直到 1978 年改革开放,中国的各创新行为主体与相关制度才得以逐渐形成并完善,其国家创新体系才得以逐步建立并不断发展。

首先,研发投入不断增强。从研发资金投入来看,1998 年中国研发资金投入仅为 66.53 亿美元,占 GDP 的 0.69%,2007 年则上升为 487.70 亿美元,占 GDP 的 1.49%;从研发人员投入来看,2002 年研发人员为 1 035 197 人,每万名劳动力中研发活动人员为 14 人,2007 年上升为 1 736 200 人,每万名劳动力中研发活动人员则上升为 22 人。

其次,政府在创新体系中的作用逐步增强。中国政府不仅在制度建设和创新政策方面起了主导作用,而且在直接投入方面发挥了重要作用。多年来,中国政府研发经费支出在逐年增加,2002 年到 2007 年五年的年均增长率达到15.6%,但政府研发经费占总支出比重在逐渐下降,从 2000 年的 33.4% 减少到 2007 年的 24.6%,企业研发经费占总支出比重则从 2000 年的 57.6% 上升到 2007 年的 70.4%,说明中国研发经费支出结构已经日趋合理,政府在创新体系中逐步发挥主导性作用。

第三,企业正成为创新体系的主要组成部分。一是企业正逐步成为研究开发投入的主体。20 世纪 90 年代末以来,企业的研发投入持续增加。2009 年,企业研发投入占全社会研发投入来源的比例达到 71.7%;同期,企业执行的研发支出占全社会的 73.2%。二是企业研发支出以企业自筹经费为主。据统计,2004 年企业研发支出中政府资金占 4.5%,大中型企业研发支出中企业投入约占 95%,政府资金仅占 3.7%。而 2003 年,OECD 国家企业执行研发支出的 7.2% 来自政府,美国为 10%,韩国为 5%。三是企业研发成果日益令人瞩目。2009 年,国家科技支撑计划的 95%、国家科技重大专项的 50%、国家高技术研究发展计划的 35%以上项目均由企业牵头实施;国家科技进步奖获奖项目中,68% 的项目由企业牵头或参与完成;分 4 批选择的 550 家企业开展创新型企业试点工作,带动各地方创新型试点企业达到 4 000 多家。

第四,高校和科研机构基础研究薄弱,原始性创新不足,主体作用尚未发挥。改革开放以来,为了促进科研机构与经济结合,中国不断对科研体制进行改革,大部分应用技术实现企业化转制,其研发支出份额也持续下降。但总体来看,目前科研机构的研发支出比例仍远高于高校。2009年,在全国研发经费支出中,科研机构占17%,高校约占8%。与国际相比,中国科研机构的研发经费支出比例高于世界上大部分国家,仅低于俄罗斯,而高校的研发经费支出比例远低于美国等发达国家。从研究开发领域看,高校偏向于应用研究,科研机构则偏向于试验开发,这与主要创新国家正好相反。2009年,高校的研发经费支出中,基础研究占31%,应用研究占53%,试验开发比例为16%;科研机构的研发支出中试验开发支出为54%,应用研究占35%,基础研究支出仅占11%。

第五,创新服务机构市场化程度较低,知识产权保护体系发展迅速。中国的创新服务体系是在中央政府引导下,以地方政府为主建立的,主要包括各类高新技术园区的孵化器、各级生产力中心、中小企业创新服务中心、技术产权交易所等。目前,大部分创新服务机构是根据各级政府文件精神成立的,具有官办和半官办色彩;有些则是从政府部门剥离出来的外设机构,代行部分政府的职能。因此,这些服务机构对政府的依赖性较强,创新意识和服务意识不足。在过去20多年的时间里,中国建立了基本与WTO相接轨的主要知识产权基本法律体系。目前,中国进入知识产权活动的活跃期。知识产权数量快速增长,但质量有待提高;企业维权意识增加,国内外知识产权诉讼案增多。

综上所述,随着改革开放及社会主义市场经济体制的不断深化和完善,中国国家创新体系不断完善和加强,但仍有一系列问题有待解决。其一,主体创新能力仍然较弱。如企业还不完全是科技成果商业化的主力,多数企业缺乏技术创新能力,参与市场竞争主要依靠成本优势,通常注重设备引进,忽视消化、吸收和创新;科研机构缺乏原始创新的能力,科技发展的支撑条件、科技资源整合与利用的效率都还比较低;大学作为人才培养与创新的重要平台,其潜力尚未被充分发挥,大学科技资源利用的机制与体系均有待完善;服务于创新的中介机构力量薄弱,无法满足创新要素的整合与扩散以及充分发挥创新网络功能的需要。其二,科技成果商业化的环境有待改善。如促进科技成果产业化的法律法规还不完善;知识产权缺乏保护;缺乏扶持科技创新成果产业化的融资体系等。其三,创新机制还不完善。如开放、交互、竞争、协作的机制尚未形成,创新要素彼此分离,缺乏协作,知识和信息流动效率低;产学研交互机制有待改进,大学、研究机构与企业间缺少联系和协作;市场机制在引导和促进创新方面的主导作用尚未充分发挥。

2.3 "金砖四国"国家创新体系的效率比较

国家创新体系的形成与发展受一国的经济发展规模和水平、资源禀赋、政治体制、技术基础、市场化程度以及历史文化背景等多种因素的影响,具有鲜明的地域根植性特征。国家创新体系的效率则取决于创新体系内各要素构成在创新中的功能定位是否恰当,以及创新体系内各要素之间的联系是否广泛与密切。为了能够具体比较"金砖四国"在创新过程中各个环节的相对效率,我们将创新过程分为两个子过程,即研发投入产出过程和科技向经济转化过程,通过建立创新过程两阶段概念模型,运用数据包络分析(DEA)方法,对"金砖四国"国家创新体系效率进行评价,并与 G7 国家以及韩国等发达国家进行比较分析。

2.3.1 模型设定

数据包络分析(data envelopment analysis, DEA)由美国著名的运筹学家 Charnes 和 Cooper 等人(1978)提出,是评价具有多个投入与产出的决策单元相对有效性的一种系统分析方法。这种分析方法可以较为客观地反映决策单元的投入产出效率,全面评估决策单元的现有水平以及改进方向。其优点在于无需考虑投入产出之间的生产函数,从而避免因错误函数形式带来的问题;不要求对所有指标进行统一的量纲处理,可以处理不同类型的数据;不需预先估计任何参数与权重,从而保证评价的客观性。

DEA 方法中最常用的模型有 CCR 模型与 BCC 模型。CCR 模型用于"规模收益不变"(constant return to scale, CRS)假设下的决策单元有效性评价,其基本原理如下:

假设有 n 个决策单元(decision making unit, DMU),各决策单元有 m 种投入 $x_{ij}(i = 1, \cdots, m; j = 1, 2, \cdots, n)$,$s$ 种产出 $y_{rj}(r = 1, \cdots, s; j = 1, 2, \cdots, n)$ $(x_{ij} \geqslant 0, y_{rj} \geqslant 0)$,对于某个选定的 DMU_0,判断其有效性的模型的 CCR 对偶规划可表示为:

$$\min\left[\theta_0 - \varepsilon\left(\sum_{i=1}^{m} s_i^- + \sum_{r=1}^{s} s_r^+\right)\right]$$

s. t.

$$\sum_{j=1}^{n} \lambda_j x_{ij} + s_i^- = \theta_0 x_{i0}$$

$$\sum_{j=1}^{n} \lambda_j y_{rj} - s_r^+ = y_{r0}$$

$$\theta_0, \lambda_j, s_i^-, s_r^+ \geqslant 0$$

$$i = 1, 2, \cdots, m; r = 1, 2, \cdots, s; j = 1, 2, \cdots, n$$

其中,θ_0 为 DMU_0 在规模报酬不变(CRS)下的效率值,λ_j 为投入产出指标的权重系数,ε 为非阿基米德无穷小量(一般取 $\varepsilon = 10^{-6}$),s_i^- 为各投入的松弛向量,s_r^+ 为各产出的松弛向量。设以上对偶规划的最优解为 $\theta_0^*, \lambda^*, S^{-*}, S^{+*}$,若:(1) $\theta_0^* = 1$,且 $S^{-*} = S^{+*} = 0$,则 DMU_0 为 DEA 有效,即在这 n 个决策单元组成的评价系统中,DMU_0 在原投入 x_0 的基础上所获得的产出 y_0 已达到最优;(2) $\theta_0^* = 1$,且 $S^{-*} \neq 0$ 或 $S^{+*} \neq 0$,则 DMU_0 为 DEA 弱有效,即在这 n 个决策单元组成的评价系统中,DMU_0 的投入 x_0 可减少 s^{-*} 而保持原产出 y_0 不变,或在投入量 x_0 不变的情况下可将产出量 y_0 提高 s^{+*};(3) $\theta_0^* < 1$,则 DMU_0 为非 DEA 有效。

BCC 模型用于"规模收益变动"(variable return to scale，VRS)假设下的决策单元有效性评价，在 CCR 模型中加入约束条件 $\sum\limits_{j=1}^{n}\lambda_j=1$，可以得到基于规模收益变动的 BCC 模型，其表达式为：

$$\min\left[\eta_0-\varepsilon\left(\sum_{i=1}^{m}s_i^-+\sum_{r=1}^{s}s_r^+\right)\right]$$

s. t.

$$\sum_{j=1}^{n}\lambda_j x_{ij}+s_i^-=\eta_0 x_{i0}$$

$$\sum_{j=1}^{n}\lambda_j y_{rj}-s_r^+=y_{r0}$$

$$\sum_{j=1}^{n}\lambda_j=1$$

$$\eta_0,\lambda_j,s_i^-,s_r^+\geqslant 0$$

$$i=1,2,\cdots,m;\ r=1,2,\cdots,s;\ j=1,2,\cdots,n$$

其中 η_0 表示 DMU_0 在可变规模收益(VRS)下的效率值。设以上对偶规划的最优解为 η_0^*，若：(1) $\eta_0^*=1$，则 DMU_0 为 DEA 有效；(2) $\eta_0^*\neq 1$，则 DMU_0 为非 DEA 有效。

由 CCR 模型得到的效率值为技术效率(总体效率)值，可进一步分解为规模效率与纯技术效率，即技术效率＝规模效率×纯技术效率。而由 BCC 模型得到的效率值为纯技术效率值，由此便可求出规模效率值＝技术效率／纯技术效率，当规模效率值等于 1 时，表示决策单元处于最适规模效率水平；规模效率值小于 1 时，则表示决策单元处于规模无效率的状态。进一步通过规模报酬值可以判断决策单元是处于规模报酬不变、递增还是递减状态。

我们采用 CCR 和 BCC 模型，以技术效率、纯技术效率和规模效率为主要分析对象，来评估"金砖四国"的国家创新体系效率。通过技术效率值可反映国家创新的整体投入产出情况，通过纯技术效率值可反映国家的资源配置能力与创新管理水平,通过规模效率值可反映国家创新是否达到最适规模状态。

2.3.2　指标选取与数据来源

国家创新体系的创新过程包括创新主体从研发投入到科技成果产出再到经济产出的过程,即研发投入产出过程与科技向经济的转化过程两个子过程。因此,我们用两阶段模型来描述国家创新体系的创新过程,国家创新体系的效率评价也分为两个阶段:研发效率评价与科技向经济的转化效率评价,如图 2.3 所示。

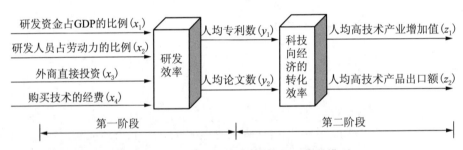

图 2.3　国家创新体系效率评价的两阶段模型

第一阶段,我们主要评价国家的研发效率。关于研发投入,共设置研发资金投入、研发人员投入、外商直接投资和购买技术的经费四项指标。其中,研发资金投入和研发人员投入是公认的衡量研发活动的投入指标。为了克服不同国家 GDP 及人口基数不同的影响,我们以研发资金投入占 GDP 的比例(x_1)和研发人员占国家劳动力的比例(x_2)作为具体测量指标。此外,外商直接投资(x_3)不仅为企业的发展提供了资金,而且为某些技术的国际转移提供了重要的渠道,因此也成为衡量国家创新活动的一项投入指标;国家通过技术引进可以弥补或增强自身的技术弱项,因此,购买技术的经费(x_4)也被认为是一项创新投入。关于科技产出指标,常用专利授权数与科技论文发表数来表示。我们采用三方专利数与国外三系统(SCI、EI 和 ISTP)收录科技论文数作为专利与科技论文评价指标。相应地,为了克服人口基数的影响,我们选取人均三方专利数(按劳动力平均,y_1)与人均三系统收录的科技论文数(按劳动力平均,y_2)作为科技产出测量指标。

第二阶段,我们主要评价科技向经济的转化效率。第一阶段的科技产出指标(y_1,y_2)即为第二阶段的经济转化投入指标,经济转化产出指标则应选择能够突出科技成分的经济指标。由于高技术产品的科技含量较高,且可以看成专利技术与高质量科技论文向直接的生产力的一种硬转移的结果,而一国的商品出口格局则反映该国的国际相对竞争优势,因此我们采用人均高技术产业增加值(z_1)与人均高技术产品出口额(按劳动力平均,z_2)作为第二阶段的经济转化产出指标。

我们选取 G7 成员国和韩国等 8 个发达国家与"金砖四国"进行比较。这些国家都属于大国,具有幅员广阔、人口众多、国内市场巨大、资源总量丰富等共同特征。又由于这些国家有的是世界上创新能力最强的国家,有的是新兴的工业化国家,同时它们也多是市场经济比较发达的国家,将它们进行比较,可以分析出"金砖四国"与发达大国在国家创新体系效率上的异同。

由于创新活动的周期性和投入产出之间的时滞性,因此需要考虑研发投入、科技成果产出、经济转化产出指标间的时间差异问题。国际上在作此分析时一般将这个时滞期确定为 1—3 年,我们采用 2 年时滞期。考虑到数据的可获得性,研发投入指标选取 2001—2004 年的数据,科技成果产出指标选取 2003—2006 年的数据,经济转化产出指标选取 2005—2008 年的数据。其中,研发资金投入、研发人员投入、购买技术的经费、三方专利数与国外三系统(SCI、EI 和 ISTP)收录科技论文数等指标数据来源于 OECD 出版的《主要科学技术指标》(2011)及《中国科技统计年鉴》(2010),外商直接投资和高技术产品出口额数据来源于世界银行统计数据库,高技术产业增加值指标的数据则来源于美国《科学和工程指标》(2010)。

2.3.3　结果分析

运用 MaxDEA5.0 软件,依照投入导向模式,获得如表 2.1 与表 2.2 所示的 12 国国家创新体系两阶段效率值。

表 2.1 各国在第一阶段的有效性

	2001 年				2002 年			
	TE	PTE	SE	RTS	TE	PTE	SE	RTS
巴 西	0.407 283	0.878 536	0.463 593	I	0.430 427	0.889 172	0.484 076	I
德 国	1	1	1	C	1	1	1	C
俄罗斯	0.674 923	0.896 315	0.752 998	I	0.545 554	0.754 921	0.722 663	I
法 国	1	1	1	C	1	1	1	C
韩 国	1	1	1	C	1	1	1	C
加拿大	0.780 497	1	0.780 497	D	0.866 236	0.983 8	0.880 5	D
美 国	0.774 18	0.774 819	0.999 174	I	0.793 713	0.796 985	0.995 895	I
日 本	1	1	1	C	1	1	1	C
意大利	1	1	1	C	1	1	1	C
印 度	0.223 871	1	0.223 871	I	0.278 568	1	0.278 568	I
英 国	1	1	1	C	1	1	1	C
中 国	0.205 82	0.898 629	0.229 038	I	0.241 814	0.773 191	0.312 748	I
12 国均值	0.755 548	0.954 025	0.787 431		0.763 026	0.933 172	0.806 204	
"金砖四国"均值	0.377 974	0.918 37	0.417 375		0.374 091	0.854 321	0.449 514	
发达国家均值	0.944 335	0.971 852	0.972 459		0.957 494	0.972 598	0.984 549	
	2003 年				2004 年			
	TE	PTE	SE	RTS	TE	PTE	SE	RTS
巴 西	0.355 778	0.846 944	0.420 073	I	0.368 205	0.864 081	0.426 123	I
德 国	1	1	1	C	1	1	1	C
俄罗斯	0.383 727	0.786 457	0.487 919	I	0.281 206	0.719 296	0.390 946	I
法 国	1	1	1	C	1	1	1	C
韩 国	1	1	1	C	0.960 563	0.982 788	0.977 385	I
加拿大	1	1	1	C	1	1	1	C
美 国	0.824 585	0.826 538	0.997 637	D	0.803 969	0.804 186	0.999 731	I
日 本	1	1	1	C	1	1	1	C
意大利	1	1	1	C	1	1	1	C
印 度	0.236 077	1	0.236 077	I	0.277 405	1	0.277 405	I

续表

	2003 年				2004 年			
	TE	PTE	SE	RTS	TE	PTE	SE	RTS
英 国	1	1	1	C	1	1	1	C
中 国	0.260 999	0.716 52	0.364 259	I	0.309 989	0.680 914	0.455 255	I
12 国均值	0.755 097	0.931 372	0.792 164		0.750 111	0.920 939	0.793 904	
"金砖四国"均值	0.309 145	0.837 48	0.290 095		0.309 201	0.816 073	0.387 432	
发达国家均值	0.978 073	0.978 317	0.999 705		0.970 567	0.973 372	0.997 14	

注:TE 为技术效率,PTE 为纯技术效率,SE 为规模效率,RTS 为规模报酬,D 为规模报酬递减,I 为规模报酬递增,C 为规模报酬不变。

表2.2 各国在第二阶段的有效性

	2003 年				2004 年			
	TE	PTE	SE	RTS	TE	PTE	SE	RTS
巴 西	0.538 462	1	0.538 462	D	0.599 26	1	0.599 26	D
德 国	0.466 803	0.523 134	0.892 319	D	0.511 049	0.585 084	0.873 462	D
俄罗斯	0.251 282	0.388 889	0.646 154	I	0.272 439	0.426 471	0.638 822	I
法 国	0.359 66	0.618 353	0.581 642	D	0.404 976	0.633 541	0.639 227	D
韩 国	1	1	1	C	1	1	1	C
加拿大	0.219 837	0.887 857	0.247 604	D	0.232 389	0.784 294	0.296 303	D
美 国	0.467 356	0.726 529	0.643 272	D	0.529 021	0.802 757	0.659 005	D
日 本	0.817 345	1	0.817 345	D	0.830 546	0.830 826	0.999 662	I
意大利	0.342 039	1	0.342 039	D	0.357 067	1	0.357 067	D
印 度	0.148 652	1	0.148 652	I	0.158 618	1	0.158 618	I
英 国	0.293 474	0.988 234	0.296 968	D	0.336 924	1	0.336 924	D
中 国	0.744 592	0.821 449	0.906 437	I	0.768 351	0.880 986	0.872 149	I
12 国均值	0.470 792	0.829 537	0.588 408		0.500 053	0.828 663	0.619 208	
"金砖四国"均值	0.420 747	0.802 585	0.559 926		0.449 667	0.826 864	0.567 212	
发达国家均值	0.495 814	0.843 013	0.602 649		0.525 247	0.829 563	0.645 206	

续表

	2005 年				2006 年			
	TE	PTE	SE	RTS	TE	PTE	SE	RTS
巴　西	0.641 139	0.663 662	0.966 062	I	0.653 821	0.672 661	0.971 991	I
德　国	0.516 939	0.706 632	0.731 554	D	0.645 021	0.772 515	0.834 962	D
俄罗斯	0.232 699	0.348 818	0.667 107	I	0.318 579	0.448 982	0.709 558	I
法　国	0.376 504	0.670 21	0.561 771	D	0.452 976	0.750 761	0.603 356	D
韩　国	0.904 077	1	0.904 077	D	0.890 371	1	0.890 371	D
加拿大	0.204 279	0.825 443	0.247 478	D	0.255 58	0.920 208	0.277 742	D
美　国	0.490 674	1	0.490 674	D	0.626 199	1	0.626 199	D
日　本	0.736 82	0.914 161	0.806 007	D	0.880 082	0.987 994	0.890 777	D
意大利	0.328 655	1	0.328 655	D	0.389 612	1	0.389 612	D
印　度	0.173 576	1	0.173 576	I	0.175 415	1	0.175 415	I
英　国	0.281 737	1	0.281 737	D	0.369 141	1	0.369 141	D
中　国	0.806 753	0.909 578	0.886 953	I	0.867 329	0.902 348	0.961 191	I
12 国均值	0.474 488	0.836 542	0.587 138		0.543 677	0.871 289	0.641 693	
"金砖四国"均值	0.463 542	0.730 515	0.673 425		0.503 786	0.755 998	0.704 539	
发达国家均值	0.479 961	0.889 556	0.543 994		0.563 623	0.928 935	0.610 27	

注：TE 为技术效率，PTE 为纯技术效率，SE 为规模效率，RTS 为规模报酬，D 为规模报酬递减，I 为规模报酬递增，C 为规模报酬不变。

第一阶段，从发达国家与"金砖四国"的效率均值来看，由表 2.1，发达国家 4 年间技术效率均值稳中有升，并保持在 0.94 以上水平，纯技术效率与规模效率均值则均保持在 0.97 以上水平，表明发达国家的研发效率极高；"金砖四国"4 年间技术效率均值最高只达到 0.377 974，远远低于 12 国平均水平，与发达国家相比则相差更远，尽管其纯技术效率保持在 0.8 以上水平，但其规模效率均值则徘徊在 0.29—0.45 之间，表明"金砖四国"的研发效率还处于较低水平。

观察具体国家的研发效率，发达国家中连续 4 年技术效率为 1 的国家有德国、法国、日本、意大利、英国 5 国,位于效率前沿面,说明其投入产出在整体运作上最好,资源配置达到最优;韩国、加拿大的技术效率稍微欠佳,但韩国 4 年中有 3 年技术效率为 1,2004 年略有下降,加拿大的技术效率则直线上升,由 2001 年的 0.780 497 跃居到 2003 年的 1;美国的技术效率相对较低,但也高于 12 国均值。进一步分解,加拿大技术效率的提升源自规模效率的改善,美国相对较低的技术效率则主要由纯技术效率所致,由此反映了美国还存在创新资源配置与创新管理等方面的问题。"金砖四国"中 4 年间中国的技术效率持续提升,但到 2004 年仅为 0.309 989 5,印度处于 0.22—0.28 之间的反复状态,巴西相对较好,但一直徘徊在 0.4 左右水平,俄罗斯则直线下降,由 2001 年 0.674 923 下降为 2004 年的 0.281 206。较低的技术效率表明"金砖四国"4 年间其投入产出在整体运作上处于较差状态。进一步分解,"金砖四国"纯技术效率相对较好,基本处于 0.7—0.9 之间,但规模效率表现较差,如巴西、中国的规模效率最高不到 0.5,印度的规模效率最高只有 0.278 568,俄罗斯前两年表现相对较好,但后两年则迅速下降为 0.487 919 与 0.390 946。这表明"金砖四国"技术效率的无效,既源自纯技术效率,也源自规模效率,但主要是规模效率所致。而从规模报酬来看,"金砖四国"均处于规模报酬递增状态。因此,"金砖四国"研发效率较低尽管有研发资源配置、研发管理政策及水平等方面的原因,但主要是由于研发资源投入的严重不足所致。

第二阶段,从发达国家与"金砖四国"的效率均值来看,由表 2.2,发达国家 4 年间技术效率均值基本上是逐步改善的,但其最高值仅为 0.563 623;"金砖四国"4 年间技术效率均值也呈逐步上升之势,但到 2006 年只达到 0.503 786,略低于发达国家,说明无论发达国家还是"金砖四国",其科技向经济的转化效率都处于较低水平,同时也说明在此阶段"金砖四国"正在赶超这些发达国家。

观察具体国家的经济转化效率,发达国家中连续 4 年表现较好的是韩国与日本。韩国前两年技术效率均为 1,后两年略有下降,但也保持在 0.89 以上水平,日本的技术效率基本保持在 0.8 以上水平,说明这两国在科技向经济的转化中其投入产出在整体运作上较好。德国、美国基本接近 12 国均值,排名相对靠后的国家依次有法国、意大利、英国、加拿大,表明其投入产出在整体运作上极不理想。"金砖四国"中连续4年表现相对较好的是中国,其技术效率最高值达到 0.867 329,巴西略高于12国均值,俄罗斯、印度则远远低于12国均值。进一步分解,发达国家中除德国、法国外其余6国的纯技术效率均值都处于较高水平,但其规模效率都相对较低;"金砖四国"中,中国无论从纯技术效率还是规模效率都表现较好,巴西的纯技术效率前两年为1,但后两年下降幅度较大,仅为 0.663 662 与 0.672 661,其规模效率正好相反,后两年接近1,前两年则仅为 0.538 462 与 0.599 26,印度连续4年的纯技术效率皆为1,但其规模效率则不到 0.2,俄罗斯的纯技术效率则明显低于规模效率。以上表明发达国家与"金砖四国"技术效率的低下,既体现在纯技术效率方面,也体现在规模效率方面,这意味着这些国家都存在着资源尚未得到有效使用,规模效益难以发挥的问题,但后者问题更为突出。不同的是,从规模报酬来看,"金砖四国"基本是规模报酬递增,说明其在科技向经济的转化中投入的严重不足,影响着规模效益的发挥,而发达国家则是规模报酬递减,说明其投入相对过剩,资源未得到充分利用。

综上所述,对于所研究的12个国家而言,第一阶段和第二阶段的创新活动有效性分布很不均匀。第一阶段高效率的国家多,全部都是发达国家,"金砖四国"普遍处于低效率水平,而第二阶段低效率的国家多,"金砖四国"中除中国、巴西外其他两个国家都远远低于平均水平。而从"金砖四国"第一阶段与第二阶段的效率平均值来看,研发效率略低于科技向经济的转化效率。

2.3.4 原因分析

"金砖四国"国家创新体系效率处于较低水平,其关键原因在于:一是创新资源投入的严重不足;二是创新行为主体地位及其联动机制的严重缺失;三是缺乏有效改善研发效率和促进科技成果向经济转化的创新环境。

首先,从创新资源来看,无论创新资金投入强度还是创新人才投入强度,都处于低水平状态,这在源头上制约着"金砖四国"的创新活动。充足的创新资金是创新主体创新活动顺利进行的前提。尽管"金砖四国"都在不断加大对创新的投入力度,但与发达国家相比,其创新资金投入强度严重不足。如 2004 年,中国的研发支出占 GDP 的比重约为 1.23%,巴西约为 0.83%,俄罗斯约为 1.16%,印度约为 0.78%,可以看出"金砖四国"的研发支出只有或不到 G7 国家平均值的一半。此外,创新人才投入强度及素质的高低是国家创新能否取得成效的关键,与发达国家相比,"金砖四国"存在更大差距。这可以从每万名劳动力中科学家与工程师人数得到体现。2006 年,中国每万名劳动力中科学家与工程师人数为 16 人,巴西为 12 人,俄罗斯为 63 人,同期美国有 91 人,日本达到 107 人。而影响一国创新人才投入强度及素质高低的一个重要因素即是一国的高等教育水平。俄罗斯的高等教育入学率具有显著优势,2004 年达到 68.2%,比中国、印度、巴西三个国家的总和还高,为俄罗斯提供了源源不断的高素质人才,这也是俄罗斯每万名劳动力中拥有科学家与工程师数量远高于其他三个国家的主要原因。印度与巴西由于奉行"精英教育"路线,培养了大量优秀的研究型人才,但只局限于少数领域。中国的高等教育规模尽管已成为世界第一,但高等教育入学率低,又由于传统的教学模式,使得高质量的创新型人才较为匮乏。

其次,从创新行为主体来看,完善的国家创新体系应以政府为主导、企业为主体、高校与科研机构为依托、中介机构为桥梁。但"金砖四国"是一种典型的政府主导型创新模式,政府在国家创新体系中处于中心位置,发挥的是一种驱动的作用,企业、高校、科研机构、中介机构则基本处于被动从属地位,且缺乏互动联系,这势必会阻碍科技成果的产生及其向现实生产力的转化,并且影响整个创新体系的循环流转。在"金砖四国",研发基本是一种政府行为,产业界自身的研发积极性较低,企业还没有真正成为创新的主体。这可以从研发经费中政府投入的比例得到说明。如巴西有 70% 的研发经费来自政府和公共部门(2004);俄罗斯政府研发投入占到 62%,企业仅占 30%(2005);印度的研发经费则基本呈政府单边支出的状态(2007);相对而言,中国的创新资金投入结构较为合理,2005 年企业的研发投入占到 67%,但与日本的 74.8%(2004)相比还存在一段差距。此外,高校作为基础研究的重要依托,作为创新型人才培养的重要基地,其作用尚未真正凸显。中国高校基础研究力量薄弱,原始性创新不足,而研发与生产企业的脱节,则制约了科技成果的转化与应用。在人才培养或教育模式上,中国仍是一种知识传授式,而不是对未知知识探索与研究模式,因而难以输送足够的高素质创新型人才。尽管巴西的高等教育备受重视,并培养了大量高素质人才,创造了大量的科技成果,但由于其大学长期形成的一种独立于经济发展的科研模式,使得多数科技成果未应用于生产和社会领域。俄罗斯把高校主要作为教育部门,研究开发在学校的地位不重要。经济转轨以来俄罗斯高校开展研发活动的比重仅为5%,而日本和美国的这一比例达到14%—15%,许多私营大学基本没有科研活动,这使得高校在国家创新系统中的作用非常有限。而印度则高等教育入学率低,研究型大学少且缺乏创新的文化。除产业界自身研发积极性较低和高校作用尚未真正凸显外,制约创新行为主体发挥作用的因素还包括中介机构作为科技成果传递、扩散的桥梁尚未真正建立。"金砖四国"服务于创新的中介机构力量薄弱,其资本市场、技术市场发育滞后,无法满足创新要素的整合与扩散以及充分发挥创新网络功能的需要。

再次,从创新环境来看,"金砖四国"的创新环境还不完善,这主要体现在体制机制与创新政策等方面。在创新体制机制上,处于转型过程中的"金砖四国"其市场经济的体制机制还不够完善,影响了其创新主体的积极性和创造性的发挥,进一步影响了创新活动效率的提升。中国科研成果转化的机制尚未健全,风险投资机制远未建立,专利制度还不够成熟,市场机制在引导和促进创新方面的主导作用尚未充分发挥。俄罗斯的市场机制还未真正建立,资源由政府配置,科技和经济分离,科研机构、大学游离于企业之外,而在科研内部,上中下游之间、部门之间、大学与国家研究机构之间也是脱节的,这种脱节造成大量科技成果得不到应用。印度实行的是一种中央政府主导的科研体制,强调精英道路,其政府研发与企业研发的严重错位,科技的公共投入与私营投入衔接不配套,这使得印度无法真正实现"产学研"的有效结合。巴西注重人文科学和社会科学教育,而忽视自然科学和工程学等理工学科教育的教育体制和与之相应的知识结构不利于创新。在创新政策上,由于对某一领域的过分集中以及执行不力等问题,影响了"金砖四国"创新主体的创新行为。印度过分强调政府主导及其集中化,过分偏重国防技术,忽视与经济发展和人们生活关系密切的民用科学技术;俄罗斯只重视发挥大企业的作用,而忽视对中小企业在创新中的作用;巴西的问题在于其科技政策只倾向于和致力于对精英阶层的过度再分配行为而不是生产行为;中国的问题则在于执行过程中的制约因素太多,政策实施的效果不佳。

国家创新体系是大国创新能力提升与经济发展的源泉。它的本质内涵是为了促进科学技术知识在国民经济体系中的循环及其应用,进而促进经济发展和社会进步。企业、高校、科研机构、政府、中介机构是这一体系的行为主体,承担着技术创新、知识创新、服务创新、制度创新等功能。创新资源、创新机制、创新环境、国际互动等环境要素则调控与制约着大国国家创新体系能否顺利实施、能否取得成效。大国国家创新体系建设必须充分激发各创新行为主体的积极性,促进各行为主体之间的相互协调与联合。但从"金砖四国"国家创新体系效率来看,无论研发效率还是科技向经济的转化效率都较低,进一步分析发现其低效率源自纯技术效率以及规模效率的无效,这意味着"金砖四国"还存在着创新管理水平较低以及规模收益不佳等方面的问题,究其原因主要在于创新资源投入的不足、创新主体及其联动机制的缺失以及创新环境的不够完善。

因此,"金砖四国"可以从如下几个方面来提升其国家创新体系的效率水平:第一,在提高创新投入强度的同时更应加大高素质创新型人才的培养力度,充分发挥高素质创新型人才的作用;第二,从创新主体的功能定位入手,构建以政府为导向的制度创新体系、以企业为主体的技术创新体系、以高校、科研机构为重点的知识创新体系,以及以中介机构为纽带的服务支撑体系;第三,加强各创新行为主体之间的联系与合作,包括建立政府与企业之间的新型关系、产学研之间的合作关系等等;最后,积极培育市场机制,完善自主知识产权制度,深化科技管理体制改革,为有效地促进科技成果的产生以及科技与经济的结合营造良好的制度环境。

第 3 章

"金砖四国"技术创新模式比较

从 10 多年的经济增长情况看,"金砖四国"并没有进入创新驱动的经济发展成熟阶段。之所以增长率较高,主要是由于其处于经济发展的初级阶段,借全球化红利和发挥自身禀赋优势获得了较高成长速度,但这种高速增长是代价高昂、不可持续的增长模式。因此,必须构筑科学合理的技术创新模式,发挥新兴大国的综合优势,以获得具有竞争力的可持续的经济增长。

3.1 技术创新模式的内涵及分类

技术创新模式是一种创新资源的配置方式,是一个国家或地区在一定时期内创新主体所采用的相对稳定的一般创新行为倾向和机制,它是国家技术创新体系的基石。技术创新模式是在国家创新政策引导下,创新主体为构筑自己的竞争优势而在市场机制发挥过程中逐渐形成的倾向性创新行为,是创新主体依据自己要素禀赋而适应创新环境的必然选择。因此,技术创新模式是由要素禀赋、创新主体、创新环境和创新机制相互作用而形成的。由于技术创新涉及许多因素,这些因素在组合与配置的方式及其结构上存在差异,就构成了技术创新的不同模式。

3.1.1 创新行为差异分类

根据创新主体行为的差异,可以将其分为模仿创新模式、合作创新模式和自主研发模式。

所谓模仿创新,是指新兴大国以率先创新者的思路和创新行为为榜样,并以其创新产品为示范,跟随率先者的足迹,充分吸取率先者的成功经验和失败教训,通过引进购买或反求破译等手段吸收和掌握率先创新的核心技术和技术秘密,并在此基础上对率先创新进行改进和完善,进一步开发和生产富有竞争力的产品,参与市场竞争的一种渐进性创新活动。模仿创新是一条有效的技术能力提升途径,是新兴大国实施技术创新的一条主要路径。它有效地将外部技术源与内部的要素进行整合,借助外部力量充实和提升自己的要素禀赋,从而形成企业自己的技术能力。

所谓合作创新,通常以合作伙伴的共同利益为基础,跨越自身边界、实现企业间信息和资源共享、优势互补,使得各主体间信息倾向于对称分布,不确定性信息减少,并提升成员间的信任关系。各主体有明确的合作目标、合作期限和合作规则,合作各方在技术创新的全过程或某些环节共同投入,共同参与,共享成果,共担风险。

所谓自主研发,是企业仅运用自身的资源与能力来开发新的产品或服务的实践,是在企业内部进行的创新。企业凭借自身要素禀赋,以自身的研究开发为基础,通过自身的努力和研究产生技术突破,实现科技成果的商品化、产业化和国际化,从而获取商业利益的创新活动。自主研发对企业的技术、资金要求较高,并且风险较大,但一旦获得成功,则可取得丰厚的回报。

3.1.2 创新封闭程度分类

根据创新对象的封闭程度,可以将其分为封闭式技术创新模式和开放性技术创新模式。传统的创新观念认为,技术创新是企业的灵魂,创新只能由企业自己单独进行,从而保证技术保密和独享,进而保持领先地位。内部自主研发被认为是企业有价值的战略资产,是企业提升核心竞争力和维持竞争优势的关键所在,甚至是阻碍竞争对手进入市场的关键。长期以来,技术和资金实力雄厚的大公司如杜邦、IBM和AT&T等都雇用着大量世界上最具创造性的科技人才,给予优厚的待遇和完备的研发设施,投入充分的研发经费,进行大量的基础研究和应用研究,通过设计制造形成新产品,通过自己的营销渠道进入市场,使之商业化,获得巨额利润。这种方式被称为封闭式创新,其主要观点是成功的创新需要强有力的控制。进入21世纪以来,封闭式创新模式受到了越来越多的挑战。比如,随着知识创造和扩散的速度越来越快,高级人才的广泛流动以及风险资本的盛行,使得公司越来越难以控制其专有的创意和专业技能,迫使企业加快新产品开发以及商业化速度;在这种情况下,开放式技术创新模式应运而生。与封闭式创新相比较,开放式创新模式是指企业在技术创新过程中,同时利用内部和外部相互补充的创新资源实现创新,企业内部技术的商业化路径可以从内部进行,也可以通过外部途径实现,在创新链的各个阶段与多种合作伙伴多角度保持动态合作。

3.1.3 创新主体分类

根据创新主体不同,可以分为政府主导型、企业主导型以及两者的结合。所谓政府主导型自主创新模式,是指政府在区域创新体系中居于中心地位,发挥主导核心作用。一个国家地区在经济实力和科技能力都较弱的情况下,企业和高等院校、科研机构的创新能力都不强,创新资源、创新要素也不充足,需要外部力量的强有力支持,此时政府的调控、引导作用就会凸显出来。政府通过建设支撑服务体系、营造有利于创新的环境、引导和配置资源,尤其是资金的配置,来推动整个区域创新体系的构建。在政府主导型创新模式中,重大科研开发项目都由政府确定,并大多由官办科研机构进行开发,尤其值得注意的是政府在支持基础性研究方面投入巨大。企业主导型创新模式是指企业在区域创新体系中居于中心地位。在企业主导型的创新体系模式中,企业是创新的决策主体、创新人才和创新资金的投入主体、创新的应用主体、知识产权和核心技术的拥有者、产业发展先导技术的引领者。

3.2 "金砖四国"的技术创新模式

3.2.1 巴西的技术创新模式:政府主导型技术创新模式

巴西的技术创新模式是极端自主的"防守国家主义",即政府干预主义和国家主义。1951 年,巴西成立了国家研究委员会,这一委员会旨在促进各个领域知识的研究,并为巴西利用矿产资源、开发原子能提供知识和技术基础。1985 年,巴西正式成立了科学技术部,设立了一些专门资助科学技术开发的金融机构,一系列扶持高新科学技术部门发展的创新政策纷纷出台,科学技术政策开始走科学、技术和产业一体化的道路。20 世纪 70 年代末至 80 年代,巴西开始重视"以科学为基础的技术"的发展,即高科技的开发,并开始制定高科技政策,主要体现在开发特定高科技领域,尤其是微电子技术、新材料技术、生物技术和其他前沿技术。90 年代,巴西政府开始调整本国技术创新模式,试图走基础研究、技术开发和科学技术商业化三位一体的发展道路,更加注重国内高技术人力资源的开发。1990 年实行的"巴西质量和生产率计划",旨在推动工业现代化,扩大政府、大学和工业间的清晰度,巴西仍以信息产业为试点,只是在"贸易自由化"时期将发展软件业作为信息产业的重点。进入新千年之后,巴西意识到科学研究与企业需求经常脱节,许多研究成果不能转化为现实生产力,制约了企业创新能力的提高。对此,巴西政府进行了较大幅度的改革,以立法的形式进行强化(如 2004 年《创新法》、《信息产业法》)创新。在加大科技投入、整合现有科技资源、促进产学研的大力合作的同时,巴西政府推出了若干领域科技发展的重点规划和促进计划,如《2000—2003 年科技发展 4 年计划》、《新千年研究所计划》、《十大行业研究开发基金计划》以及

《绿—黄计划基金计划》《国家科技创新发展行动计划(2007—2010 年)》等,极大地促进了重点领域的技术突破,促进了巴西经济的高速增长。

政府主导型技术创新模式使巴西能够在经济社会水平比较低的情况下集中创新资源,在一些特定的产业如信息技术、生物技术、航天航空技术、水利工程技术以及新材料技术等方面迅速实现技术突破,均取得了较大的成绩。但是这种创新模式限制了国外新技术的进口,不利于巴西与国际高新技术接轨,也降低了巴西工业创新的积极性。巴西已经意识到该模式对巴西技术创新带来的不利影响,正通过立法、制定政策、资金扶持、实施"产学研"一体化工程和扶持中介组织等措施来调动企业的积极性,发挥企业在技术创新中的关键作用。以企业为主导的技术创新模式必将带来巴西经济社会的另一轮高速成长。

3.2.2 俄罗斯的技术创新模式:大型企业主导高新技术型创新模式

俄罗斯的技术创新模式比较复杂,我们可以将其概括为大型企业主导高新技术型创新模式。这种模式首先是大型企业主导的,在俄罗斯的技术创新体系里,60%左右的创新成果是在大型企业中实现的,大型企业是推动现代经济发展的重心。受传统计划经济的影响,俄罗斯的大型企业比较多,在国民经济中的影响也比较大,是科技创新的主力军。为了能够更好地发挥大型企业在创新型经济中的作用,俄罗斯整合行业资源,建立了一系列超大型国家公司。2008 年年初,俄罗斯组建了俄罗斯纳米技术公司和开发银行等 6 家超大型国家公司。2006—2007 年,俄罗斯还组建了"航空制造联合集团"和"船舶制造联合集团"两大开放式的国有控股公司,其主要目的是整合资源,发挥规模优势,以推动技术创新。其次,俄罗斯的这种模式注重高新技术产业和基础研究领域的支撑。为了发展高新技术产业,俄罗斯通过了《联邦经济特区法》,并依此建立了 4 个技术推广型经济特区:莫斯科市泽谬诺格勒行政区、莫斯科州杜布纳市、圣彼得堡市和托木斯克市,主要进行高新技术产品开发和生产,促进信息技术、生物技术、新材料、软件、电子、医学、仪器制造及核物理等领域科技项目研发和科技成果的产业化。同时,俄罗斯延续了原苏联的做法,注重基础领域研究,这使得俄罗斯的基础科学研究方面,如高温超导、化学、毫微电子和微电子、天文物理、电光绘图新工艺、核物理、超级计算机、数学物理和气象等领域居于世界先进水平。也正是这种大型企业主导高新技术型创新模式,使得俄罗斯在一些特定技术领域内居于世界前列。在决定发达国家实力的 50 项重大技术中,俄罗斯有 12—17 项可以与西方国家一决雌雄;在当今世界决定发达国家实力的 100 项突破性技术中,俄罗斯有 17—20 项(如电子—离子技术、生物工程、等离子体技术、原子能、复合疫苗、航空航天技术和新材料技术等)居世界领先地位,另有 25 项经过 5—7 年可以达到世界水平。

大型企业主导高新技术型创新模式注重高新技术领域和基础研究领域,并侧重大企业的主导作用。这种模式赋予了俄罗斯技术创新强劲的动力,但也存在着一些弊端,最为严重的就是俄罗斯虽然在基础研究领域保持较高水准,拥有世界领先的高新技术,但其高新技术产业发展较滞后,技术的应用程度较低,缺乏国际竞争力。俄罗斯也意识到了这种技术创新模式的危害,2008 年,俄罗斯在《2020 年前俄罗斯联邦社会经济长期发展构想》中明确提出未来十年里俄罗斯的创新模式为"社会导向型创新发展模式",目的是改变目前的创新模式,注重科技产业化,到 2020 年,知识经济占 GDP 的比重要提高到 20%,创新对 GDP 增长的贡献率不低于 3%,创新型企业要达到企业总数的 40%—50%,这为俄罗斯经济发展动力提出了要求。

3.2.3 印度的技术创新模式:重点扩散型技术创新模式

印度是一种典型的重点扩散型或者叫以点带面型技术创新模式,这种创新模式选择重点产业,集中创新资源,通过重点产业的技术创新带动相关产业的飞速发展。早在 20 世纪 80 年代,印度就敏锐地意识到现代信息技术将是未来经济发展的驱动器,确定开发计算机软件及相关产业的战略举措,在著名的科技中心班加罗尔成立全国第一个计算机软件园区。为了支持这个产业的发展,印度政府实行税收减免、税收扣除、加速折旧等扶持政策加以鼓励。例如,政府对通过认证的研发机构为从事研发活动而采购的国内货物免税,对进口的设备等免征进口税,对从事研发取得的收入如果再用于研发也免税。同时,印度对其软件产业也实行了大规模的免税政策,如在软件园区内的企业免征所得税10年,在自由贸易区内的高科技电子企业出口产品的5年内免征所得税。在研发扣除方面,企业支付的研发费用可全额税前扣除,设备如果采用本国的,其40%实行加速折旧。在政府的大力扶持下,这种模式获得了巨大的成功。在班加罗尔的带动下,马德拉斯、海得拉巴等南部城市的高科技工业园接踵而起,与班加罗尔一道成为印度南部计算机软件业的"金三角"。软件业发展还带动了其他产业的发展,如呼叫中心、内容开发、数据处理、地理信息系统服务、人力资源管理、保险申报处理、医疗档案、财会、网站维护、工程设计等服务业务。2010年,印度服务业的总产值占GDP总量的比重超过60%。其中软件及相关服务业出口超过800亿美元,软件、信息技术服务及相关服务业占80%,软件出口额占全球市场份额的30%左右。世界500强的跨国公司中,有300多家向印度的公司订购它们的软件。这一骄人的成果,得益于印度采取的以软件业为重点突破口的区域技术创新模式。

印度重点扩散型技术创新模式有三个显著的特点。第一,科技创新资源向特定产业倾斜。无论是从人力资源配置、基础设施配置和科研经费的分配,还是从国家、区域乃至企业的产业布局来看,印度均将科技创新资源集中在计算机软件产业。第二,将发展特定产业作为政府制度创新的关键。在选择计算机软件业作为技术创新的重点后,印度政府进行了系统的制度创新,出台了一系列优惠政策,比如免除进出口软件的双重税赋,实现零关税、零流通税和零服务税,允许加速折旧,免除出口软件商所得税等。同时,印度十分重视知识产权保护,先后通过了《印度证据法》、《信息技术法》等,为软件产业发展提供了法律保障。第三,通过产业集群培育创新能力。这是软件业成功秘诀所在,印度在软件产业集群的发展过程中形成了良好的内在机理:一是通过集群间企业的学习和协作,获得企业间的良性竞合关系,使产业集群的链条不断延长;二是通过政府的法律法规和行业协会,规范市场行为,保护知识产权,通过产业集群培育产业的创新能力。在重点扩散型技术创新模式下,印度的创新领域逐渐从软件产业向空间技术、核能技术、生物技术等领域衍生,带动了相关领域的快速发展。

3.2.4 中国的技术创新模式:任务导向型技术创新模式

与巴西有些雷同的是,中国采取的也是政府主导型技术创新模式,政府在技术创新中起到了较大的推动作用。但是,与巴西不同的是,中国的政府主导型技术创新模式是一种任务导向型技术创新模式。这种技术创新模式主要特征是,政府根据国家的发展重点选定目标,通过科学以及重点研究开发项目进行快速的技术创新,政策的重点在于新技术、新产品、新产业的开发。在确定了特定领域或特定目标后,政府往往从四个方面来进行政策的引导与扶持。一是构建有利的创新政策体系。到目前为止,国务院已经发布了上百条关于创新的配套政策,从税收、金融、财政、人才等方面来支持技术创新活动,极大地调动了企业、高校、科研机构等创新主体的创造性和积极性,有力地促进了官产学研的结合和科技成果的转化,促使创新要素向企业聚集。二是完善创新的环境。中国以《科技进步法》为基本法律,颁布了《中小企业促进法》、《促进科技成果转化法》等专项法律,明确技术创新在社会经济发展中的作用和地位。三是加强对企业的支持。中国政府出台了许多鼓励各类企业进行技术创新的政策法规,在注重大企业创新能力培育和扶持的同时,也对中小企业和民营的技术创新给予支持和帮助。到目前为止,国家已经建立 54 个高新技术产业开发区,534 个科技企业孵化器,50 个大学科技园,1 270个生产力促进中心,这些都是主要为中小企业创新服务的。这些措施在支持企业创新方面起到了重要作用。四是注重基础创新平台的建设。中国正逐步形成对科技研发活动的支撑能力,初步构成了相对完整的基础研究、战略高技术研究、产业共性技术研究与应用转化等科技基础能力建设和创新服务支撑体系,科技基础设施和条件平台建设取得明显进展。2008 年,中央财政支撑国家(重点)实验室经费达 21.68 亿元,首批 36 个依托转制院所和企业的国家重点实验室批准建设,新建 51 个工程实验室,新认定 76 个国家企业技术中心。国家工程中心已达 300 多家,覆盖了农业、制造业、电子与信息通信、材料等 8 个技术领域,取得了大量工程化科研成果。

　　在政府主导下的任务导向型技术创新模式的引领下,我国的科技创新能力明显提升,科技论文总量快速增加,2008 年 SCI 论文收录居世界第三名,科技人员论文被引用 265 万次,居世界第 10 位;专利持续增长,2008 年达到 82.8 万件,增长幅度达 19.4%,全年授予专利 41.2 万件;一批具有原始性创新成果不断涌现。同时,高技术产业整体情况良好,54 个国家高新区实现营业总收入 6.5 万亿元,工业增加值达到 1.27 万亿元,占全国工业增加值的 8.8%,成为中国高新技术产业发展的重要基地。任务导向型技术创新模式虽然取得了一定的成绩,但这种模式还存在一些重大的薄弱环节,如创新体制呆板、创新机制不畅、企业自主创新能力不足等。这种情况造成了严重的后果,一是受体制机制的影响,企业自主创新能力不足,使得企业陷入"引进、落后、再引进、再落后"的恶性循环之中;二是大规模引进外资却并没有带来创新能力的系统性提升,中国依然处于全球产业分工的低端。在这种情况下,中国政府调整了技术创新模式,相继制定了"科教兴国、人才强国和可持续发展"三大战略,目的是解决经济增长、社会进步和国家安全的发展瓶颈。调整后的技术创新模式主要有三个特点:一是全面面向市场经济,政府主要通过主要倡导者和参与者身份,介入整个国家创新系统中,更加强调发挥国家创新系统,尤其是创新网络组织的作用,同时强调尊重国家利益和市场体制,强调国防研究机构和民间研究机构的融合和互动。二是注重民生,强调发挥科学技术的社会服务功能,强调依靠技术进步去解决中国广大农村地区的医疗、教育/数字鸿沟等诸多问题。三是强调在全球环境中提升创新能力,期望通过国际化环境的营造,实现全球资源整合,培养一大批具有自主创新能力的企业。

3.3 "金砖四国"技术创新模式的比较

　　由于经济结构和要素禀赋的复杂性和差异性,"金砖四国"都处于转型阶段,但其所处的阶段不同,决定了"金砖四国"不同的技术创新模式。由于技术创新模式是由要素禀赋、创新主体、创新环境和创新机制四个要素相互作用而形成的,因此我们从这几个方面来比较"金砖四国"的技术创新模式。

3.3.1 创新模式的要素禀赋不同

"金砖四国"都是人口大国、都信奉市场化改革,并且这四个国家的资源禀赋不同,发展的侧重点不一样,导致某些产业发展很快,能够在新兴经济体中独占鳌头,并且以较快的增长速度在全球经济体中脱颖而出,取得世界瞩目的成就。尤其值得关注的是,由于要素禀赋的差异,造就了"金砖四国"独具特色的具有一定比较优势的产业。如巴西地广人稀,具有得天独厚的发展农业生产的自然条件,历届政府也都通过不同的措施促进农业发展,使巴西成为全球第二大粮食生产国,是仅次于美国和阿根廷的第三大转基因作物种植国,也是世界上牛肉、家禽、大豆、蔗糖、咖啡、橘汁和乙醇的最大出口国。农业方面的先天优势使巴西成为当今世界新兴的农业超级大国,有世界"原材料的供应地"之称。依托健全的工业生产体系,大批熟练而有相对低廉的劳动工人使中国的制造业领先全球,是世界上最大的制造业国家,钢、煤、水泥、化肥、棉布、电视机等产量均居世界第一,号称"世界制造业的工厂"。单就信息产业部门来说,印度已经拥有接近 60 万的软件服务专业人员,其中有接近 75%的劳动力毕业于工程专业,凭借其绝对优势的人力资本的支撑,印度在起步阶段选择准入门槛较低而市场潜力大的劳务输出、软件定制加工等信息服务业作为切入点,把目标瞄准全球重要的北美市场、欧洲市场,由于质量可信、交货及时、服务周到。印度在全球软件开发市场中占据了16.7%的份额,即使在信息产业最为发达的美国,印度占据其软件销售市场份额高达 60%以上,这些成就使得印度拥有"世界办公室"之名。而俄罗斯是世界上最大的石油和天然气出口国,拥有世界石油储量的 13%和天然气储量的 32%,有"世界能源加油站"的美誉。因此,有学者认为:巴西的农业+中国的工业+印度的服务业+俄罗斯的资源=完整的新兴市场。

3.3.2 创新模式的主体不同

从创新主体来看,"金砖四国"中的侧重点是不一样的。中国和巴西虽然在具体操作上不同,但都属于典型的政府主导型技术创新模式,在这两个国家中,政府充分发挥在自主创新中的主导作用。比如,制定和实施适宜的创新政策,为自主创新营造良好的政策环境;完善创新体制和机制,为自主创新营造良好的体制环境;切实转变政府管理职能,为自主创新营造良好的服务环境;构建创新文化,为自主创新营造良好的人文环境。与巴西不同的是,中国的任务导向型技术创新模式虽然也是政府在创新资源的动员上占主导地位,但是这种创新环境的营造和创新资源的调度往往是以特定项目或特定任务为目标,集中相当的资源和条件,为创新任务服务。正是这种模式,使中国在 20 世纪 60 年代经济社会比较落后的情况下,实现了重大项目的突破,使中国在某些特定领域上具有世界先进水平。在印度和俄罗斯的技术创新体系里,政府也起到了较大的推动作用,但是政府的作用仅仅限于通过创新环境的营造引导企业参与创新,并成为创新主体。在两国的技术创新体系中,企业都是创新主体,但其所起到的主体作用却截然不同。在印度,创新主体是具有庞大社会网络的私营部门,印度每年有 250 万大学毕业生,其中有 35 万工程师。他们中的核心人物是一些具有全球化视野的印度人,这些人将印度与硅谷以及更多的地方连接起来,形成了一个庞大的、沟通及时的创新网络。因此,可以说,印度不存在着创新体系,仅仅存在一个创新阶层,产业主导是印度重点扩散型技术创新模式的一大特征。研究印度技术创新模式的发展过程就可以知道,以软件为主导的服务业一直保持较快的增长速度,并以此带动创新领域逐渐向空间技术、核能技术、生物技术等领域衍生,以此又形成了一个庞大的创新网络。俄罗斯的大型企业实际上不是一种完全的企业,是政府创新意识和社会行为的代言人,在俄罗斯的 6 家超大型国家公司里,很少有真正按照市场规律来进行商业运作的,在俄罗斯所获得的技术成就里,大部分是受政府直接资助完成的。因此,可以说,俄罗斯的技术创新主体是"政府+大型国家公司"。在未来

"社会导向型创新发展模式"下,政府和大型国家公司还是处于绝对主导地位,只不过更侧重于科技的产业后化,更注重知识转化为经济而已,真正要发挥社会企业的创新主体地位,可能还要更长的时间,这也是新兴大国转轨的阶段性任务。

3.3.3 创新模式的环境不同

创新模式的环境包括经营环境和创新政策。"金砖四国"在经营环境和创新政策上的差异,是造成创新模式与体系差异的重要原因。在经营环境方面,巴西和印度相似,注重企业合作、强调团队精神、合作精神与质量管理,这归功于两国传统文化中集体主义的体现,也是维系其经济高速增长的制度基础。良好的质量管理可以确保产品的市场占有率和企业的诚信度,尤其是印度,为了保证软件服务业在国际上占有绝对优势,印度政府要求相关公司设立质量保证部门,对项目过程中所有的数据都要有记录,包括用户要求、产品设计思路、所用编程技术、工作进度计划及按计划完成情况、阶段和最终产品检测结果、总体质量评估、用户使用情况反馈等,作为公司的珍贵档案。这种做法大大减轻了公司人员的流动可能给产品质量带来的不利影响,保证了产品质量的稳定性,也为公司参加国际权威机构的等级评估积累了必不可少的文字资料。目前,印度通过 ISO9000 质量论证的软件企业共有 170 多家;在全球 71 家达到"计算机软件成熟度模型"(CE—CMM)五级标准的企业中,印度公司或设在印度的独资、合资公司占了 43 家。这些数据足以说明印度软件产品的高质量和竞争力。在中国和俄罗斯,很多企业的技术引进是为了确立自己在行业内的垄断地位,基本上与其他同行很少建立合作机制。另外,不注重产品的开发也成为中国技术创新系统的创新环境恶化的重要因素。在创新政策上,印度政府只充当了一个政策制定者和发布者的角色,并没有发挥其政策指导促进的作用。而巴西、俄罗斯和中国则是对研究开发直接参与,不仅对技术创新活动进行规划和指导,还通过研究机构的研究开发直接参与技术创新活动。在专利制度方面,巴西历届政府都高度重视知识产权法律制度建设,相继出台了《工业产权法典》、《版权法》、《计算机软件保护法》等法律法规,保护和激励知识创新。同时,巴西还放宽商标注册的条件,扩大商标权的保护范围。印度的专利制度比较灵活,注重产业升级,如印度政府规定,对于食品、药品、农用化学品等大类只授予方法专利,而不授予产品专利,这为印度大型企业快速完成产业升级创造了条件。中国和俄罗斯在专利制度方面起步较晚,直到 20 世纪 90 年代末还在为某些涉及非法利用专利的案例付出沉重的代价,在吸取了以前失败的经验之后,两国开始逐步重视专利申请的重要性。

3.3.4 创新模式的机制不同

创新机制是指创新主体在创新过程中选择创新目标之后,在创新动力和创新支撑体系的作用下,把握合适的创新机会,选择科学的创新突破点,实现技术创新的过程和机理。因此,创新机制包括创新目标、创新动力、创新支撑体系和创新机会四个要素。中国和俄罗斯的创新目标是自主创新,而印度和巴西是依赖型创新。中国和俄罗斯都正努力成为一个"自主创新"的国家。两国的领导层都将拥有自主知识产权的拳头技术视为关乎国家威望的大事。而印度和巴西一直在努力建立独立的自己的科学和创新体系。但是,自从 1991 年印度经济面向国际投资和贸易开放之后,它就将自己定位为依赖型的创新者,为跨国公司提供服务并为全球市场创造技术。而巴西则凭借"出口导向型战略",使其与跨国公司成为一个相互依赖的创新体。在创新动力方面,中国、俄罗斯和巴西的创新动力源于政府,而印度的创新能量来自国民。在中国、俄罗斯和巴西,国家是创新的核心,政府研发支出的大幅增加充分体现了它们想成为科学大国的雄心。而印度创新动力来自私营部门和社会精英,这些私营部门和社会精英构成一个庞大的社会网络,推动着印度现代服务业的蓬勃发展。在创新支撑体系方面,"金砖四国"不管是从政府的宏观指导上还是在教育体制、法律保护上的差异都比较大,政府政策的切入点和侧重点都不一样。巴西的政策框架是期待形成一个有效的运行机制,俄罗斯是期待在某些方面形成引领世界的技术创新能力,印度是期待通过政策支撑体系,形成以软件服务业为龙头带动其他相关产业的发展,而中国的技术创新政策至今依然缺少一个良好的运行机制,即便是针对技术创新体系的诸多有利的政策、法规,其执行力度仍甚微,执行过程缺乏系统性,绩效较差。在创新机会方面,虽然"金砖四国"都有后发赶超的思维,但是巴西、中国和俄罗斯在技术创新过程中都忽视了经济发展的要求,产业化水平和能力较低,创新具有一定的盲目性;而印度在一开始就确定了满足用户和市场的定位,后期的配套服务和政策措施都是围绕用户和市场展开的,成效明显高于其他三个国家。

由于经济结构和要素禀赋的复杂性,"金砖四国"创新模式具有较大的差异性。由于技术创新模式都涉及要素禀赋、创新主体、创新环境、创新机制等四个方面,加之技术创新模式是由政府创新机制诱发的倾向性创新行为,因此政府在技术创新模式中拥有重要的作用,这使得"金砖四国"的技术创新模式又有一些共性。首先,创新模式的复合化,"金砖四国"不仅关注原始创新,也注重产品的集群创新和集成创新,更关注科技产品市场发展趋势,创新模式日趋复合化。其次,重视政府、企业和科研人员的三主体作用,以企业为创新主体的自主创新观念基本形成,并且逐步深入人心。"金砖四国"的政府在促进企业技术创新方面都采取积极扶植企业技术创新的政策和措施,政府努力为科技创新制定相关适宜政策,服务于企业作为创新主体的自主创新。同时,也重视科研人员作为科学研究工作主体在创新过程中的重要作用。"金砖四国"的科研人员呈现递增趋势,且政府培养力度空前增加,这为"金砖四国"经济发展提供了持续不断的动力源泉。最后,"金砖四国"的技术创新模式是动态演进的,而非一成不变,其随着要素禀赋、创新主体、创新环境、创新机制的变化而变化。比如,中国从政府主导的任务导向型技术创新模式逐渐向社会协调发展的模式转变,俄罗斯也由大型企业主导高技术创新模式向"社会导向型创新发展模式"转变,以更好地适应要素禀赋和创新环境的变化。

随着科学技术的快速更新及创新环境的日趋复杂,我国的要素禀赋日益丰富,创新主体日益壮大,创新环境日益完善,创新机制日益健全,个别领域或少数技术在全球已经形成明显的竞争优势。在这种情况下,中国应逐步转变创新模式,使其从以技术引进、消化吸收再创新为主,转向以集成创新和原始创新相结合的开放式自主创新为主,构建开放式技术创新模式。所谓开放式创新模式,是指企业或组织在进行技术创新过程中,可以充分利用内外两条市场通道,有机地整合企业内、外有价值的创新资源,同时建立科学合理的收益分享机制。在开放式创新模式下,企业不再完全依靠自身的力量,而是强调外部创新资源的获取和利用,注重内外创新资源的有机整合,从而形成一个开放的、非线性的、模块化的技术创新网络。这种创新模式更加注重创新主体的创新合作,注重科研机构、企业、大学之间科研活动的高效合作,包括国际间的合作,以及科学技术成果的快速转移和流通。同时,需要优化创新链,形成有序创新生态结构,使大学、科研单位和企业从事不同层次的研发工作,形成有序创新链,最终提升国家创新体系的综合创新能力。科研机构与大学应定位于核心技术和基础性关键技术研发,企业作为创新主体,集中于应用技术以及原创技术转向应用技术的研究,形成科研机构、大学和企业在创新价值链上的有序创新生态结构。最后,要优化人才结构,促进人才合理布局。中国应在政策引导和支持下,调整科技人才布局,促进科技人才向高技术企业的流动,并在此基础上进行合理调整,使科技人员结构逐步与国际高技术国家接轨。

第4章

"金砖四国"自主创新能力比较

世界经济发展的经验表明,一个国家只有具备强大的自主创新能力,才能在激烈的国际竞争中把握先机和赢得主动。自主创新能力已经成为新兴经济体增长和发展的主要驱动因素,决定各国竞争优势的强弱和发展潜力。所以,新兴经济体都希望设计和实施协调一致和有效的创新体系,从而支持更广泛的发展目标和社会经济需求,而创新体系的构建有赖于准确地测度创新能力。在这样的背景下,对新兴经济体的代表——"金砖四国"的创新能力进行测度和评价,分析各国的优势、劣势和互补性,可以为各国实施自主创新战略提供依据。

4.1 国家自主创新能力概念的界定

对"金砖四国"自主创新能力的比较分析,有赖于对这四国的自主创新能力形成正确评价。对国家自主创新能力进行正确评价,首先要明确国家自主创新能力的概念。下面我们对已有研究中的相关概念进行梳理,进而提出本书所依据的国家自主创新能力概念。

在国外的相关研究中,美国加利福尼亚大学的 Luis Suarez-Villa 1990 年提出了国家创新能力的概念,他认为国家创新能力是创新能力理论在国家层面的应用,同时也涉及教育、知识产权制度和法律等环境驱动因素,并提出用专利水平衡量国家创新能力。OECD 是最早对国家创新能力进行研究和测度的国际性组织,其对国家创新能力的认识是一个逐步深入的过程,通过 1981 年到 1998 年科学技术指标的研究,他们认为国家创新能力是环境因素、集群因素和大学、中介因素共同作用的结果,这一框架在后来的研究中得到了进一步的深化和完善。2002 年 Furman 等人在内生增长理论、产业集群竞争优势理论和国家创新体系理论的基础上进一步界定了国家创新能力的概念,即一个国家或者政治、经济体长期生产世界新颖(new-to-the-world)技术并使其商业化的能力,它反映的不仅仅是一个国家或地区已达到的创新产出水平,更关注的是一个区域内创新过程的基本情况。Furman 等人的分析框架是目前国家创新能力测度的主流,被后续研究频繁引用。2005 年 Mei 和 Mathews 提出国家创新能力是国家持续创新活动的制度潜能,强调了创新的持续性以及制度对创新能力形成的重要性。欧洲工商管理学院(IN-SEAD)和印度工业联合会(CII)自 2007 年开始发布《全球创新指数报告》,指出,创新能力不仅仅指研究开发经费和专利数目,也包括各经济体为创新提供的支持因素(如政策、人力资源、科技与信息基础设施、市场与商业管理先进程度)和创新所产生的经济效果(如知识的创建、竞争力以及财富的创造等方面)。

在国内的相关研究中,明确提出"国家(自主)创新能力"概念的文献不多。张于喆等(2007)提出"国家自主创新能力"就是指"以保持经济长期平稳较快发展,调整经济结构、转变经济增长方式,建设资源节约型、环境友好型社会,提高国际竞争力和抗风险能力为目标,通过国家层面的制度安排与政策设计,充分发挥各创新参与者(政府、大学和科研院所、内资企业)在知识的创造、扩散、使用过程中的协调与协同,寻求资源的最优配置以产生创新性技术,并使之产业化且获得商业利益的能力。"

综合上述研究成果,下面提出本书所界定的国家自主创新能力:一个国家依靠自身力量,寻求资源的最优配置,进行技术创新和掌握核心技术,且获得商业利益的能力。国家自主创新能力的培养和提高有赖于国家创新系统的良好运转,国家自主创新能力是涉及各种复杂因素的综合性能力,作为一个能力系统,它不是指某一项能力,而是由若干能力要素组合而成。其中,技术创新能力和制度创新能力是国家自主创新能力结构系统中的两大核心能力要素,二者互为环境和条件,并在相互制约、相互促进中共同演进与发展。

国家自主创新能力在很大程度上取决于这个国家的创新投入和创新环境,可以把它们看成是构建国家自主创新能力的两个基本要素。创新投入是启动自主创新和维持创新的基础,主要是指为保证自主创新活动成功而投入的各种资源,具体包括资金投入和人员投入两方面。在给定的创新投入下,创新环境则成为了决定一个国家自主创新能力的关键,可以从制度因素、基础设施、市场需求水平和金融环境等方面来刻画。其中,制度因素是推动创新的"软环境",表征了一个国家为创新活动提供服务的能力;基础设施是推动创新的"硬环境",是一个国家自主创新的各种要素流动的载体,主要指技术和知识的载体;市场需求水平是推动创新活动的原动力,同时包括国内和国外两个市场的需求水平;金融环境则是推动企业创新能力建设和发展的重要因素。

创新产出则是国家自主创新能力的表现。根据其在国家自主创新能力实现过程中所处阶段不同,创新产出可以分为上游产出和下游产出。其中,上游产出反映基础研究及其为创新提供潜在支撑的能力,如技术人员撰写的科研论文;下游产出反映创新能力在市场竞争中的绩效,如具有一定市场需求的高技术产品。

4.2 国家自主创新能力综合评价模型的构建

4.2.1 国家自主创新能力评价指标体系

构建一套反映国家自主创新能力的评价指标体系,是对"金砖四国"创新能力进行测度、进而对其进行比较分析的前提条件。由于国家自主创新能力的评价指标涉及自主创新能力的结构特征、要素构成及投入到产出整个活动过程中的各方面,因此,国家自主创新能力的评价指标中不仅应包括技术创新能力的评价指标,而且更应包括制度创新能力的评价指标;不仅应包括体现国家自主创新能力的数量性指标,而且还应包括国家自主创新能力的结构性指标;不仅应包括反映国家自主创新能力要素投入和产出类指标,而且还应包括反映国家自主创新能力性质和影响因素的过程类指标。

因此,我们认为,国家自主创新能力的测度应当从国家创新体系的基本内涵和运行过程出发,以投入与产出为主线,从创新投入、创新环境和创新产出3个方面出发,构建国家自主创新能力评价指标体系框架。(如表4.1所示,表中数据为下文根据变异系数法对各指标所赋的权重系数。)

表4.1 国家自主创新能力评价指标体系

一级指标		二 级 指 标
创新投入 0.344 0		研发支出总额(10亿美元,现价和购买力平价)0.510 3
		研发支出总额占GDP的比重(%)0.207 9
		研究人员(千人,全时当量)0.281 8
创新环境 0.257 0	制度因素 0.129 9	政府效率 0.436 7
		法制化进程 0.553 3
	基础设施 0.262 1	每百人互联网用户数(人)0.482 3
		每百人固定电话和移动电话用户数(人)0.355 4
		信息和通信技术支出占国内生产总值比重(%)0.162 3
	市场需求 0.307 6	国内生产总值(10亿美元,现价和购买力平价)0.264 3
		人均国内生产总值(美元,现价和购买力平价)0.217 1
		货物和服务出口额(BoP)[美元(现价)]0.211 6
		人均货物和服务出口额(BoP)[美元/千人(现价)]0.307 0
	金融环境 0.300 4	私营部门国内贷款额与GDP的比率(%)0.557 9
		上市公司市值与GDP的比率(%)0.442 1
创新产出 0.399 0		三方专利数(个)0.281 8
		在科学及技术学刊上发表的论文数(篇)0.245 4
		人均高技术产品出口(美元/人)(按劳动力平均)0.098 9
		高科技产品出口占制造品出口的比例(%)0.150 2
		每就业者GDP[美元(1990年不变价PPP)]0.223 6

创新投入是启动自主创新和维持创新的基础,主要是指为保证自主创新活动成功而投入的各种资源。创新的投入包括资金和人员两方面,可以分别用研发支出总额以及其占 GDP 的比重和研究人员数来表示。

给定创新投入后,创新环境就是决定一个国家创新能力的关键。我们从制度因素、基础设施、市场需求水平和金融环境这 4 个方面来刻画创新环境。制度因素表征了一个国家为创新活动提供服务的能力,是推动创新的"软环境",我们选用政府效率和法制化进程来描述;基础设施是推动创新的"硬环境",我们选用每百人互联网用户数和每百人固定电话、移动电话用户数和信息和通信技术支出占国内生产总值比重来衡量;市场需求水平是推动创新活动的原动力,同时包括国内和国外两个市场的需求水平,可通过国内生产总值、人均国内生产总值、货物和服务出口额和人均货物和服务出口额等加以评价;金融环境则是推动企业创新能力建设和发展的重要因素,我们选用私营部门国内贷款额与 GDP 的比率和上市公司市值与 GDP 的比率来衡量。

创新产出是创新投入所产生的结果。这里选用三方专利数、在科学及技术学刊上发表的论文数、人均高技术产品出口和其在制造品出口的占比以及每就业者 GDP 五项指标来衡量一个国家的创新产出能力。其中,三方专利数是反映创新潜力和能力的最直接的指标,在科学及技术学刊上发表的论文数代表创新的上游产出,反映基础研究及其为创新提供的潜在支撑能力,人均高技术产品出口以及其在制造品出口的占比代表创新的下游产出,反映创新能力在市场竞争中的绩效,每就业者 GDP 则代表劳动生产率,是对一国创新产出能力的综合体现。

4.2.2 国家自主创新能力综合评价方法

1. 评价指标的无量纲处理

评价指标体系建立之后,因为各指标的计量单位不同而无法直接汇总,为此需要进行消除量纲处理,即同度量处理。这里采用相对化处理的方法,即将各国的二级指标数值除以美国的对应指标值并乘以 100,得到各指标相对于美国的得分。

2. 权重的确定

确定权重的方法可以分为主观赋权和客观赋权两大类。本节采用客观赋权方法中的变异系数法赋权。

变异系数法不需要依靠专家对各指标的权重做出评定,而是直接利用各指标所包含的信息通过计算得出指标的权重。这一方法的基本思想是:在评价指标体系中,指标取值差异越大的指标,也就是越难实现的指标。差异越大的指标越重要,因为它更能反映出参加评价的各单位的差距。评价指标体系中各指标的量纲不同,不宜直接比较其差异程度。为了消除各指标量纲不同的影响,可用各指标的变异系数来衡量各项指标取值的差异程度。

指标权重确定的具体方法如下:

首先,确定各指标的变异系数

$$V_i = \frac{\sigma_i}{\bar{x}_i} \quad i = 1, 2, \cdots, n$$

其中,σ_i 是第 i 项指标的标准差,$\bar{x}_i$ 是第 i 项指标的均值。

然后得到各指标的权重为

$$w_i = \frac{V_i}{\sum_{i=1}^{n} V_i}$$

3. 综合评价

对各指标进行综合可以采用加权算术平均综合模型或者加权几何平均综合模型,其中,加权算术平均综合模型适用于各指标相互独立的场合,评价结果主要体现各项目各自的功能性;加权几何平均综合模型则适用于各指标间有较强关联的场合,评价结果主要体现各项目之间的均衡性。毫无疑问,本书建立的指标体系中,各指标之间是具有相关性的,因此适宜选用加权几何平均模型,其基本公式如下:

$$加权几何平均综合评价指数 = \sqrt[\sum_{i=1}^{n} w_i]{\prod x_i^{w_i}}$$

其中,给定的评价指标体系由 n 个指标构成;x_i 为已经同度量处理过的第 i 个评价指标的相对值,$i = 1, 2, \cdots, n$;w_i 为各项指标的权重,$w_1 + w_2 + \cdots + w_n = 100\%$。

4.3 "金砖四国"自主创新能力比较分析

本节拟将"金砖四国"和美、日、德、英四国的自主创新能力进行比较,并以美国为标杆,从 Source OECD 数据库和世界银行的数据库中获得了 2000 年至 2008 年以上各二级指标的数据。

对各指标按照以上综合评价方法的相关步骤处理后,得到各国创新能力的得分以及创新投入、创新产出和创新环境的得分,如表 4.2 至表 4.5 所示。

4.3.1 对"金砖四国"自主创新能力的总体评价

根据表 4.2,可以对各国创新能力进行整体评价。总体来看,与美、日、德、英等发达国家比较,"金砖四国"的创新能力仍存在较大差距,但是差距在逐年缩小,尤其是中国,2000 年其创新能力只及美国创新能力的 1/10,到 2008 年则接近美国的 1/4。从"金砖四国"内部来看,从 2000 年至 2008 年,中国的创新能力一直居于首位,并且领先优势还在逐年增大;2000 年中国的创新能力仅略高于俄罗斯,2008 年时中国的创新能力则是俄罗斯的 2 倍多了。中国和俄罗斯之后是巴西,而印度的创新能力得分则最低。

根据表 4.3、表 4.4 和表 4.5,可以看出,在"金砖四国"内部,中国在创新投入、创新环境和创新产出等各方面都具有优势,尤其是创新投入,2008 年其得分甚至超过了英国,在创新产出方面也远远高于其他"金砖四国"。俄罗斯的创新投入

表4.2 总的创新能力得分

	2000 年	2004 年	2008 年
美 国	100.00	100.00	100.00
日 本	69.40	71.37	69.45
德 国	50.95	54.97	54.52
英 国	40.98	41.83	39.13
中 国	9.15	16.65	24.98
俄罗斯	9.02	11.13	11.01
巴 西	7.23	8.01	9.54
印 度	3.72	4.95	6.49

表4.3 创新投入得分

	2000 年	2004 年	2008 年
美 国	100.00	100.00	100.00
日 本	61.82	66.59	66.10
德 国	37.97	40.33	40.15
中 国	13.13	20.57	29.98
英 国	24.78	27.37	26.82
俄罗斯	14.42	18.03	17.23
巴 西	9.63	9.59	12.69
印 度	5.89	6.60	8.99

表4.4 创新环境得分

	2000 年	2004 年	2008 年
美 国	100.00	100.00	100.00
英 国	76.57	84.34	85.03
德 国	70.87	77.00	82.31
日 本	72.73	77.82	78.70
中 国	19.70	29.68	44.38
俄罗斯	13.50	26.74	40.64
巴 西	18.02	25.61	33.00
印 度	8.22	12.59	19.60

表 4.5 创新产出得分

	2000 年	2004 年	2008 年
美 国	100.00	100.00	100.00
日 本	74.52	71.90	68.06
德 国	52.64	58.58	57.39
英 国	41.53	39.51	36.60
中 国	3.87	9.79	16.24
巴 西	2.94	3.41	4.12
俄罗斯	4.46	4.33	4.02
印 度	1.42	2.20	2.90

得分在其余"金砖四国"中一直是最高的,创新环境也有较大改善,2000 年其得分仅高于印度,此后便不断改善,2003 年超过了巴西,然后一直位列"金砖四国"中第二位。巴西的创新产出有较大改善,2007 年超过原本优于自己的俄罗斯,成为其余三国中最好的;印度则无论是创新投入、创新环境还是创新产出,都较为薄弱。

4.3.2 "金砖四国"创新优劣势的具体分析

下面根据各国在创新投入、创新环境和创新产出三个方面的得分以及一些关键二级指标的变动趋势来了解"金砖四国"创新优劣势的具体表现。

1. 创新投入

从创新投入看。"金砖四国"与美、日、德等发达国家的差距都较大,但其差距均在缩小。尤其是中国,2008 年其创新投入得分还超过了英国。俄罗斯的创新投入在"金砖四国"中排名第二,但其 2008 年的得分较之 2004 年还略有下降。印度的创新投入得分最低,巴西与南非居中。

在研发支出总额方面,"金砖四国"中,中国的研发支出总额增长最快,到 2008

年已遥遥领先于其他四国,与美国的差距也显著缩小,这说明中国政府在不断加强对研发和创新的投入力度。印度、俄罗斯和巴西的研发支出总额则相对较小,但大都稳中有升(图 4.1)。

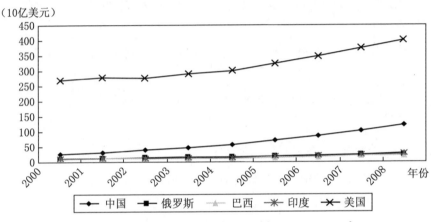

（10亿美元）

图 4.1　"金砖四国"及美国研发支出总额(2000—2008 年)

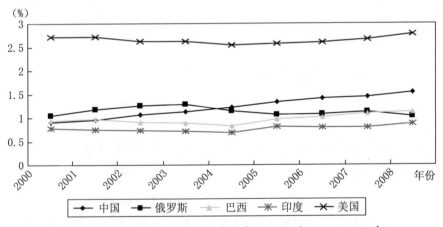

（%）

图 4.2　"金砖四国"及美国研发支出占 GDP 比重(2000—2008 年)

研发支出占 GDP 的比重反映了一个国家对创新研发的重视程度。从研发支出占 GDP 的比重来看,"金砖四国"与美国也存在一定差距(图 4.2)。最近几年,美国的研发支出占比一直在 2.5% 以上,而"金砖四国"的研发支出占比最高也未超过 1.5%。"金砖四国"中,中国的研发支出占比增长最快,2000 年中国的研发支出占比低于俄罗斯和巴西,不足 1%,随后这个占比则一路攀升,2002 年超过巴西,2004 年超过俄罗斯,并一直领先。俄罗斯的研发支出占比呈现先升后降的趋势,2000 年其在"金砖四国"中排名第一,2008 年则排名第三了。巴西的研发支出占比发展趋势则与俄罗斯相反,是先降后升,其变化幅度相对俄罗斯平缓,2000 年与2008 年均位列第二。印度的研发支出占比从 2002 年起一直最低,且增长缓慢。

在研发人员方面,除俄罗斯稍好外,中国、巴西和印度与美国的差距也很大,尤其是印度与美国的差距尤为突出。中国的研究人员规模也相对较低,最近几年一直位列"金砖四国"中的第三位(图 4.3)。

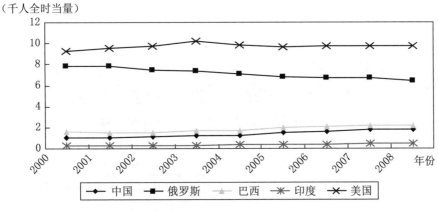

图 4.3 "金砖四国"及美国研究人员数(2000—2008 年)

综上所述,在创新投入方面,与美国相比,俄罗斯的差距主要体现在研发支出不足方面,而其研发人员相对宽裕。中国的差距则主要体现为研究人员不足,而其研发支出相对富裕。巴西和印度则不论研发支出还是研发人员均与美国差距较大。

2. 创新环境

从创新环境看,"金砖四国"与美国的差距较为明显,但均有不同程度的改善,尤其是中国和俄罗斯的改善更为明显,印度的创新环境得分则一直最低。

制度因素主要用来反映各个国家的政府和法律对创新的支持,从制度因素看,"金砖四国"的情况均有所改善,但改善较为缓慢。其中,印度最好,中国和巴西相差不大,俄罗斯相对较低。具体体现在政府效率方面,中国、巴西、印度相差不大,俄罗斯略低(图 4.4)。在法制化进程方面,印度的状况较好,巴西和中国差不多,俄罗斯最糟(图 4.5)。

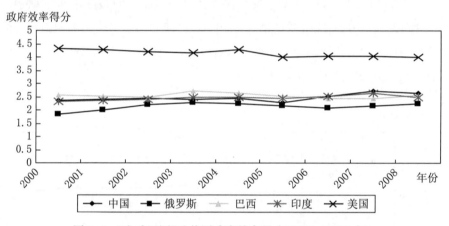

图 4.4 "金砖四国"及美国政府效率得分(2000—2008 年)

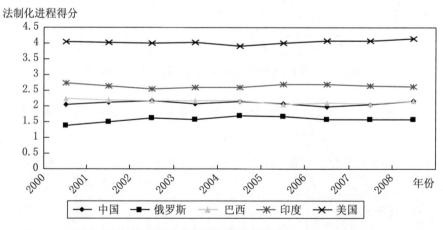

图 4.5 "金砖四国"及美国法制化进程得分(2000—2008 年)

　　从基础设施看,"金砖四国"均改善明显。尤其是俄罗斯、巴西和中国,其中俄罗斯改善最为明显,2000 年其得分明显低于巴西,位列"金砖四国"中第二,2007年则超过巴西,位列第一。印度的得分则一直最低,且增长缓慢。

　　具体到每百人互联网用户数,"金砖四国"与美国还是有较大差距的,到 2008年美国每百人互联网用户数已接近 76 人,"金砖四国"中水平最高的巴西也不到40 人。但是除印度外,其余三个国家增长都较为迅速,尤其是巴西和俄罗斯。在每百人固定电话和移动电话用户数方面,俄罗斯的增长最为迅猛,从 2000 年的 24人增至 2008 年的 172 人,2006 年已接近美国的水平,2007 年则超过了美国(图 4.6)。巴西和中国的每百人电话用户数也有较快增长,2008 年的绝对水平都不低,巴西约为 100 人,中国约为 74 人,只有印度的每百人电话用户数略低,2008年约为 34 人(图 4.7)。在信息与通信技术支出占 GDP 比重方面,中国的变化幅度最大,2000 年还不足 4%,2004 年则达到 8%,超过当时美国的占比,随后又缓慢下降,2008 年为 6%,是"金砖四国"中占比最高的。巴西的这个占比则一直维持在 5% 与 6% 左右,变化最为平缓。印度和俄罗斯的占比均较低,2008 年该占比也未超过 5%(图 4.8)。

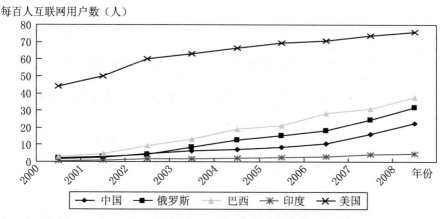

图 4.6　"金砖四国"及美国每百人互联网用户数(2000—2008 年)

每百人固定电话和移动电话用户数（人）

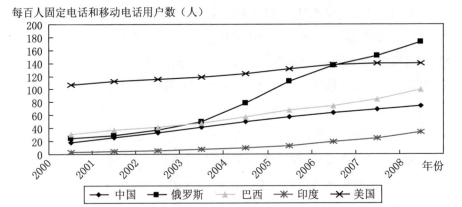

图 4.7　"金砖四国"及美国每百人固定电话和移动电话用户数(2000—2008 年)

信息与通信技术支出占GDP比重（%）

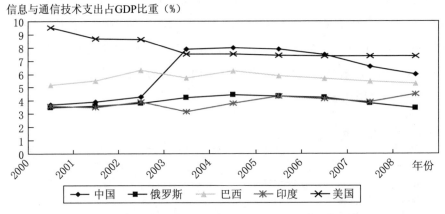

图 4.8　"金砖四国"及美国信息与通信技术支出占 GDP 比重(2000—2008 年)

从对创新的市场需求看，"金砖四国"落后美国很多，尤其是印度和巴西。从国内市场需求看，最近几年，中国的经济规模一直是"金砖四国"中最大的，并且其增长速度也快于其他三国，这为中国创新能力的提升提供了强劲的驱动力(图 4.9)。印度的发展也相对较快，在四国中名列第二。俄罗斯 2005 年超过巴西，然后一直名列第三。巴西的发展相对平缓。由于中国人口总数最多，所以从人均国内生产总值看，中国仅高于印度，名列第三，前两位分别是俄罗斯和巴西(图 4.10)。

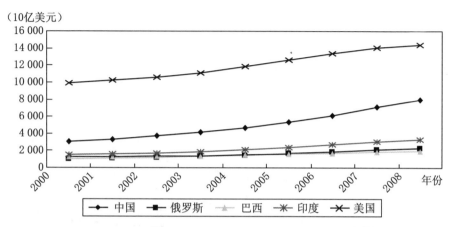

（10亿美元）

图 4.9 "金砖四国"及美国国内生产总值（2000—2008 年）

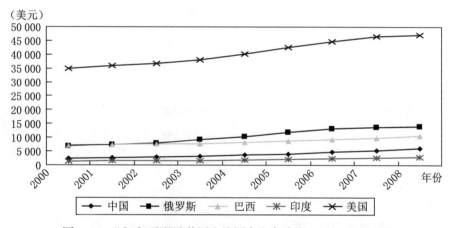

（美元）

图 4.10 "金砖四国"及美国人均国内生产总值（2000—2008 年）

　　从国际市场需求看,中国的货物服务出口总额近年来增长很快,2000 年仅为美国的 1/4，2008 年则已接近美国的 90%,这与中国加入 WTO 以及实施支持出口的战略分不开,旺盛的外需同样为中国创新能力的提升提供了强劲的驱动力。相对而言,其他"金砖"国家的货物服务出口总额增长则较为缓慢,与美国的差距仍然较大,相对水平最高的俄罗斯 2008 年也不到美国同期水平的 1/3,而相对水平最低的巴西 2008 年仅为美国同期水平的 1/8 多一点(图 4.11)。同样,由于中国人口众多,所以从人均货物服务出口总额看,2008 年中国在"金砖四国"中名列第三,与巴西差不多。俄罗斯则是"金砖四国"中水平最高的,增长也较为迅速,2000年仅为美国的20%,而2008年则达到美国水平的60%多。印度的人均货物服务出口额一直是"金砖四国"中最少的,这与其人口众多也不无关系(图4.12)。

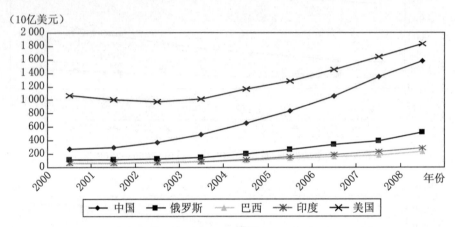

（10亿美元）

图4.11 "金砖四国"及美国货物和服务出口总额(2000—2008年)

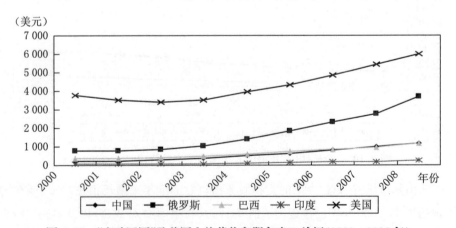

（美元）

图4.12 "金砖四国"及美国人均货物和服务出口总额(2000—2008年)

良好的金融环境可为创新活动提供资金支持,有利于提高创新能力。在"金砖四国"中,中国、印度和俄罗斯的金融环境均迅速改善,尤其是中国和俄罗斯改善较大,巴西的金融环境则最弱。从私营部门国内贷款额与GDP的比率看,中国明显高于其他三国,自2000年以来中国的该比率一直在100%以上,最高时则接近130%

(2003年),不过与美国水平比较,中国仍有一定差距;巴西、印度和俄罗斯的水平较为接近,2008年均在50%左右(图4.13)。各国上市公司市值与GDP的比率则波动较大,尤其是2006年至2008年间(图4.14)。中国2007年的该比率高达184%,超过了同期的美国(同年印度该占比也超过了美国),不过2008年中国的该占比又迅速下降,甚至低于俄罗斯,在"金砖四国"中名列第二。其他"金砖"国家在2006至2008年间也有类似的变化趋势。这说明各国股票市场的联动性还是很强的。

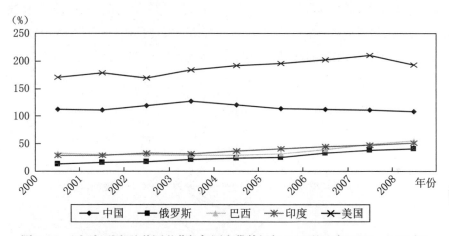

图4.13 "金砖四国"及美国私营部门国内贷款额与GDP的比率(2000—2008年)

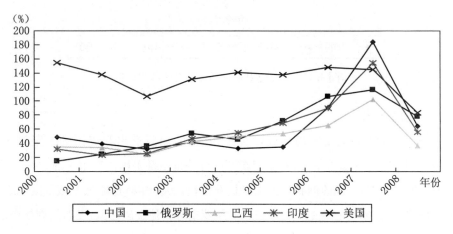

图4.14 "金砖四国"及美国上市公司市值与GDP的比率(2000—2008年)

综上所述,在创新环境方面,中国的优势主要在于对创新的市场需求以及金融环境上,正是对创新强大的市场需求和金融环境的迅速改善支撑着中国创新能力的提升,其劣势则在于创新的基础设施和制度环境相对较差。俄罗斯的优势主要在于基础设施建设和对创新的市场需求,而制度环境和金融环境成为其创新发展的"软肋",是其进一步发展需要极力改善的。巴西的主要优势在于其基础设施建设相对不错,而其创新的市场需求和金融环境都相对薄弱,提升的空间还很大。印度的优势在于创新的"软环境",即制度因素,尤其是其法制化进程,这种软环境的改善,使印度的创新活动得以持续发展,并有助于实现长期的创新发展,当然其创新的市场需求和基础设施建设仍有待进一步加强。

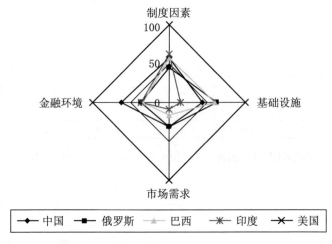

图4.15 "金砖四国"创新环境对比(2008年)

3. 创新产出

与创新投入和创新环境比较,"金砖四国"的创新产出与美国的差距更大。2008年即使是水平最高的中国,其创新产出得分也不及美国同期水平的20%。在"金砖四国"内部,中国的创新产出水平提升最快,2000年时还略低于俄罗斯,随后则一路攀升,2008年已远远超过了巴西和俄罗斯等其他金砖国家;巴西的创新产出得分与俄罗斯较为接近,但巴西这些年是稳中有升,而俄罗斯则略有下降;印度的创新产出得分在"金砖四国"中一直较低,但这些年也略有提升。

从衡量创新产出使用的二级指标三方专利数来看,"金砖四国"与美国存在极大差距,即使是四国中排名第一位的中国,2008 年也不到美国的 4%,巴西、俄罗斯则连美国的 0.5% 都不到。因为与美国差距太大,所以为了方便显示"金砖四国"内部的变化情况,图 4.16 中未包含美国的数据。从图 4.16 可以看出,2000 年这四个国家的专利数相差不大,2008 年则有了明显差异。中国的三方专利数增长最快,尤其是 2004 年以后增长更快,至 2008 年已经明显高出其他四国;印度的专利数也有一定增长,位列第二;俄罗斯、巴西则增长平缓,甚至略有减少。

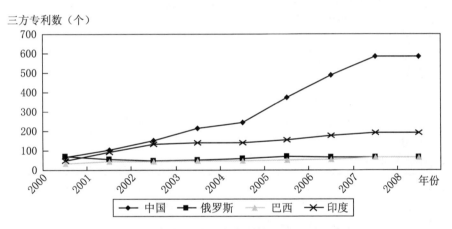

图 4.16 "金砖四国"三方专利数(2000—2008 年)

从在科学及技术学刊上发表的论文数看,"金砖四国"与美国也存在较大差距,除中国外,其余四国的水平均不及美国的 10%。同样,为了看得更清楚,图 4.17 中未包含美国的数据。与专利数类似,中国的水平远远超过其他四国,增长也是最快的。印度的论文数稳中有升,排名从 2000 年的第三位升至 2008 年的第二位,超过了论文数逐年下降的俄罗斯。

从高科技产品出口占制造品出口的比例看,2000 年中国、巴西、俄罗斯水平相当,随后中国的高科技产品出口占比一路攀升,2005 年达到最大值(30.6%),并且超过了当时美国的占比水平,接着又有所下降,2008 年时已显著高于其他三国,位列第一。巴西、俄罗斯的高科技产出出口占比呈下降趋势,2008 年分别为 11.97%与 6.52%,印度的高科技产品出口占比是"金砖四国"中较低的,一直在 5%左右波动(图 4.18)。

发表论文数（篇）

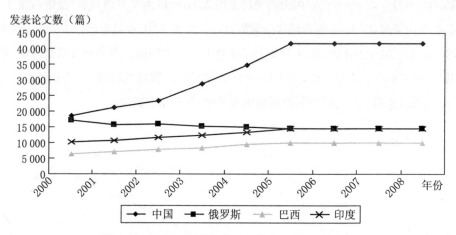

图 4.17 "金砖四国"发表论文数(2000—2008 年)

高科技产品出口占比（%）

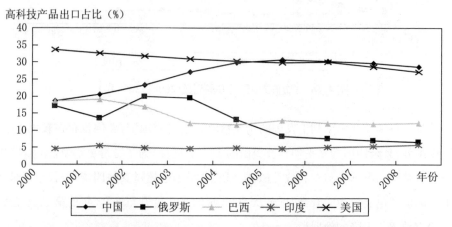

图 4.18 "金砖四国"及美国高科技产品出口占制造品出口的比例(2000—2008 年)

从人均高科技产品出口额看,中国增长迅速,2000 年时在"金砖四国"中位列第三,2001 年时超越了俄罗斯,2002 年又超越了巴西,位列第一;但这并不代表中国创新产出水平的真正提高,因为中国出口的高技术产品中有很大部分是通过加工贸易的方式出口,中国其实只是承担了高技术产品制造中的劳动密集环节,高技术产品出口的增多并不表明中国技术水平的实质提高。其余四国基本上也呈现上升趋势,其中又以巴西的水平较高,俄罗斯次之,印度最低(图 4.19)。

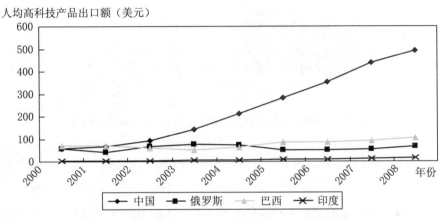

图 4.19 "金砖四国"人均高科技产品出口额(2000—2008 年)

从每个就业者创造的 GDP 看,"金砖四国"与美国也存在较大差距,2008 年"金砖四国"中水平最高的俄罗斯也不及同期美国水平的 1/3。在"金砖四国"内部,俄罗斯的劳动生产率近年来提升较快,2000 年还略低于巴西的水平,此后则逐年提升,2008 年已远远超过巴西,是"金砖四国"中最高的。巴西劳动生产率在四国中位列第二,但其改善则较为缓慢,2008 年仅比 2000 年略有提升。中国和印度的劳动生产率虽然均有所提升,但与俄罗斯和巴西仍有一定差距(图 4.20)。

综上所述,在创新产出方面,除劳动生产率外,无论是直接产出(专利),还是上游产出(论文)与下游产出(高技术产品出口),中国均遥遥领先于其他四国;当然,与美日德等发达国家相比,除了高技术产品出口仍具一定优势外,中国创新能力在专利与论文上的表现明显逊色很多。印度、俄罗斯和巴西三国比较,印度的优势主要体现在直接产出(专利)和上游产出(论文)上,这表明印度的创新产出能力发展具有较大的后劲,虽然其下游产出(高技术产品出口)和劳动生产率目前较低;巴西

每个就业者创造的GDP（美元）

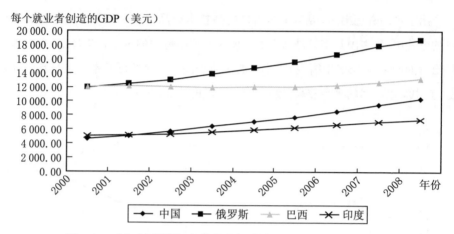

图 4. 20 "金砖四国"每个就业者创造的 GDP(2000—2008 年)

的优势则主要体现在创新的下游产出和劳动生产率上,而直接产出和上游产出都较为薄弱,这将在一定程度上影响其创新下游产出的可持续发展和劳动生产率的进一步提升;俄罗斯的优势主要体现在劳动生产率上,但下游产出(高技术产品出口)和直接产出(专利)都较为薄弱,导致其创新产出得分并不高。

从近中期看,"金砖四国"因其自主创新能力的不断加强,它们都能保持稳定较快的增长态势,对世界经济的引擎作用也随着经济总量的扩大而继续增强,在世界经济中的地位将进一步提高。但是,我们也应看到,与欧美发达国家相比,无论是创新投入、创新环境还是创新产出,"金砖四国"仍然还有很大的差距。因此金砖国家应借鉴欧美发达国家的成功经验,采取积极措施,努力提升自我的自主创新能力。

第一,完善"金砖四国"自主创新机制。增强自主创新能力是一项复杂的系统工程,需要一套科学合理的体制机制。同时,持续的自主创新能力的保持,也需要有健全有效的创新机制提供有力保证。"金砖四国"作为新兴国家的代表,都处在"转型"时期,市场经济体制还不够完善,自主创新的机制有待健全,要积极探索政府与市场有效发挥作用的机制,从而为自主创新提供良好的有效机制。

第二,"金砖四国"要积极培养和发展战略性新兴产业。全球金融危机之后,世界各国把加大科技创新和发展新兴产业作为培育新的经济增长点、实现经济振兴、抢占新的国际竞争制高点的重要突破口。在美国,正在推行以新能源为主导的产业革命,欧洲则采用"绿色技术"撬动低碳经济发展。俄罗斯将重点发展新能源和纳米技术;印度将重点放在新能源和信息产业上,巴西将重点发展新能源和清洁技术。在中国,早在 20 世纪 80 年代初实施科教兴国战略时,就把自主创新战略作为国家的核心战略,并先后实施了"火炬计划"、"863 计划"等一系列旨在发展高科技、实现产业化的科技计划。在此推动下,我国的新兴产业得到了迅速的发展,高科技和软性经济产业在国民经济发展中占据着越来越重要的地位。目前,我国将重点培养和发展包括节能环保、新能源和新材料在内的战略性新兴产业。因此,"金砖四国"作为新兴国家的代表,为完成产业结构的升级,也就必须培养和发展战略性新兴产业。

第三,中国必须进一步加大自主创新投入,优化创新环境,完善成果转化机制,从而不断提高自身的自主创新综合能力。根据世界经济论坛(WEF)公布的《2011—2012 年全球竞争力报告》,中国的全球竞争力指数排名,已由 2004 年的第 46 名上升到 2011 第 26 位,领先于巴西的第 53 位,印度的第 56 位,俄罗斯的第 66 位。中国在这一竞争力排名榜上的位置持续上升,得益于中国自主创新能力的不断。但是前文的实证分析也表明,虽然这些年我国的自主创新能力在不断提升,但是与美国等西方发达国家相比,我们的差距还相当明显。2008 年的创新能力也只及美国创新能的 25%,这与我国经济总量全球排名第二是不相称的。同时还有一个值得高度重视的问题,就是我国的自主创新效率不高。2008 年,我国的创新投入得分为美国的 29.98%,但创新产出却只占美国的 16.24%,这说明我国在创新环境建设和创新机制上存在诸多缺陷。今后,我国在加大研发投入的同时,更应注意不断优化创新环境和机制,只有这样,才能不断提高我国的创新效率,提升我国的整体创新能力。

第 5 章

新兴大国技术创新动力转换机制

技术创新的动力机制是保证技术创新顺利进行的关键所在。一般说来,技术创新进展缓慢的原因,往往就在于技术创新的动力不足以及运行过程的断裂。技术创新动力机制对于技术创新至关重要。虽然新兴大国的科学技术取得了很大进步,但不可否认,其目前与发达国家仍存在着很大的差距。原因固然是多方面的,但其根本原因在于新兴大国技术创新动力机制的不足,以及在关键节点的创新动力转换不及时。因此,研究新兴大国技术创新的演进规律,就必须探讨技术创新的动力机制,分析动力作用的路径和机制,把握动力转换的条件和要求。

5.1 新兴大国技术创新的动力源泉

由于分类标准不同,使得技术创新模式有些混乱,根据 Freeman(1987)的研究,我们认为技术创新是创新主体在要素禀赋基础上形成的创新倾向,这种创新倾向受要素禀赋的限制。可以说,新兴大国技术创新模式有很多,但是具体采用哪一种创新模式不是随意的,不能因国家的战略导向而改变,而是由新兴大国的要素禀赋和技术能力所决定。

需要强调的是,这里的要素禀赋不同于赫克歇尔和俄林传统的要素禀赋理论,传统的要素禀赋理论实质上也是一种比较优势理论,强调从多种生产要素最佳配置中降低成本、提高效益,从而取得比较利益。实际上,要素禀赋是一个国家或企业在其运行过程中所拥有要素的内在特性(包括要素的数量和质量),是其内部各种要素及其要素的有机结合所形成的特性,是决定国家或企业技术能力、生存与发展能力和竞争优势的各种内在因素的总和。换句话说,新兴大国的技术能力是指从外界获取先进的技术与信息,并结合内部的要素禀赋而创造出新的技术与信息,实现技术创新与扩散,同时又使技术与知识得到储备与积累的能力。从可计量的角度来说,技术能力是以资金能力为支撑,由产品创新能力和工艺创新能力为主体并由此决定的系统整合功能。技术创新模式总是在特定的经济环境、要素背景、文化背景和组织结构中发生的,不同的经济环境、要素禀赋等决定了不同的技术能力,相对应的文化背景和组织结构又决定了技术进步的性质,两者的结合则决定了技术创新的模式。

基于要素禀赋、自身资源与创新能力,特别是新兴大国的技术能力,我们把新兴大国技术创新模式分为模仿创新、合作创新与自主研发三种。模仿创新是指以率先创新者的思路和创新行为为榜样,并以其创新产品为示范,跟随率先者的足迹,充分吸取率先者成功的经验和失败的教训,通过引进购买或反求破译等手段吸收和掌握率先创新的核心技术和技术秘密,并在此基础上对率先创新进行改进和完善,进一步开发和生产富有竞争力的产品,参与市场竞争的一种渐进性创新活动。合作创新通常以合作伙伴的共同利益为基础,跨越自身边界、实现企业间信息和资源共享、优势互补,使得各主体间信息倾向于对称分布,减少不确定性,并提升成员间的信任关系。自主研发是企业仅运用自身的资源与能力来开发新的产品或服务的实践,是在企业内部进行的创新。三种技术创新模式对要素禀赋和技术能力的要求是不一样的。相对而言,模仿创新需要投入要素的数量和质量都比较低,相应地对技术能力的要求也不高,而自主研发需要投入大量的人力资本、研发资金和基础技术,也就是说需要较高的技术能力。将要素禀赋表示在坐标轴上,纵轴表示要素的数量,横轴表示要素的质量。结合要素禀赋理论,我们知道在技术能力决定中,更侧重的是要素质量,要素禀赋曲线因而是一个向要素质量轴线方向递增的曲线(如图 5.1)。图 5.1 中 AB, A_1B_1, A_2B_2 曲线表示要素禀赋曲线,T_1, T_2, T_3 依次表示模仿创新、合作创新和自主研发等技术创新模式,

Q_1，Q_2，Q_3 则表示相应的技术能力曲线。从图 5.1 中可以看出，当新兴大国要素禀赋为 AB 时，决定了该国只能采取模仿创新 T_1 的方式进行技术创新，此时交点 F_1 的切线 Q_1 表示其对应的技术能力曲线；当其拥有的要素上升到禀赋曲线 A_1B_1 时，其最佳创新方式应该是合作创新 T_2，此时对应的技术能力为 Q_2；同样，如果随着经济的发展，其拥有的要素的数量和质量提升至 A_2B_2，较高的要素禀赋决定了较高的技术能力，两者的相互作用决定了可以采取自主研发的方式进行技术创新，以构筑国家的自主创新能力。

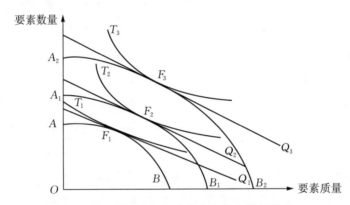

图 5.1 要素禀赋、技术能力与技术创新模式

上述研究发现，对于新兴大国而言，技术创新模式的选择主要取决于该国的要素禀赋和技术能力。当一个国家所拥有要素的数量和质量上升到一定程度时，该国的技术能力就相应地上升一个层次，也就决定了该国必须选择与之相对应的技术创新模式，只有这样才能实现经济的跨越式发展。

5.2 新兴大国技术创新的动力层次

新兴大国的经济发展趋势无外乎两种：一是采取科学合理的技术创新模式，

发挥后发优势加速经济发展,缩短与发达国家的差距,实现经济追赶;二是因采取不当的技术创新模式,受到后发劣势的束缚使得经济发展陷入停滞甚至逆转,与先发国家的差距进一步扩大。因此,采取科学合理的技术创新模式是新兴大国经济发展的关键,而技术创新模式又取决于该国的要素禀赋和技术能力。由于要素禀赋的内涵和类别不一,导致了技术能力的分层和特点。

日本、韩国等相继崛起的实践也证明了技术能力的相对性,是具有动态演变特征的。原来技术能力较强的国家可能逐渐衰落,原来技术能力薄弱的国家也可能经过适当的技术创新模式实现后来居上。对目前的新兴大国而言,在经济社会发展过程中,往往伴随着资源的空间聚集,这些资源的投入需要一定的熟练工人配合,辅以相对较好的政治、商业、法律等方面的制度,从而形成一定的社会能力,实现经济的快速发展。因此,在新兴大国起步阶段,技术创新依托的是要素的持续投入,经济发展的动力是投入驱动,其表现则是经济总量的增加,是一种典型的要素驱动型技术创新模式,而相应的技术能力具有典型的社会能力特征。所谓社会能力,是指新兴后发大国利用投入资源实现经济发展的能力,这种能力要通过教育、政治、工业和金融制度等多种形式形成。按照经济增长理论的理解,社会能力可以定义为那些不能轻易纳入常规生产函数的各种发展激励,用来解释经济增长中所遇到的一些难以解释的原因,如初始技术水平、制度环境、人口、自然资源和技术设施等社会因素。由于社会能力难以度量、不易良化,因此可以将之抽象等同于一国的"经济发展水平"。一国经济发展水平越高,社会能力越强,学习模仿先进国家的技术的障碍就越小,新兴大国就可以以发达国家的创新产品为示范,通过逆向工程等进行消化吸收,从而吸收和掌握部分创新成果。可以说,社会能力决定下的要素驱动型技术创新模式适合采取模仿创新来实现经济发展。

随着社会能力的提升,新兴大国的要素禀赋逐渐得到提升,尤其是要素的质量得到一定程度的提升,基础设施逐渐完善,社会制度逐渐健全,其技术水平也得到一定程度的提高,新兴大国开始和其他国家通过商品贸易、外商直接投资、国际技术转让和人才流动实现技术能力的提升。以商品贸易为例,新兴大国通过供应者对商品使用信息的提供掌握现有商品的操作诀窍,由于维护和修理机器的需要逐步掌握维修诀窍,由于更替出现故障和磨损零部件而掌握制造诀窍,最终通过不断的"干中学"学习和掌握相关商品的制造技术。同时,新兴大国为了加快学习和掌握先进技术的速度,还可以有意识地通过对进口商品的技术分解,从而掌握相关技术信息甚至是产品的制造技术,这种反求工程在后发国家技术学习和引进中发挥了巨大作用。日本在经济高速增长时期,提出了"一号机进口,二号机国产"的目标,通过大量的反求工程,实现了钢铁、汽车、石油化工等主导产业技术的突破性进展。韩国也是通过反求工程,实现技术进步的。可见,在社会能力达到一定程度之后,新兴大国的技术能力表现为较高层次的学习能力,通过学习能力的溢出效应,使新兴大国通过模仿创新和合作创新缩小新兴大国与发达国家的技术差距,实现技术的扩散。在这个时期,新兴大国的经济发展表现为经济效率的提升。

随着社会能力和学习能力的逐渐提升,资本边际收益呈现递减的趋势,效率增进受到要素禀赋和技术能力的限制。在这个时期,新兴大国与发达国家的技术差距逐渐缩小,技术水平也随之提高。根据技术差距理论,技术差距越大,可供新兴大国技术选择的范围与类型越多,但随着技术差距的缩小,新兴大国可获得的技术范围越来越小,而且新兴大国与发达国家在创新技术方面的冲突不断涌现,发达国家将会加强对其专利技术及知识产权的保护,使新兴大国缩小与发达国家间技术差距的努力受到限制。因此,采取自主研发的模式显得越来越重要。并且,技术创新模式的国家特征也越来越明显。在学习能力阶段,技术的转移与扩散虽然是国际间经济社会交流的普遍现象,但大国与小国从技术扩散中的获益是不一样的,小国的收益要远远大于大国。Coe 和 Helpman(1995)通过对 1990 年比利时、爱尔兰等小国和美国的比较研究显示,外国技术资本存量提高 1%,比利时的全要素生产率就增加 0.26%,爱尔兰增加 0.16%,而美国仅提高 0.03%。随后,Coe、Helpman 和 Hoffmaister(1997)对美国和新加坡的研究进一步证实了大国与小国在技术扩散中的收益不同。可以肯定,在经济发展过程中,大国与小国对技术能力的要求是不一样的,小国不必要过分强调本国的技术能力与水平,只要制定适当的经济政策,建立良好的技术基础设施,就能通过技术引进实现技术能力的提升;而新兴大国由于庞大的资源规模、自成体系的国内市场、举足轻重的影响力和强烈的发展愿望,使得新兴大国在模仿创新和合作创新到一定程度之后,就必须实行自主创新策略,提升自己的创新能力。在这个时期,新兴大国的技术能力表现为自主创新能力,其经济表现经济社会的全面发展。

上述分析可以看出,在不同的时期,由于投入的要素禀赋不一,使得技术能力呈现出不同的层次和特点,由其决定的技术创新模式也不一样,如图5.2所示。

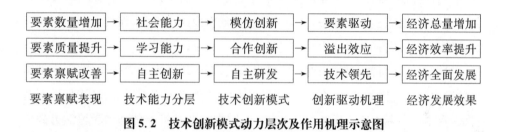

图5.2　技术创新模式动力层次及作用机理示意图

从图5.2可以看出,新兴大国的技术创新能力可以分为三个层次(或三个阶段)。第一个阶段是新兴大国凭借其庞大的资源优势,不断增加要素投入,通过社会能力的培育,实行模仿创新。此时的新兴大国经济社会发展水平相对较低,与发达国家的技术差距较大,学习领域非常广阔,但由于自身的社会能力不高,只能凭借要素投入,实现浅层次的模仿创新模式,以实现经济总量的增加。第二个阶段是新兴大国提升要素质量,通过学习能力的培育,实行合作创新。在这个时期,新兴大国在进一步的开放战略指引下,通过人员流动、国际商品贸易、技术交流和外商直接投资等方式,通过合作创新的溢出效应,在合作中学习国外先进的技术和制度,实现经济效率的大幅度提升。第三个阶段是新兴大国改善要素禀赋,提升自主研发能力,通过自主研发模式的实施实现技术领先战略。在这个时期,新兴大国与发达国家的技术、制度方面的差距逐渐缩小,新兴大国的学习领域和范围也越来越窄,只能通过自主创新模式实现经济的全面发展。

5.3 新兴大国技术创新动力转换条件

由于要素禀赋和技术能力的不同层次,使得新兴大国的技术创新也表现出不同的模式,由于新兴大国大多是典型的发展中大国,与发达国家的技术差距比较大,并且内部也呈现出典型的技术多元性特征。这种"技术多元"的特征和"技术收敛"的任务使得新兴大国在制定经济发展战略时,必须以"技术多元"和"技术收敛"为基础。要想实现技术一元,关键是技术创新模式的升级,而技术创新模式升级的核心是其动力(技术能力)的转换。

对新兴大国而言,要想采取自主研发模式,要经历两次动力转换:第一次是第一阶段向第二阶段的转换,在这个转换过程中,要素投入不断增加,经济规模逐渐扩大,资本的边际生产率递减,只有实现动力转换,加速社会能力和学习能力的培育,才能使新兴大国的技术创新模式由模仿创新逐渐向合作创新过渡,才能充分发挥合作创新的溢出效应,实现经济增长方式的转变。第二次的转变是学习能力向自主研发能力的转变,在这个过程中,要加速人力资本和社会资本的培育,健全创新的机制,创造良好的创新环境,培育科学合理的国家创新系统,以实现技术的领先战略。但是技术创新模式的升级是一个复杂的过程,不可能一蹴而就,技术能力的转换和培育也是需要一定条件的,只有具备了这些条件,技术能力才能实现转换。

第一是充分利用自由开放的国际环境。在经济全球化的背景下,无论是模仿创新、合作创新还是自主创新,都需要自由开放的国际环境为前提,需要充分利用国内外两种资源,积极吸收和借鉴国外先进科技成果,扩大和深化国际科技交流与合作。日本、韩国等都抓住了新技术革命和产业大调整的机遇,利用与发达国家的技术差距,将外国资本和先进的技术与本国优势的人力资源相结合,加大技术能力培育,从而成为新兴工业化国家的典范。而这些成绩的取得,都依托了自由开放的国际环境。随着经济全球化进程的深化,任何一个国家都无法摆脱世界经济而独自发展,尤其是新兴大国,与世界其他国家的经济社会联系更为紧密,更需要充分利用宽松自由的国际环境。一方面要客观评价本国在国际经济技术发展中所处的阶段,客观选择适合本国国情的技术创新战略和政策措施,抓住跨国公司研发全球化的机遇,使新兴大国成为跨国公司全球重要的研发基地,积极吸收跨国公司先进技术,大力提高外资的质量,强化技术溢出效应,同时鼓励本国企业加强与国外企业的合作,提升合作水平和层次,增强学习能力和技术转化能力,并逐步实现从模仿创新到合作创新和自主研发的转变。另一方面要搭建科学合理的技术引进和服务公共平台,提高引进技术的适应性和先进性,对技术引进和消化吸收给予适当的税收减免政策,增加企业的消化吸收支出比重,通过技术引进、消化吸收再创新成为增强新兴大国技术能力的重要途径。

第二是确立宽严适度的知识产权保护制度。适度的知识产权保护不仅要激励自主创新,又要促进国外技术扩散,增强对国际先进技术的准入。单纯依赖国外先进技术的引进和模仿,无法实现新兴大国技术的跨越式发展。因此,加强知识产权制度,保护和鼓励自主研发是非常必要的。但是新兴大国与发达国家存在着较大的技术差距,是典型的技术后发大国,模仿创新仍然是合作创新和自主研发中最为重要的一个环节,是技术进步的一个重要方式;尤其值得关注的是,新兴大国各区域要素禀赋不平衡,经济技术多元性特征明显,完全靠自主研发也是不现实的。因此,必须实行宽严适度的知识产权保护制度,过于宽松的知识产权制度会抑制企业的技术创新冲动,降低企业的技术创新积极性,会给新兴大国带来严重的危害,比如模仿成风、创新能力不足等。但过于严厉的知识产权制度会提高新兴大国出口商品的价格,削弱其竞争优势,也会抑制对国外先进技术的模仿和消化吸收。同时,由于新兴大国国土面积较大,区域技术能力呈现出不平衡特征,而根据国家总体技术水平确定的适度知识产权保护水平并不一定能促进各个区域技术进步,技术水平低的区域要求较松的知识产权保护以促进模仿和技术扩散,而技术水平较高的区域要求较严格的知识产权保护以促进自主研发。因此,要想实现技术能力的转换,就必须根据新兴大国不同区域的要素禀赋和产业的发展水平,设定不同的知识产权保护制度,使新兴大国的知识产权保护制度与其经济和社会现实相适应。

第三是出台系统的创新支持政策。发达国家的经验显示,要实现技术能力的提升和技术创新模式的升级,政府的大力扶持必不可少。新兴大国要素禀赋的区域差异和产业差异,导致其技术能力也呈现出不同的层次,因此必须加大政府的扶持力度。当然,针对不同的技术创新模式和不同的技术能力水平,应采取不同的政府政策。在社会能力培养阶段,新兴大国要采取贸易保护政策,保护幼稚工业,使本国的产业结构全面发展,同时要加大教育投入力度,培育大量的人力资本,提高整个社会的教育水平和劳动力素质,确保人力资源的数量和质量满足社会经济发展的需要。在学习能力培养阶段,要逐渐放开所保护的产业,转变为开放的政策,大力引进技术,鼓励企业之间的产学研合作,建立产业技术联盟,充分发挥技术的溢出效应,促进经济效率的提升。同时,也要培育良好的学习氛围,树立学习倾向的典范,引导学习型社会的建立,培养社会的积极学习倾向。在自主创新能力培育阶段,要有重点地对主导产业或者战略性新兴产业进行扶植与保护,培育国家创新系统。尤其是要搭建全国性信息平台、提供创新服务基地、优化创新制度环境、加强知识产权保护等方面,立足于参与国内外市场竞争,充分利用"两个市场、两种资源"为技术创新服务。

第 6 章
新兴大国自主创新模式转变机制

新兴大国可以通过技术创新实现技术赶超,但由于技术后发国家与领先国在技术水平和技术创新能力上存在巨大差距,导致技术赶超的结果并不一样。实践表明:实现技术赶超的关键是实现自主创新模式从技术引进、模仿到自主研发的转变,并应处理好技术引进、模仿和自主研发的关系(张景安,2003)。从技术创新的层次而言,技术引进是技术赶超的一种重要途径,也是一种比较浅层次的技术创新活动,但是要实现新兴大国的自主创新,就必须实现从技术引进、模仿到自主研发的转变。

6.1 问题的提出和模型的设定

以"金砖四国"为代表的新兴大国也是技术后发国家,由于技术后发国家与领先国在技术水平和技术创新能力上存在巨大差距,对国外技术的吸收与模仿被认为是技术后发国实现技术进步的重要方式(Helpman, 1997; Keller, 2004)。传统南北技术扩散理论着重研究了国际技术扩散对技术后发国家技术进步的影响,认为技术后发国可以通过技术模仿创新使其经济有条件收敛于技术领先国(Helpman, 1995; Barro 1997)。但问题是,根据传统南北技术扩散理论,由于研发的比较优势所决定的北方创新与南方模仿的研发分工模式,使得北方国家在"干中学"产生了更多的内生技术进步,并随时间推移强化这种优势,这样会导致南北经济增长和技术上的永恒差距。使得技术后发国技术领先地位的实现成为"可望而不可及"的事。所以,世界经济各国的技术地位在经历了大半个世纪以来都没有大的变化,实践表明技术后发国并不能仅仅通过模仿实现对领先国的技术赶超。而实现技术赶超的关键就是实现自主创新模式从技术引进、模仿到自主研发的转变,并应处理好技术引进、模仿和自主研发的关系(张景安,2003)。但由于传统南北技术扩散模型都假定南方国家只进行模仿,没有创新能力(Grossman,1997,1990),所以并没有考虑在不同的技术水平条件下和要素禀赋结构下技术后发国自主创新模式的转型与选择问题,以及鼓励技术进步的政策在模仿创新与自主研发之间如何权衡的问题。问题的关键是,自主创新模式及其转型的决定因素是什么?Currie等初步讨论了新兴大国技术进步的三阶段,即专业化模仿、模仿与自主研发、专业化自主研发,认为自主创新模式的决定及其转型取决于模仿的相对容易度和相对人均知识资本存量(Currie,1999)。但他没有考虑研发资源的有限性、要素禀赋结构和技术差距对自主创新模式影响。鉴于研发资源的有限性,需要合理利用、优化配置研发资源以有效促进技术进步。周寄中等认为需在国家创新系统内优化配置有限科技资源(周寄中,2002)。同时,根据潘士远、林毅夫(2006)以及陈涛涛(2003)的研究,技术差距也是影响对国外技术吸收与模仿、进而影响技术赶超的重要因素。Rachel(1996)也认为由于技术差距导致的技术能力和技术机会的差别,也是影响自主创新模式选择及其转型的重要因素。邵云飞、谭劲松(2006)探讨了区域技术创新能力形成机理,结果表明我国各区域技术创新能力差异很大。并且技术模仿是大多数区域和产业技术进步的主要动力(隋广军,2005)。这就可能在各区域和产业,由于研发资源和技术能力的差别而引致不同的主导自主创新模式,那么研发资源的分配以及科技政策也应当体现各区域和产业主导自主创新模式的差异性。

自主创新模式是技术引进、模仿创新与自主研发的有机结合,并逐步实现从技术引进、模仿创新为主向自主研发为主的转变。如何处理好这两者之间的关系以有效促进技术进步?特别是有限研发资源如何在模仿创新与自主研发之间分配,以及鼓励技术进步的政策如何在两种自主创新模式间权衡?沿用内生增长理论中关于模仿是领先国技术向新兴大国家扩散本质思想,本章中的"技术模仿"是指在新兴大国家技术赶超过程中,通过对国外技术的引进、消化、吸收、学习等途径以达到利用国外技术提高本国技术水平的活动[①]。这也与约瑟夫·舒姆彼得的观点一致,他认为模仿与自主研发的区别在于自主研发包括原来纯属有形的创造和发明商业化,而模仿则指自主研发的传播和扩散[②]。值得指出的是,在现实经济中,模仿与自主研发有时也往往没有明确的界限,如"创造性模仿"、"模仿创新"。但无论如何,本书中技术模仿注重对国际已有先进技术的利用,即技术后发优势的发挥,而自主研发注重新兴大国新技术的研究开发。本章根据新兴大国家技术进步的两个基本渠道来定义自主创新模式,这一定义也符合内生增长理论和南北技术扩散模型的分析范式。然而,现有对新兴大国自主创新模式决定及其转型的研究相当有限,并且既有相关研究的共同点是在刻画技术进步时,认为人力资本在不同自主创新模式中的作用是相同的,而忽略了对异质型人力资本在模仿与自主研发中的不同作用。事实上,基于人力资本的异质型特征,不同类型人力资本的作用会有所不同。高质人力资本对自主研发作用更明显,而低质人力资本主要通过技术模仿和最终产品生产促进技术进步和经济增长(Benhabib and Spiegel,1994；Andrew et al. , 2004)。Vandenbussche 和 Aghion(2006)也认为模仿与自主研发需要不同类型的人力资本,非熟练劳动在模仿创新中的作用更为明显。Vandenbussche 和 Aghion 分析了在技术差距和异质型人力资本构成这一重要要素禀赋结构约束条件下,新兴大国自主创新模式决定和技术政策的选择问题,得出了不同的结论。

　　考虑一个三部门的开放分散经济:最终产品生产部门、中间产品生产部门和研发部门。假定经济中只有一种最终产品(产量用 Y 表示),由最终产品部门提

[①]　本章中的模仿实质上是指利用技术后发优势促进后发国家的技术进步,这也遵循了技术后发优势理论和国际技术扩散理论中关于模仿的本质思想。本文的模仿并没有包括指简单的、非法复制活动,因为这些活动并没有提高后发国家的技术水平。本章中的模仿包括技术引进的暗含条件是:对引进的技术(包括向发达国家购买专利技术等直接引进和进口高技术的商品和设备等等为间接的技术引进方式)进行吸收、消化,以达到提高后发国家技术水平的目的,因为只有对引进的技术消化吸收才能提高后发国家的技术能力(吕政,2006),以扩大生产为目的的技术引进并没有包括在本文的技术模仿之中。

[②]　转引自金麟洙:《从模仿到创新——韩国技术学习的动力》,新华出版社 1998 年版,第 14 页。

供。与 Romer(1990)分析相似,人力资本总量为给定值。但不同的是,我们遵循 Vandenbussche 和 Aghion(2006)的假设,所有人力资本被用到研发部门中,并且人力资本被分为熟练劳动(高质人力资本)和非熟练劳动(低质人力资本),人力资本有两类用途:既可以投入到模仿创新活动中,也可以投入到自主研发活动中,这是为了考查在人力资本总量约束下自主创新模式的选择问题。整个经济体系运行机制如下:知识资本是研发部门进行研发的基础,研发部门使用投入的人力资本(熟练劳动和非熟练劳动),通过模仿创新和自主研发进行新技术的开发,并将新的中间产品设计方案(用 N 来表示)出售给下游的中间产品生产商;中间产品生产商使用所购买的中间产品设计方案和最终产品生产新的中间产品,然后将新的中间产品(用 X_i 表示)再出售给下游的最终产品生产商;最终产品生产商使用其购买的新中间产品,同时利用土地来生产最终产品(Y)。

假定最终产品部门利用土地和中间产品生产,其总量生产函数采用柯布—道格拉斯形式:

$$Y = G^a \int_0^N (X_i)^{1-a} \mathrm{d}i \tag{6.1}$$

其中,N 为新兴大国中间产品的种类数,N 越大意味着新兴大国的技术水平越高。X_i 为第 i 种中间产品数量,中间产品被假定是连续的,总资本就表示为 $K = \int_{i=1}^N X_i$,由于本模型是对称的,则 $K = NX$。G 为投入到最终产品生产部门中的土地,被标准化为 1。Y 为最终产品的产量,最终产品 Y 的价格单位化为 1,即 $P_Y = 1$。由于本模型对于所有种类的中间品是对称的,那么生产函数可写为:

$$Y = \int_0^N (X_i)^{1-a} \mathrm{d}i = NX^{1-a} \tag{6.2}$$

与标准新古典模型一样,定义总资本 K 的积累:$\dot{K} = Y - C = NX^{1-a} - C$。根据生产函数式(6.2),可知,任一种类的中间产品在生产函数中的边际产品为:$\partial Y / \partial X_i = (1-a) X_i^{-a}$,由中间投入品的边际收益等于边际成本,可以得到任一种类的中间产品的需求函数为:

$$X = \left[(1-\alpha)/P_X\right]^{\frac{1}{\alpha}} \tag{6.3}$$

一单位任一种类型的中间产品的生产正好耗费一单位的最终产品投入,则生产 X 单位中间产品的可变成本为 $1 \cdot X$,其中 1 为最终产品 Y 的单位价格。则中间产品生产商的决策规划为:

$$\max_X [P_X \cdot X - X] \tag{6.4}$$

将式(6.3)代入式(6.4),由一阶必要条件得到中间产品的垄断定价为 $P_X = 1/(1-\alpha)$,将 P_X 代入式(6.3),得到任一种类中间产品的生产总量:

$$X = (1-\alpha)^{\frac{2}{\alpha}} \tag{6.5}$$

进而有中间产品商的利润:

$$\pi_m = P_X \cdot X - X = (P_X - 1)X = \left(\frac{\alpha}{1-\alpha}\right)X = \alpha(1-\alpha)^{\frac{2-\alpha}{\alpha}} \tag{6.6}$$

假定研发部门是充分竞争性的,研发部门开发新中间产品的设计方案,出售给中间产品生产部门。研发部门利用人力资本从事两种研发活动:对国外技术的模仿创新与自主研发。遵循 Vandenbussche 和 Aghion(2006)及 Acemoglu 等(2006)最新的内生增长文献,技术进步被假定为对国外技术的模仿创新和自主研发的线性函数:

$$\dot{N} = \eta L_C^\sigma H_C^{1-\sigma}(N^* - N) + \xi L_I^\varphi H_I^{1-\varphi} N \tag{6.7}$$
$$N^* > N,\ 0 < \sigma < 1,\ 0 < \varphi < 1$$

式(6.7)中,$\dot{N}$ 为技术知识的增量,η 和 ξ 分别为研发部门从事对国外技术的模仿创新和自主研发生产效率参数。L_C 和 L_I 分别为投入到对国外技术的模仿创新和自主研发生产中的非熟练人力资本量,H_C、H_I 分别为投入到对国外技术的模仿创新和自主研发生产中的熟练人力资本量。人力资本总量在短期内为外生给定值。N^* 为领先国技术水平,$N^* - N$ 为新兴大国与领先国的技术水平差距,对领先国技术的模仿只是对国内没有的技术进行模仿,即对 $N^* - N$ 模仿。σ、φ 分别为非熟练人力资本在模仿和自主研发生产中的弹性。模仿创新与自主研发需要不同类型的人力资本,与模仿创新相比,自主研发需要更多的高质量人力资本,而低质人力资本在模仿创新中比在自主研发中的作用更大,因此,可以合理假定 $\sigma > \varphi$,即 $1-\sigma < 1-\varphi$,表示自主研发较模仿创新更密集使用高质人力资本。至此,我们完成了对整个经济运行系统的刻画。

6.2 新兴大国自主创新模式决定的影响因素

根据刻画的经济运行环境,我们分析均衡时研发资源在模仿创新与自主研发之间的分配和均衡时的技术进步率。为分析均衡时研发资源在对国外技术的模仿创新与自主研发之间的分配,需要考查研发部门的决策规划。将研发部门人力资本报酬定义为 $W(.)$,专利价格定义为 P_n,则研发部门的总收益为:

$$TR = P_n \dot{N} = P_n [\eta L_C^\sigma H_C^{1-\sigma}(N^* - N) + \xi L_I^\varphi H_I^{1-\varphi} N] \tag{6.8}$$

根据 Romer 和 Barro 的观点,研发市场的充分竞争性假设决定了技术的专利价格应等于中间产品垄断生产者所能获得收益的贴现值,并假定实际利率 $r(v)$ 不随时间 v 变化,根据式(6.6),则有:

$$P_n = V(t) = \pi_m \int_t^\infty \exp\left[-\int_t^s r(v)\,dv\right]ds = \frac{1}{r}\alpha(1-\alpha)^{\frac{2-\alpha}{\alpha}} \tag{6.9}$$

研发部门的总成本为 $TC = W_L(L_C + L_I) + W_H(H_C + H_I)$,则研发生产商的决策规划为:

$$\max_{L_C, L_I, H_C, H_I} P_n[\eta L_C^\sigma H_C^{1-\sigma}(N^* - N) + \xi L_I^\varphi H_I^{1-\varphi} N] - [W_L(L_C + L_I) + W_H(H_C + H_I)] \tag{6.10}$$

令 $N/N^* = T$,$0 < T < 1$,可定义为新兴大国相对于领先国的技术水平,也体现技术差距,即 T 越大,技术差距 $(N^* - N)$ 越小。根据一阶必要条件,则有:

$$\sigma\eta L_C^{\sigma-1}H_C^{1-\sigma}(1-T) = \varphi\xi L_I^{\varphi-1}H_I^{1-\varphi}T \tag{6.11}$$

$$(1-\sigma)\eta L_C^{\sigma}H_C^{-\sigma}(1-T) = (1-\varphi)\xi L_I^{\varphi}H_I^{-\varphi}T \tag{6.12}$$

式(6.11)除以式(6.12)有：

$$L_C^{-1}H_C\sigma/(1-\sigma) = L_I^{-1}H_I\varphi/(1-\varphi) \tag{6.13}$$

简化式(6.13)，得出均衡时异质型人力资本在对国外技术的模仿创新与自主研发之间的分配关系：

$$H_I/L_I = \overline{\omega}H_C/L_C \tag{6.14}$$

其中，$\overline{\omega} = \sigma(1-\varphi)/\varphi(1-\sigma)$，由于 $\sigma > \varphi$，有 $\overline{\omega} > 1$。令 $L = L_C + L_I$，$H = H_C + H_I$，L、H 分别为经济中非熟练劳动力与熟练劳动力总量，并代入式(6.14)有：$L_C = \dfrac{\overline{\omega}L(H-H_I)}{H_I + \overline{\omega}(H-H_I)}$。将 L_C、$H_C = H - H_I$ 和 $L_I = L - L_C$ 代入式(6.11)有：

$$(\overline{\omega}-1)H_I = \overline{\omega}H - Lf(T) \tag{6.15}$$

其中，$f(T) = \left(\dfrac{\xi(1-\varphi)T}{\eta\overline{\omega}^{\sigma}(1-\sigma)(1-T)}\right)^{\frac{1}{\varphi-\sigma}}$，由于已经假定 $\sigma > \varphi$，所以 $\mathrm{d}f(T)/\mathrm{d}T < 0$。根据式(6.15)，经济中研发资源存在最优分配。当技术差距越小，即 T 越大时，经济中分配到自主研发中的熟练劳动力就越多。相反，当技术差距越大，即 T 越小时，经济中分配到自主研发中的熟练劳动力就越少，而当总的熟练劳动力 H 一定时，分配到模仿创新中的熟练劳动力 $(H-H_I)$ 就越多。当新兴大国将所有创新资源投入到自主研发时，有 $H_I = H$，根据式(6.15)，有 $(\overline{\omega}-1)H = \overline{\omega}H - Lf(T)$，即：

$$H/L = f(T) \tag{6.16}$$

考虑技术差距恒定时的情形。根据式(6.16)，当 $H/L \geqslant f(T)$ 时，经济将所有创新资源投入自主研发的活动中。同理，当新兴大国将所有创新资源投入模仿创新时，有 $H_I = 0$，根据式(6.15)，有：

$$H/L = f(T)/\varpi \tag{6.17}$$

即技术差距恒定时,当 $H/L \leqslant f(T)/\varpi$,经济中所有研发资源投入模仿创新活动中。当 $f(T)/\varpi < H/L < f(T)$ 时,新兴大国同时进行模仿创新和自主研发。当总人力资源中的熟练劳动与非熟练劳动的比例达到较高水平时,经济专业化于自主研发,而当熟练劳动与非熟练劳动的比例低于一定水平时,经济专业化于对国外技术的模仿创新。

考虑技术差距变化的情形。当技术差距缩小时,如 T 增大到 T^* 时,临界线 $H/L = f(T)$ 和 $H/L = f(T)/\varpi$ 分别转至 $H/L = f(T^*)$、$H/L = f(T^*)/\varpi$,表示当技术差距缩小时,从专业化模仿创新、到模仿创新与自主研发并存、再到专业化自主研发的转型所要求的熟练劳动与非熟练劳动的比例都降低。根据式(6.15),在模仿创新与自主研发同时存在的均衡中,技术差距的缩小使更多的熟练劳动投入创新活动中,这样会提高自主研发活动中非熟练劳动的边际产出 $(MPL_{L_I} = \xi\varphi L_I^{\varphi-1} H_I^{1-\varphi} N)$,从而吸引更多的非熟练劳动投入自主研发活动中,所以当技术差距缩小时,投入到自主研发活动中的资源增加。相反,当技术差距更大时,从模仿创新到模仿创新与自主研发、再到自主研发的转型所要求的总人力资源中的熟练劳动与非熟练劳动的比例都提高,而在模仿创新与自主研发同时存在的均衡中,由于技术差距 $(N^* - N)$ 较大,使得模仿创新活动中两种要素的边际产出,即 $\eta\sigma L_I^{\sigma-1} H_I^{1-\sigma}(N^* - N)$ 和 $\eta(1-\sigma)L_I^{\sigma} H_I^{-\sigma}(N^* - N)$ 都较大,从而吸引更多的资源投入模仿创新活动中。综上,有命题1。

命题1:新兴大国自主创新模式的转型取决于人力资本中熟练劳动与非熟练劳动的比例,并受技术差距的影响。当新兴大国同时进行对国外技术的模仿创新和自主研发时,投入到自主研发中的资源与技术差距成反比,与熟练劳动与非熟练劳动的构成比例成正比。

进一步分析均衡时的技术进步率。假定经济不存在转型动态,即在开始经济就达到均衡。根据式(6.2)和式(6.5)有:$gN = gY$,根据 $\dot{K} = Y - C$,$C/Y = (Y - \dot{K})/Y = 1 - g_K K/Y$,而 $K = Nx$,x 是常数,有 $g_K = g_N = g_Y$,这隐含着 C/Y

是常数,所以有 $g_C = g_Y$。因此,在均衡状态,总消费、总产出与技术具有相同的增长率: $g_N = g_C = g_Y$。根据式(6.7),有:

$$g_N = \eta L_C^{\sigma} H_C^{1-\sigma}(1/T-1) + \xi L_I^{\varphi} H_I^{1-\varphi} \tag{6.18}$$

根据式(6.14)中 $L_C/H_C = \varpi L_I/H_I$,式(6.18)可化为:

$$g_N = \eta(L_I/H_I)^{\sigma} \varpi^{\sigma} H_C(1/T-1) + \xi(L_I/H_I)^{\varphi} H_I \tag{6.19}$$

根据 $L_I = L - L_C$、$L_C = \dfrac{\varpi L(H-H_I)}{H_I + \varpi(H-H_I)}$ 和式(6.15) 有: $L_I = \dfrac{L(\varpi H - Lf(T))}{Lf(T)[\varpi-1]}$,再根据式(6.15)有:

$$L_I/H_I = 1/f(T) \tag{6.20}$$

将式(6.20)代入式(6.19),并根据 $f(T)$ 的定义化简有:

$$g_N = f^{-\varphi}(t) H_C \frac{\xi(1-\varphi)}{1-\sigma} + \xi f^{-\varphi}(t) H_I \tag{6.21}$$

再根据式(6.15)以及 $H_C = H - H_I$ 和 $\varpi = \sigma(1-\varphi)/\varphi(1-\sigma)$ 有:

$$g_N = \xi(1-\varphi) f^{-\varphi}(T)H + \xi\varphi f^{1-\varphi}(t)L \tag{6.22}$$

考虑技术差距对技术进步率的比较静态效应:

$$\partial g_N/\partial T = [\partial f(T)/\partial T]\xi(1-\varphi) f^{-\varphi}(T)[L - Hf^{-1}(T)]$$

由于 $\sigma > \varphi$,有 $\mathrm{d}f(T)/\mathrm{d}T < 0$,当 $f(T) < H/L$,即 $T > T_I^*$ 时,$\partial g_N/\partial T > 0$;当 $f(T) > H/L$,即 $T < T_I^*$ 时,$\partial g_N/\partial T < 0$。同时,根据式(6.15),假定人力资本总量及其构成比例恒定,当新兴大国将所有创新资源投入到自主研发时,有 $H_I = H$,根据式(6.15),有 $(\varpi-1)H = \varpi H - Lf(T)$,进而有 $T_I^* = (H/L)^{\varphi-\sigma}\eta\varpi^{\sigma}(1-\sigma)/[\xi(1-\varphi) + (H/L)^{\varphi-\sigma}\eta\varpi^{\sigma}(1-\sigma)]$,当 $T \geqslant T_I^*$ 时,经济专业化于自主研发。当新兴大国将所有创新资源投入到模仿创新时,有 $H_I = 0$,根据式(6.15),有:

$H/L = f(T_C^*)/\varpi$,其中 $T_C^* = \dfrac{(\varpi H/L)^{\varphi-\sigma}\eta\varpi^{\sigma}(1-\sigma)}{\xi(1-\varphi) + (\varpi H/L)^{\varphi-\sigma}\eta\varpi^{\sigma}(1-\sigma)}$,由于 $\sigma > \varphi$,显

然有 $T_C^* < T_I^*$。当 $T < T_C^*$ 时,新兴大国专业化于模仿创新。当 $T_C^* < T < T_I^*$,新兴大国同时进行模仿创新与自主研发活动。技术进步率首先随技术差距的缩小而降低,这是因为随着技术差距的缩小,即式(6.7)中的 $(N^* - N)$ 较小,意味着可供新兴大国模仿创新的先进技术选择集也越小,新兴大国利用技术落后优势获取的技术模仿收益,如 Barro(1997)所说的"技术后发优势"就较小,模仿领先国先进技术对新兴大国技术进步的贡献也随之缩小。但当新兴大国专业化于自主研发时,技术进步率随技术能力的增强而提高,所以有命题2。

命题2:当人力资本总量及其构成不变时,技术差距决定了新兴大国的自主创新模式,并影响技术进步率,技术进步率随着技术差距的缩小而降低,但当新兴大国专业化于自主研发时,技术进步率随着技术差距的缩小而提高。

6.3 新兴大国鼓励技术进步的政策效应

根据前一部分,我们得出均衡时的技术进步率,进一步,我们分析人力资源政策和常用的三大技术政策对均衡时技术进步率的影响。鉴于人力资本是促进技术进步的主要因素,因此我们首先考察人力资本禀赋结构和人力资本积累对技术进步的影响。令经济中总的人力资本为 N,$N = H + L$,并代入式(6.22)有:

$$g_N = \xi(1-\varphi)f^{-\varphi}(T)H + \xi\varphi f^{1-\varphi}(T)(N-H) \qquad (6.23)$$

$\partial g_N/\partial N > 0$,说明经济中总人力资源的增加会提高经济增长率,所以鼓励人力资本的积累会促进经济增长。考察当人力资源总量一定时,提高熟练劳动比例对技术进步的效应,根据式(6.23)有:

$$\partial g_N/\partial H = \xi f^{-\varphi}(T)\big[(1-\varphi) - \varphi f(T)\big] \qquad (6.24)$$

当 $T > \eta\bar{\omega}^\sigma(1-\sigma)/\big[\eta\bar{\omega}^\sigma(1-\sigma) + \xi(1-\varphi)^{\sigma-\varphi+1}\varphi^{\varphi-\sigma}\big]$ 时,$\partial g_N/\partial H > 0$,其经

济意义是,在人力资源总量约束下,只有当新兴大国技术水平达到一定水平时,提高人力资源中的熟练劳动的比例才有利于技术进步。相反当 $T < \eta\varpi^\sigma(1-\sigma)/[\eta\varpi^\sigma(1-\sigma)+\xi(1-\varphi)^{\sigma-\varphi+1}\varphi^{\varphi-\sigma}]$ 时,$\partial g_N/\partial H < 0$,即当技术差距较大时,提高熟练劳动的比例并不利于技术进步,这一结论似乎与我们的直觉相反。实际上,这正体现了国际贸易理论中有关两部门中要素积累的"罗伯津斯基定理"(Rybczynski Theorem)。根据罗伯津斯基定理,由于自主研发较模仿创新更密集使用高质人力资本 H,提高高质人力资本的比例,会使密集使用这一要素的部门(自主研发)的产出增加,而使另一部门(模仿创新)的产出减少。当技术差距较小时,自主研发是技术进步的主要模式,自主研发中增加的产出可以弥补模仿创新中减少的产出,从而有正的净效应。但当技术差距较大时,模仿创新是技术进步的主要模式,所以这一净效应为负。由此,有命题3。

命题3:人力资本的总量的提高会促进技术进步。但当人力资本总量一定时,只有技术达到较高水平,自主研发为技术进步的主要模式时,提高熟练劳动的比例才有利于技术进步;当技术差距较大时,提高非熟练劳动的比例更有利于技术进步。

进一步,考察当人力资源总量和构成比例一定时,鼓励技术进步的三大技术政策效应,即对自主研发的补贴、对国外技术的模仿创新的补贴和知识产权保护的政策效应。

对自主研发的补贴效应相当于减少自主研发的成本,在我们的模型中创新活动只需要一种要素投入,即人力资本,对自主研发的补贴相当于降低了人力资本的工资率。假定对两种人力资本的补贴没有差异,即对自主研发中的非熟练劳动 L_I 和熟练劳动 H_I 进行同比例的补贴。在人力资源总量不变的情况下,那么补贴自主研发的资源配置效应为,使研发资源更多的流向自主研发活动中。同理,假定对模仿创新中的投入要素 L_C 和 H_C 进行同比例补贴,在人力资源总量约束下,研发资源会更多流向模仿创新活动中。而加强知识产权保护,降低了模仿创新的研发效率 η,提高了自主研发的研发效率 ξ。因为自主研发企业可降低保护性研发,提高研发效率,因此加强知识产权保护,将提高自主研发活动中要素的边际产出,而降低模仿创新活动中要素的边际产出,最终的结果与补贴自主研发相似,即使研发资源更多流向自主研发活动中。简而言之,在人力资源总量不变的情况下,补贴模仿创新、补贴自主研发以及加强知识产权保护实质是改变研发资源在模仿创新与自主研发间的配置。既然如此,我们假定 $M=L_I+H_I$,M 为投入到自主研发活动中的研发资源。补贴自主研发使得 M 增加,在人力资源总量约束下,投入模仿创新中的资源 $N-M$ 减少,我们将分析这一政策效应[①]。

根据式(6.20),我们有 $(L_I+H_I)/H_I=(1+f(T))/f(T)$,即 $M=H_I(1+f(T))/f(T)$,根据式(6.15)和 $L=N-H$ 有:

$$H=\frac{f(T)(\varpi-1)M+(1-f(T))f(T)N}{(1-f(T))(\varpi+f(T))} \tag{6.25}$$

将式(6.25)代入式(6.23),并对 M 求偏导有:

$$\frac{\partial g_N}{\partial M}=\xi f^{-\varphi}(T)\frac{f(T)(\varpi-1)}{(1-f(T))(\varpi+f(T))}[1-\varphi-\varphi f(T)] \tag{6.26}$$

当 $T>\eta\varpi^{\sigma}(1-\sigma)/[\eta\varpi^{\sigma}(1-\sigma)+\xi(1-\varphi)^{\sigma-\varphi+1}\varphi^{-\sigma}]$ 时,$\partial g_N/\partial M>0$。其经济意义是,在总量人力资源约束下,只有当新兴大国技术水平达到一定水平时,对自主研发的补贴和加强知识产权保护才有利于技术进步。相反,当 $T<\eta\varpi^{\sigma}(1-\sigma)/[\eta\varpi^{\sigma}(1-\sigma)+\xi(1-\varphi)^{\sigma-\varphi+1}\varphi^{-\sigma}]$ 时,$\partial g_N/\partial M<0$,即当技术差距较大时,补贴模仿创新和降低知识产权保护,使投入模仿创新中的资源 $(N-M)$ 增加,有利于技术进步。这是因为,对自主研发的补贴和加强知识产权保护使自主研发中的产出增加,而模仿创新的产出减少,当技术差距较小时,自主研发是技术进步的主要模式,自主研发中增加的产出可以弥补模仿创新中减少的产出,从而有正的净效应。但当技术差距较大时,模仿创新是技术进步的主要模式,补贴模仿创新和降低知识产权保护使得模仿创新的产出增加,这一增加的产出可以弥补自主研发中

---

① 当然,我们可以设定在补贴自主研发的情况下,自主研发的成本为 $TC=(1-\beta)W_LL_I+(1-\beta)W_HH_I$,其中 β 为补贴率,并代入创新厂商的决策规划式(6.10)中,逐步计算出补贴情况下的增长率,再对 β 求偏导,同样可得补贴对技术进步的效应。但这种方法计算复杂,没有显示解,并且没有更深的洞见。

减少的产出。这与 Acemoglu 和 Aghion 的观点一致,在技术进步初期,一国得益于鼓励技术模仿创新的政策,而当一国技术接近国际前沿技术时,应当鼓励自主研发。综上,有命题 4。

命题 4:在人力资源总量约束下,只有当技术水平达到某一临界值、自主研发为主要模式时,对自主研发的补贴和较强的知识产权保护才能促进技术进步和经济增长;而当技术水平低于这一临界值时,对模仿创新的补贴和较弱的知识产权保护能促进技术进步和经济增长。

6.4　结论及政策意义

自主研发和对国外技术的模仿创新是新兴大国自主创新的两条主要模式。本章研究了在一定技术水平和要素禀赋结构条件下,新兴大国如何选择主导的自主创新模式,以及鼓励技术进步的政策应当如何在两种自主创新模式之间权衡。基于拓展的以研发为基础的内生增长模型,同时内生模仿创新与自主研发,并考虑异质型人力资本、即熟练劳动与非熟练劳动在两种自主创新模式中的不同效应,以自主研发相对于模仿创新更密集使用熟练劳动为基本假设,分析了在技术差距和人力资本约束条件下,新兴大国自主创新模式的转换及技术政策效应。分析表明:新兴大国自主创新模式的转换取决于技术差距和两种人力资本的构成比例;当经济中熟练劳动与非熟练劳动的比例和技术水平不断提高时,自主创新模式从专业化模仿创新到模仿创新与自主研发并存、再到专业化自主研发逐步转换;在人力资本总量的约束下,只有当技术差距缩小到某一临界值,以自主研发为主要模式时,对自主研发的补贴政策和较强的知识产权保护政策才有利于技术进步;当技术差距较大时,鼓励以模仿创新为主的技术政策有利于技术进步和经济增长。

这一理论对新兴大国自主创新的指导意义主要体现在以下两个方面。第一,从动态的、长期的观点来看,新兴大国的自主创新模式随着经济中高质人力资本比例和技术水平的不断提高从模仿创新到自主研发逐步转换,这需要新兴大国政府根据研发资源和技术水平状况,选择适宜的主导自主创新模式,并体现科技政策的动态性。应当看到,新兴大国现阶段与技术领先国在技术能力和研发资源投入上存在巨大差距,对国外技术的模仿创新,在相当长时期内是新兴大国技术进步的重要渠道。为实现自主创新模式的转型,应当鼓励人力资本的积累,但重点要放创新型高质人力资本积累上。通过突出创新型人才培养目标,不断减少低质人力比重,提升创新型高质人力资本比例,以保证建设创新型国家之所需。其他科技政策也应该根据主导自主创新模式的转变而体现其动态性。第二,从静态的、短期观点来看,科技政策应体现行业和地区的差异性。新兴大国各产业技术进步水平参差不齐,其主导自主创新模式也不同。如我国有些行业(如以计算机、家电和通讯为主的中国电子产业)较为成功地实现了从模仿创新到自主研发的转变,而有些行业(如航空设备、精密仪器、医疗设备、工程机械等)却仍然依赖国外技术。对于发展不平衡的各个区域而言,完全依靠自主研发的自主创新模式显然是不现实的,通过模仿创新、学习先进的技术,显然成为欠发达区域技术进步的重要来源。因此,新兴大国的科技政策应体现行业和区域主导自主创新模式差异性。在技术水平较高的行业和地区可通过鼓励高质人力资本积累和补贴自主研发、并辅以较强的知识产权保护鼓励技术进步;而在技术水平较低的行业和地区,鼓励通过"逆向工程"对引进技术进行模仿性创新。这就需要综合利用包括知识产权保护和研发补贴在内的科技政策,使各区域不同部门采用不同的主导技术进步方式,形成"多层次、多元化"的自主创新模式。

第 7 章

新兴大国自主创新资源配置机制

  一个国家的经济和科技发展战略,最终将通过改变资源的分配影响经济增长的绩效。根据标准的内生增长理论分析范式(Romer,1990),要素投入和技术进步是经济增长的驱动要素,有限研发资源可以投放到生产部门进行最终产品的生产,也可以投放到研发部门进行新技术的开发。而在开放条件下,新技术可以通过自主研发和利用技术后发优势(对国外技术的模仿创新)这两条基本途径获得。有限研发资源以三条主要方式促进经济增长:一是以生产性投资促进经济增长,二是以自主研发投资带动技术进步进而促进经济增长,三是以模仿创新投资带动技术进步促进经济增长。因此,如何实现新兴大国自主创新资源的有效配置,是新兴大国必须认真考虑的事情。

7.1 研发资源和研发投资

  就自主研发投资与模仿性研发投资的关系(即自主创新模式)而言,一方面,遵循"技术后发优势"理论,我们肯定技术引进、模仿与吸收的技术进步模式对新兴大国技术进步的促进效应。当今世界没有任何一个国家能够游离于国际技术扩散活动之外来发展本国的经济。对于研发资源相对不足、技术相对落后的发展中国家而言,对外来技术的引进、模仿在技术进步中已经扮演了日益重要的角色(Keller,2004;Papaconstantinou et al.,1998)。根据南北技术扩散理论,发展中国家通过引进和模仿发达国家的先进技术,就能够缩小与发达国家之间经济发展水平的差距(Grossman and Helpman,1991;Helpman and Hoffmaister,1997;Barro and Sala-i-Martin,1997)。新兴大国自主研发能力不足,不论从研发投入,还是研发产出,都可以说明这一点。据国家知识产权局统计,目前,中国企业中拥有自主知识产权的仅有 2 000 多家,仅占企业总数的万分之三,很多企业"有制造没创造,有知识没产权"。在这样的条件下,自主研发对技术进步的促进效应将不会太理想,所以根据比较优势发展战略的观点,在相当长的一段时期内,对国外技术的引进、模仿仍将是新兴大国技术进步的重要方式(林毅夫、张鹏飞,2005)。但另一方面,我们也应该看到,发达国家正在利用国际知识产权保护协议和高技术产品出口管制构筑技术壁垒,发展中国家利用技术后发优势促进技术进步受到越来越多的限制(李建民,2006;徐冠华,2006;Yang and Maskus,2001)。并且经验也表明,大多数发展中国家并没有能够通过"技术后发优势"实现如新增长理论所预料的"经济赶超"。恰恰相反,发展中国家和发达国家的技术水平和人均收入差距仍在拉大。世界各国的技术地位经历了大半个世纪都没有大的变化,实践证明,后发国并不能仅仅通过模仿实现对领先国的技术赶超(易先忠等,2007)。而实现经济赶超的关键就是实现技术进步模式从技术引进、模仿到自主研发的转变,并应处理好技术引进、模仿和自主研发的关系(张景安,2003)。我国《国民经济和社会发展第十一个五年规划纲要》明确提出建设"创新型国家"。这意味着中国这一后发大国的技术进步的主要方式将是"自主研发"和"利用技术后发优势"两条渠道的有机结合。中国作为一个后发大国,如何处理这两者之间的关系以实现经济赶超?特别是,有限研发资源如何在两种技术进步模式间分配?这些问题是经济发展战略选择的关键。金麟洙(1998)指出"从模仿到创新"是发展中国家技术学习、技术追赶的一般过程。但技术进步模式及其转型的决定因素是什么?Currie(1999)等初步讨论了后发国技术进步从模仿到创新的转型,认为技术进步模式的决定及其转型取决于模仿的相对容易度和相对人均知识资本存量。但他没有考虑研发资源的有限性和技术差距对技术进步模式影响。根据潘士远、林毅夫(2002)以及陈涛涛(2003)的研究,技术差距也是影响对国外技术吸收与模仿,进而影响技术赶超的重要因素。Rachel(1996)也认为由于技术差距导致的技术能力和技术机会的差别也是影响技术进步模式从模仿到创新转型的重要因素。这就需要根据技术差距权衡自主研发投资与模仿性投资。

就生产投资与研发投资的关系而言,研发资源(包括物质资本和人力资本)在大多数发展中国家也比较匮乏,研发资源不仅仅可以投入研发活动中,还是生产性活动的主要投入要素,广大发展中国家的企业之所以没有研发部门,也是因为这些企业需要将有限的资源投入生产活动,而非研发活动中。根据经济合作与发展组织(OECD)出版的《主要科学技术指标》,38 个发达国家的研发经费占世界研发经费总额的 95%以上,目前,发达国家研究与开发的投入占世界研发总支出的95%,美国—加拿大、欧盟 15 国、日本—韩国构成世界研发经费支出的三极,三方分别占研发经费支出总额的 42%、27%和 20%。由于研发资源的不足,后发国在选择中长期科技、经济发展战略时,也需要考虑研发资源的充裕程度。由于生产性活动也需要投入人力资本和物质资本,那么经济理论需要澄清的基本问题是:有限研发资源、包括物质资本和人力资本这三者如何在生产与研发活动间进行有效分配。

无论是以 Fagerberg(1987)为代表技术差距理论,还是以 Barro 和 Sala-i-Martin(1997)和 Grossman 和 Helpman(1991)为代表的南北技术扩散模型,虽然考虑了在遵循研发比较优势的前提下注重技术后发优势的作用,但并没有考虑在不同的技术水平条件和要素约束下,后发国技术进步是以模仿国外技术为主还是以自主研发为主来进行,大多数研究忽略后发国的自主研发能力,没有考虑自主研发与技术引进、模仿之间的关系以及资源在两者之间分配问题。并且已有研究在刻画技术进步时,往往只考虑单一要素(如人力资本)对技术进步的促进作用,实际上技术进步不仅需要人力资本投入,还需要物资资本的投入,这就需要考虑有限研发资源在生产性投资和研发投资之间的有效分配问题。鉴于已有研究的不足,本部分基于以研发为基础的内生增长模型,同时内生自主研发和对国外技术的模仿创新,并将传统南北技术扩散模型中的单一要素的技术函数拓展为物质资本与人力资本双要素的技术生产函数;分析资源在生产性投资和研发投资之间的最优分配,和研发资源在自主研发和模仿创新间的最优分配,为新兴大国经济发展与科技发展战略的选择提供依据。

7.2　基本模型设定

假设后发国(区域)产品部门的生产函数采用规模报酬不变的柯布—道格拉斯形式：

$$Y = A(uH)^\alpha K^{1-\alpha} \quad 0 < \alpha < 1$$

其中 Y 为总产品,厂商的投入分别为物质资本 K 和人力资本 H, A 表示技术参数,衡量一国的技术水平。u 为总人力资本中投入到最终产品生产中的份额。在本模型中我们将研发部门分为创新(I)部门与模仿创新(C)部门,考虑资源在这两个研发部门中的最优分配,R_I、R_C 分别代表投入在这两个部门中的物质资本,H_I、H_C 分别表示投入在这两个部门中的人力资本。物质资本的积累方程为：

$$\dot{K} = Y - C - R_I - R_C - \delta K \tag{7.1}$$

人力资本的积累方程为：

$$\dot{H} = B\big[(1-u)H - H_I - H_C\big] \tag{7.2}$$

其中 B 为正的效率参数;δ 为资本折旧率,$0 < \delta < 1$,不考虑人力资本的折旧。

假定技术的生产并不再像 Romer(1990)、Grossman 和 Helpman(1990)及 Perez-Sebastian(2000)所刻画的使用单要素(人力资本)生产,而是使用物质资本和人力资本两种要素生产,并且通过自主研发和模仿国外的先进技术(对国外技术的模仿创新)两种方式共同生产。基于 Perez-Sebastian(2000)的基准模型,本书中的模仿创新是指通过"逆向工程"等方式进行的模仿创新,同样需要物资资本和人力资本投入。假定 A^* 为国外的技术参数,其增长率 $g_{A^*} = b$ 为外生给定的,并假定由于国外为技术领先国,后发国与领先国存在技术差距,即 $A < A^*$。本国的技术进步的动态方程可以表示为:

$$\dot{A} = \mu A^{\phi}\{R_I^{\lambda}H_I^{\omega} + (\eta A^*/A)^{\beta}R_C^{\lambda}H_C^{\omega}\} \tag{7.3}$$

其中,$\beta > 0$,$0 < \lambda + \omega < 1$,$0 < \phi < 1$,$0 < \eta < 1$。$0 < \phi < 1$ 表示存在跨期知识外溢以及递减的技术机会;$0 < \eta < 1$ 表示国外的有些技术很复杂以至于模仿的成本很高或难以模仿,这里的 $\eta A^*/A$ 衡量有效技术差距,假定技术差距 $\eta A^*/A > 1$。式(7.3)右边括号内前部分表示创新部门的技术生产,后一部分表示模仿部门的技术生产。模仿的收益与技术差距成正比,技术差距越大,国外技术创新扩散越多,可供模仿的技术越多,因而模仿的成本越低,效率越高;随着国内技术水平的提高,技术差距的减小,可供模仿的技术越来越少,模仿的收益会不断降低。在 $\eta A^*/A > 1$ 时,在相同的研发投入下,由模仿获得的技术比创新多,由此产生了后发国在技术进步上的后发优势,使得在赶超过程中后发国的技术进步率高于领先国的技术进步率,$g_{A^*} < g_A$,这体现了 Barro 和 Sala-i-Martin(1997)的技术赶超效应。

7.3　研发资源的最优分配路径与经济发展战略导向

设 C 为代表性消费者的消费水平,则中央计划者的问题就是选择最优的路径 $C(t)$、$R_I(t)$、$R_C(t)$、$H_I(t)$、$H_C(t)$、u 来最大化代表性消费者的终生的效用水平,故该问题可描述为:

$$\max_{(C, R_I, R_C, H_I, H_C, u)} \int_0^{\infty} \frac{C^{1-\sigma}-1}{1-\sigma}e^{-\rho t}dt$$

$$\text{s. t.}\quad Y = A(uH)^{\alpha}K^{1-\alpha}$$

$$\dot{K} = Y - C - R_I - R_C - \delta K$$

$$\dot{H} = B[(1-u)H - H_I - H_C]$$

$$\dot{A} = \mu A^{\phi}\{R_I^{\lambda}H_I^{\omega} + (\eta A^*/A)^{\beta}R_C^{\lambda}H_C^{\omega}\}$$

$$\dot{A}^*/A^* = b$$

其中 σ 表示消费的跨期不变替代弹性，ρ 表示折现率且 $0<\rho<1$。另外模型变量还需满足 $H_I + H_C < (1-u)H$ 这个不等式约束，在这里先不考虑这个约束。此最优控制问题包括 3 个状态变量：$\{K(t), A(t), H(t)\}$，以及 6 个控制变量：$\{C, R_I, R_C, H_I, H_C, u\}$。

根据设定的模型定义现值 Hamilton 函数 J：

$$J = \frac{(C/L)^{1-\sigma}-1}{1-\sigma} + \lambda_1[Y - C - R_I - R_C - \delta K] + \lambda_2 B[(1-u)H - H_I - H_C]$$

$$+ \lambda_3 \mu A^{\phi}\left[R_I^{\lambda}H_I^{\omega} + \left(\frac{\eta A^*}{A}\right)^{\beta}R_C^{\lambda}H_C^{\omega}\right]$$

由控制变量的一阶条件有：

$$\lambda_1 = C^{-\sigma} \tag{7.4}$$

$$\lambda_1/\lambda_3 = \lambda\mu A^{\phi}R_I^{\lambda-1}H_I^{\omega} \tag{7.5}$$

$$\lambda_1/\lambda_3 = \lambda\mu A^{\phi}(\eta A^*/A)^{\beta}R_C^{\lambda-1}H_C^{\omega} \tag{7.6}$$

$$\lambda_2 B/\lambda_3 = \omega\mu A^{\phi}R_I^{\lambda}H_I^{\omega-1} \tag{7.7}$$

$$\lambda_2 B/\lambda_3 = \omega\mu A^{\phi}(\eta A^*/A)^{\beta}R_C^{\lambda}H_C^{\omega-1} \tag{7.8}$$

$$\lambda_1 A\alpha u^{\alpha-1}H^{\alpha}K^{1-\alpha} = \lambda_2 BH \tag{7.9}$$

状态变量的欧拉方程为：

$$\dot{\lambda}_1 = \rho\lambda_1 - \lambda_1[(1-\alpha)A(uH)^{\alpha}K^{-\alpha} - \delta] \tag{7.10}$$

$$\dot{\lambda}_2 = \rho\lambda_2 - \lambda_2 B(1-u) - \lambda_1 \alpha Au^{\alpha}H^{\alpha-1}K^{1-\alpha} \tag{7.11}$$

$$\dot{\lambda}_3 = \rho\lambda_3 - \lambda_1(uH)^{\alpha}K^{1-\alpha} - \lambda_3 \mu A^{\phi-1}[\phi R_I^{\lambda}H_I^{\omega} + (\phi - \beta)(\eta A^*/A)^{\beta}R_C^{\lambda}H_C^{\omega}]$$

$$\tag{7.12}$$

横截性条件为：$\lim\limits_{t\to+\infty}\lambda_1 e^{-\rho t}K_t = 0$，$\lim\limits_{t\to+\infty}\lambda_2 e^{-\rho t}H_t = 0$，$\lim\limits_{t\to+\infty}\lambda_3 e^{-\rho t}A_t = 0$

由式(7.5)至式(7.8)可知当资本在自主研发与模仿中的边际产出相等时研发资本的最优分配关系：

$$H_I/H_C = R_I/R_C = (\eta A^* /A)^{\beta/(\lambda+\omega-1)} \tag{7.13}$$

此表达式描述了物质资本和人力资本在研发部门内部自主研发与模仿间的最优分配比例[定义 $F^* = (\eta A^* /A)^{\beta/(\lambda+\omega-1)}$]。并且由式(7.13)可以看出研发资源在自主研发与模仿间的最优分配比例取决于国内与国外的技术差距 $T = \eta A^* /A$。由 $0<\lambda+\omega<1$，$\beta>0$，可知技术差距 T 越大,投入到自主研发与模仿创新之间的资源的比越小;技术差距 T 越小,这个比率就越大。这是因为国内与国外的技术差距越大时,所面临的模仿创新机会就会越多,模仿创新的相对效率较高,所以应将更多的资源分配到模仿部门。随着技术差距的减小,国内所面临的模仿机会逐渐减少,这使得模仿创新的成本逐渐增加,模仿创新的效率越来越低,相比之下自主研发会变得越来越有效率,因此投入到自主研发部门的资本比例增大,而投入到模仿部门的资本比例减小。因此,对于后发新兴大国来说,在经济发展初期,技术差距较大,应把更多的研发资源用来模仿创新中,高效的模仿创新将形成一国的技术后发优势;当技术水平不断提高时,则应调整技术发展策略,将更多的研发资源投入自主研发中。在经济发展的不同阶段技术自主研发与技术模仿创新对一国经济发展的贡献是不同的,要根据本国与国外领先技术差距来作出相应的资源最优分配决策。这一结论与 Vandenbussche 等(2006)、Currie 等(1999)、Acemoglu 等(2006)分析相一致。

设 $R = R_I + R_C$，表示总研发物质资本投入，$H_0 = H_I + H_C$，表示总研发人力资本投入。根据式(7.13)表示的研发资源的最优分配比例关系可将 R_I，R_C，H_I，H_C 用 R 和 H_0 表示为：$R_I = R/[1+T^{\beta/(1-\lambda-\omega)}]$，$H_I = H_0/[1+T^{\beta/(1-\lambda-\omega)}]$，$R_C = RT^{\beta/(1-\lambda-\omega)}/[1+T^{\beta/(1-\lambda-\omega)}]$，$H_C = H_0 T^{\beta/(1-\lambda-\omega)}/[1+T^{\beta/(1-\lambda-\omega)}]$。将 R_I，R_C，H_I，H_C 代入式(7.3)化简得到新的技术积累方程：

$$\dot{A} = \mu A^{\sharp} R^{\lambda} H_0^{\omega}(1+T^{\beta/(1-\lambda-\omega)})^{1-(\lambda+\omega)} \tag{7.14}$$

用式(7.14)代替式(7.3),建立新的 Hamilton 函数,根据最优性条件 $\partial H/\partial R = 0$ 有:

$$\lambda_1 = \lambda\lambda_3 \dot{A}/R \tag{7.15}$$

根据 $\partial H/\partial H_0 = 0$ 有:

$$\lambda_2 B = \omega\lambda_3 \dot{A}/H_0 \tag{7.16}$$

根据式(7.16)有:

$$\dot{\lambda}_2/\lambda_2 = \dot{\lambda}_3/\lambda_3 + (\mathrm{d}\dot{A}/\mathrm{d}t)/\dot{A} - \dot{H}_0/H_0 \tag{7.17}$$

联合式(7.12)和式(7.15)有:

$$\dot{\lambda}_3/\lambda_3 = \rho - \mathrm{d}\dot{A}/\mathrm{d}A - \lambda Y\dot{A}/RA \tag{7.18}$$

由式(7.15)有:

$$\dot{\lambda}_1/\lambda_1 = \dot{\lambda}_3/\lambda_3 + (\mathrm{d}\dot{A}/\mathrm{d}t)/\dot{A} - \dot{R}/R \tag{7.19}$$

设扣除折旧后的物质资本的边际生产率(回报率)为 r,则有:

$$r = [(1-\alpha)A(uH)^\alpha K^{-\alpha} - \delta] \tag{7.20}$$

由式(7.10)可得:

$$\dot{\lambda}_1/\lambda_1 = \rho - [(1-\alpha)A(uH)^\alpha K^{-\alpha} - \delta] = \rho - r \tag{7.21}$$

于是由式(7.18)、式(7.19)和式(7.21)可得:

$$r = \lambda Y\dot{A}/RA + \mathrm{d}\dot{A}/\mathrm{d}A + \dot{R}/R - (\mathrm{d}\dot{A}/\mathrm{d}t)/\dot{A} \tag{7.22}$$

式(7.14)两边对 A 求导并代入式(7.22)中得到最优条件下投入到研发中的物资资本的动态路径:

$$\frac{\dot{R}}{R} = r - \lambda\frac{Y\dot{A}}{RA} - \frac{\dot{A}}{A}\Big(\phi - \beta + \frac{\beta}{1 + T^{\beta/(1-\lambda-\omega)}}\Big) + \frac{\mathrm{d}\dot{A}/\mathrm{d}t}{\dot{A}} \tag{7.23}$$

从式(7.23)可知,投入到研发中的物资资本与技术差距负相关。设人力资本

的边际生产率为 ε，则由生产函数，有 $\varepsilon = \alpha A u^{\alpha} H^{\alpha-1} K^{1-\alpha}$，由式(7.11)、式(7.15)、式(7.17)及式(7.18)得到最优条件下投入到研发中的人力资本的动态路径：

$$\dot{H}_0/H_0 = \varepsilon\lambda BH_0/\omega R - r + \dot{R}/R + B(1-u) \tag{7.24}$$

从式(7.24)可知，投入到研发中的人力资本与技术差距负相关。由于在均衡时各变量的增长率均为常数，由式(7.1)可知在平衡增长路径上有：$g_K^* = g_C^* = g_Y^* = g_R^* = g_{R_I}^* = g_{R_C}^*$，由式(7.2)有 $g_H^* = g_{H_I}^* = g_{H_C}^* = g_{H_0}^*$。均衡时 g_A，g_R，g_{H_0} 为常数，由式(7.14)有均衡时 $g_A^* = g_{A^*}^*$。

由于在均衡时 λ_1 的增长率也为常数，故对式(7.20)两边取对数并微分可得：

$$g_A + \alpha g_H - \alpha g_K = 0 \tag{7.25}$$

由于在均衡时有 $g_A^* = g_{A^*}^*$，T 为常数，从而将式(7.14)两边除以 A，再微分有：

$$(\phi-1)g_A + \lambda g_R + \omega g_{H_0} = 0 \tag{7.26}$$

另外在均衡路径上有 $g_A^* = g_{A^*}^* = b$，且 $g_K^* = g_C^* = g_Y^* = g_R^* = g_{R_I}^* = g_{R_C}^*$，$g_H^* = g_{H_I}^* = g_{H_C}^* = g_{H_0}^*$，再结合式(7.25)和式(7.26)可得均衡条件下增长率：

$$g_K^* = g_C^* = g_Y^* = g_R^* = g_{R_I}^* = g_{R_C}^* = (\omega/\alpha - \phi + 1)b/(\lambda+\omega) \tag{7.27}$$

$$g_H^* = g_{H_I}^* = g_{H_C}^* = g_{H_0}^* = (-\lambda/\alpha - \phi + 1)b/(\lambda+\omega) \tag{7.28}$$

$$g_A^* = g_{A^*}^* = b \tag{7.29}$$

为保证均衡的存在，需有 $\lambda/\alpha < 1-\phi$。故由式(7.4)和式(7.21)可得到均衡利率为：

$$r^* = \rho + \sigma g_C^* \tag{7.30}$$

将式(7.14)两边取对数并求微分得：

$$(\mathrm{d}\dot{A}/\mathrm{d}t)/\dot{A} = \phi b + \lambda g_R^* + \omega g_{H_0}^* \tag{7.31}$$

将式(7.27)、式(7.28)、式(7.30)、式(7.31)代入式(7.23)可得出在均衡条件下总产品投入到研发部门的份额为：

$$S_R^* \left(\frac{R}{Y}\right)^* = \frac{\lambda b}{\rho + \dfrac{\beta b T^{*\beta/(1-\lambda-\omega)}}{1 + T^{*\beta/(1-\lambda-\omega)}} + \dfrac{b}{\lambda+\omega}[(\sigma-1)\omega/\alpha + (\sigma+\lambda+\omega-1)(1-\phi)]}$$

$$(7.32)$$

由式(7.2)得在均衡条件下人力资本投入到研发中的比例：

$$v = H_0/H = 1 - u - g_H/B \qquad\qquad (7.33)$$

由式(7.15)和式(7.16)有：

$$\lambda_1 = \lambda H_0 \lambda_2 / \omega R \qquad\qquad (7.34)$$

将式(7.34)代入式(7.9)中可得：

$$u = \lambda\alpha Y H_0/\omega BRH = v\lambda\alpha/\omega B S_R \qquad\qquad (7.35)$$

由式(7.33)和式(7.35)可得出均衡时总人力资本中投入到最终产品生产部门的最优份额 u^*，和总人力资本投入到研发部门的最优份额 v^*：

$$u^* = (B - g_H^*)\lambda\alpha/B\omega S_R^* \left(B + \frac{\lambda\alpha}{\omega S_R^*}\right), \quad v^* = (B - g_H^*)\omega S_R^* /(\omega S_R^* B + \lambda\alpha)$$

其中 S_R^* 由式(7.32)给出，g_H^* 由式(7.28)给出。为保证此均衡存在，需满足：$B > g_H^*$，即 $B(\lambda+\omega) > (1-\lambda/\alpha-\phi)b$。并且很容易看出此均衡解满足模型中的不等式约束条件。

通过前面的分析，我们已经得出了在均衡时各变量的增长率均为常数，它们的值分别由式(7.27)、式(7.28)、式(7.29)给出，由外生参数决定。另外，我们还得出了均衡状态下总物质产品分配到研发部门的比例 S_R^*，总人力资本分配到物质产品生产部门的比例 u^*，人力资本分配到研发部门的比例 v^*。由式(7.32)有 $dS_R^*/dT^* < 0$，即均衡时投入到研发中的物质资本比例是技术差距的减函数，这与张亚斌等(2006)实证结论相一致；由式(7.32)和 v^* 有 $dv^*/dT^* < 0$；由式(7.33)有 $du^*/dT^* = -dv^*/dT^* > 0$，即均衡时投入最终产品生产中的人力资本比例是技术差距的增函数；即均衡时投入研发中的人力资本比例是技术差距的减函数。也就是说,均衡时的技术差距是与总资源投入研发部门的比例呈反向变化的。综上,有命题 1。

命题 1:根据技术差距权衡生产性投资与研发投资,以及模仿性研发投资与自主研发性研发投资才能实现最优的技术进步和经济增长,后发新兴大国分配到研发活动中(包括模仿创新与自主研发)的研发资源(包括物质资本与人力资本)与技术差距成反比。经济增长的主要驱动因素随技术水平的提升从"生产驱动"到"研发驱动"、从"模仿创新主导"到"自主研发主导"分层推进。

经济增长的主导因素的转换也意味着经济增长方式的转换,根据命题 1,随着与国际前沿技术差距的缩小,经济增长方式从"生产驱动"到"研发驱动"、从"模仿创新主导"到"自主研发主导"逐步转换。那么经济发展战略也应当体现这一由技术水平决定的转换趋势,如在技术差距较大时,经济发展战略需要更多体现如何使得有限研发资源在生产性投资和模仿性投资中更加有效地被使用。

经济发展战略最终通过改变资源分配而影响影响经济增长,鉴于此,我们考虑政策冲击对经济增长的影响,并假设经济能对政策作出迅速的反应,没有时间上的滞后。假设在某一时刻政府采取大力鼓励研发的政策(如研发补贴、税收优惠等),使得研发成本降低,经济中将有更多的资源投入研发中,由技术增长方程 $g_A = \mu A^{\phi-1} R^\lambda H_0^\omega (1 + T^{\beta/(1-\lambda-\omega)})^{1-\lambda-\omega}$ 可知技术增长率会增大。在短期内政策冲击不影响经济均衡时的技术增长率,因而也不影响均衡时的其他经济变量的增长率,但均衡时的技术差距缩小了。也就是说,鼓励研发的政策冲击没有长期增长效应,只有水平效应。

经济调整过程可由技术进步率和技术差距的变化过程体现。由于在后发国的经济赶超过程中 $g_A > g_{A^*}$,$\dot{T}/T = g_{A^*} - g_A < 0$,可知在转型动态过程中技术差距是不断减小的,由式(7.14)可以看出 $\mathrm{d}g_A/\mathrm{d}T > 0$,因此 g_A 会不断减小,直至均衡时 $g_A^* = g_{A^*}$。到达均衡后技术差距会保持不变,技术增长率也保持不变。故经济由非均衡(0 时刻)到达均衡(t^* 时刻)的过程可由下图 7.1 及图 7.2 表示:

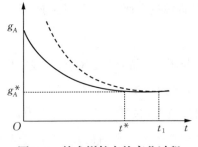

图 7.1 技术增长率的变化过程

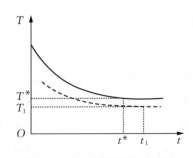

图 7.2 技术差距的变化过程

鼓励研发的政策使经济中更多的资源投入到研发部门,从而技术进步率从研发政策实施的时刻起提高,到新的时刻 t_1 时收敛于均衡的技术进步率(由图 7.1 中虚线体现)。而技术差距自研发政策实施的时刻起较没有研发政策的更小,当新的技术进步率达到均衡值时,技术差距缩小为 T_1(由图 7.2 中虚线体现)。因此,从长期来看,政策冲击只有水平效应,而不会影响经济均衡状态下的增长率,即没有增长效应,但是短期内政策冲击对经济的转型动态过程是有增长效应的。后发国鼓励研发的政策虽然没有提高均衡时的技术进步率,但却缩小了与领先国的技术差距。

进一步分析研发资源在模仿与自主研发之间偏离最优分配时的影响。设初始状态下 $R_I/R_C = F_1$,$H_I/H_C = F_2$,由 $R = R_I + R_C$ 及 $H_0 = H_I + H_C$,可将技术积累方程(7.3)化为:

$$g_A = \mu A^{\phi-1} R^\lambda H_0^\omega (1+F_1)^{-\lambda} (1+F_2)^{-\omega} (F_1^\lambda F_2^\omega + F^{*\lambda+\omega-1}) \qquad (7.36)$$

根据式(7.36)有:

$$\partial g_A / \partial F_1 = \lambda \mu A^{\phi-1} R^\lambda H_0^\omega (1+F_1)^{-\lambda} (1+F_2)^{-\omega} (F_1^{\lambda-1} F_2^\omega - F^{*\lambda+\omega-1}) / (1+F_1) \qquad (7.37)$$

为简单起见,假设 $F_2 = F^* = T^{\beta/(\lambda+\omega-1)}$ 处于最优分配,先考虑 F_1 为非最优分配时对技术进步的影响,则有:

$$\partial g_A / \partial F_1 = \lambda \mu A^{\phi-1} R^\lambda H_0^\omega (1+F_1)^{-\lambda} (1+F^*)^{-\omega} [(F_1^{\lambda-1} - F^{*\lambda-1}) F^{*\omega}] / (1+F_1) \qquad (7.38)$$

由于 $\lambda - 1 < 0$，$\mathrm{sign}(\mathrm{d}g_A/\mathrm{d}F) = \mathrm{sign}(F_1^{\lambda-1} - F^{*\lambda-1}) = \mathrm{sign}(F^* - F_1)$。因此，若初始时 $F_1 > F^*$，则 $\partial g_A/\partial F < 0$；若初始时 $F_1 < F^*$，则 $\partial g_A/\partial F > 0$，只有当 $F_1 = F^* = T^{\beta/(\lambda+\omega-1)}$，即在研发部门中物质资本在模仿创新与自主研发间达到最优分配比例时，技术进步率最大。同样的，对于人力资本的分配情况也可以得出相似的结论。显然若 $F_1 = F_2 = F^*$，技术进步率达到最优。因此研发资源在模仿创新与自主研发之间偏离最优分配时将降低技术进步率。即在研发部门内部，任何使研发资源在对国外技术的模仿创新与自主研发的分配比例偏离最优分配比例（F^*）的科技政策都将降低技术进步率，从而将扩大均衡时的技术差距。综上，有命题 2。

命题 2：后发国鼓励研发投入的政策虽然没有提高稳态均衡时的技术进步率，但却能缩小与技术领先国的技术差距。而改变研发资源在模仿性创新与自主研发间的分配比例，使其偏离最优分配比例（F^*）的科技政策都将降低技术进步率，从而将扩大均衡时的技术差距。

命题 2 对经济发展的战略导向体现在：短期内政府适度的干预有利于经济的赶超，正如杨汝岱和姚洋（2006）指出的："从历史经验来看，历史上经济发展较为成功的几个发展中大国，并不是完全按照比较优势来发展经济，它们在发展本国具有比较优势的产业的同时，也通过自主研发致力于一些中高端产业的发展，实行的是一种有限赶超战略。"

7.4　对新兴大国自主创新战略选择的思考

在开放条件下，新兴大国可以通过对国外技术的模仿创新和自主研发实现自主创新。那么有限研发资源可以以三条主要方式促进经济增长：一是以生产性投资促进经济增长，二是以自主研发投资带动技术进步进而促进经济增长，三是以模仿创新投资带动技术进步促进经济增长,这就需要将有限资源在生产性投资、自主研发投资以及模仿创新投资之间合理分配。本章通过拓展以研发为基础的内生增长模型,将后发国技术进步刻画为通过自主研发和对国外技术的模仿创新两条途径、使用物资资本和人力资本投入共同作用的结果,利用动态最优化方法分析了资源在生产性投资与研发投资间的最优分配和研发资源在自主研发与对国外技术的模仿创新间的最优分配,以及技术政策对技术进步的影响。本章还认为根据技术差距权衡生产性投资与研发投资、模仿性投资与自主研发投资,才能实现经济与技术的最优增长;鼓励研发投入的政策虽然长期内没有增长效应,但能缩小技术差距。这一结论对新兴大国经济增长方式转变过程中的发展战略选择导向至少可以引起如下的思考:

第一,经济、技术发展战略应体现与前沿技术水平的差距及其动态变化。这一点由文中研发投资与生产性投资、模仿研发性投资与自主研发投资的最优分配关系可以看出,当一国与技术前沿的差距较大时,经济中分配中模仿活动中和生产活动中的资源较多,反之则相反。现阶段,新兴大国大多数企业之所以没能成为技术自主研发的主体,是由于增加传统要素投入的作用更大,以技术引进、模仿套利、低成本竞争的方式就能生存(张平、刘霞辉,2007)。如果一个国家背逆要素结构状况和技术水平而大量鼓励自主性研发投资,可能会导致林毅夫(2002)所说的对比较优势的背离,进而减缓经济收敛速度,并带来巨大的就业压力。并且经济、技术发展战略应随着与前沿技术水平的差异的变化而发生动态转变。如20世纪六七十年代日本通过鼓励对国外技术的模仿创新,较快地缩短了与国际前沿的技术差距,在技术水平得到较大提高后,开始注重以自主研发来创造竞争优势,而不单纯依赖传统比较优势,如鼓励自主研发的"科技技术创新立国"战略。中国台湾、韩国等都经历了从模仿创新到自主研发的一个转型,随着技术的不断进步,经济发展战略呈现出明显的动态性和阶段性。所以,为实现有限研发资源的有效利用,经济、技术发展战略应体现与前沿技术水平的差距及其动态变化。

第二,在既定的要素禀赋与技术水平条件下,适度鼓励研发投入,也能提高短期技术进步率,并缩小与领先国的技术差距。为实现新兴大国经济增长方式的转变,可利用大国的资源优势在技术、知识密集型产业和关键部门实现"重点突破",提高科技进步的作用。在发展新兴大国具有比较优势的产业的同时,适度鼓励研发投资,集中研发资源致力于一些中高端产业的发展和关键技术的开发,实行适度赶超战略有利于新兴大国技术进步。

第三,新兴大国科技、经济发展战略需要体现地区技术水平的差异性,实施复合型的发展战略。新兴大国是指区域发展很不平衡的后发大国,技术水平、研发资源分布在区域间差距较大,这需要新兴大国的经济发展战略体现区域差异性。以中国为例,一方面,新兴大国总体上仍然是后发国家,特别是中西部区域与发达国家的差距仍然很大,因此在欠发达区域在经济增长方式转换过程中需要立足比较优势,提高生产性投资的效率。同时,应以技术后发优势改造和提升比较优势,通过选择"适宜性技术"和创造性模仿等途径,实现比较优势长期化和良性化,谋求要素禀赋结构的较快升级,奠定经济增长方式转换的物质和技术基础。另一方面,东部沿海发达区域的研发资源禀赋和技术水平较高,有较好的自主研发条件。正如实证结果所显示的那样,在技术水平较高区域自主研发能显著促进经济增长和技术进步。在研发条件较成熟的发达区域,可在有比较优势的某些产业和价值链环节可以实施以自主研发为导向赶超战略。因此,在新兴大国推进经济增长方式转换过程中,经济发展战略需要体现区域技术水平的差异性,实行"分层推进"的复合型经济发展战略。

第 8 章

新兴大国自主创新成果转化机理

8.1　新兴大国自主创新成果转化的内涵

当今世界科技迅猛发展,世界各国的经济竞争日益集中到科技实力的竞争上,主要体现在自主创新成果转化的数量和质量上。因此,各国都不断增加科技研发费用和增强研发强度,出台各种政策鼓励自主创新,强化自主创新成果转化。对于新兴大国而言,促进自主创新成果的转化更是提升创新能力的重要手段。从理论层面上分析,新兴大国自主创新成果转化是增强产业创新能力的关键环节,是实现经济持续增长、调整经济结构、赶超发达国家的重要保障。因此,新兴大国普遍重视自主创新成果的转化,为促进创新成果的产业化,出台了一系列的鼓励政策。2008 年 12 月,中国的九个政府部门联合出台了《关于促进自主创新成果产业化的若干政策》,旨在为加快推进自主创新成果产业化,提高产业核心竞争力,促进高新技术产业的发展。2013 年 1 月,印度正式颁布《科学技术和创新政策》(STI2013),旨在促进自主创新及推动创新成果向企业转化,健全优先使用自主创新成果的机制,带动本国传统产业升级和新兴产业发展。

自主创新成果转化是科技成果转化中的一种重要类型,强调创新成果的自主知识产权和研发主导性。而科技成果转化从广义上讲,是指从各类科技成果的创造形成到转化为现实生产力的过程,既包括自然科学成果的转化,也包括社会科学成果、自然科学与社会科学交叉的科技成果的转化,转化过程的速度和强度受行业政策、法规和管理水平等环境条件的制约。科技成果转化从狭义上讲,是指科技成果直接转化为生产力要素,通常是应用性研究成果通过技术开发和产品开发,形成新产品、新工艺和新的管理技术或方法。狭义上的科技成果转化可以看做广义上科技成果转化的中心环节和重要内容,因此,关于科技成果转化问题的研究,不能仅仅从科技成果的形成、应用和扩散着手,而应确立广义的科技成果转化观,从由经济、科技、社会、政治构成的整体系统出发,并以优化整体为目标进行研究。

《中华人民共和国促进科技成果转化法》中明确给出了科技成果转化的定义,是指为提高生产力水平而对科学研究与技术开发所产生的具有实用价值的科技成果所进行的后续试验、开发、应用、推广直至形成新产品、新工艺、新材料,发展新产业等活动。自主创新成果转化的过程包括从实验室对技术的研究到技术开发,再到将技术推出实验室进入产品开发阶段,成功的标志应该是形成自主知识产权产品并通过大规模生产与销售在可折现的财务指标上获得成功。

因此,新兴大国自主创新成果转化即指新兴大国为提高自主创新能力、促进科技为产业进步服务,实现国家在世界经济中的竞争优势,通过国家层面的制度安排与政策设计,寻求产业层面的资源最优配置,以充分发挥本国的大学、研究机构、企业等微观组织的主导作用,研究开发出具有自主知识产权的技术,再将技术推出实验室进入产品开发阶段,使之得到规模化生产和应用且获得商业利润。简单而言,新兴大国自主创新成果转化就是将新兴大国技术创新生产的成果,通过各种途径实现产业化的过程,也就是将自主创新成果转化为现实的创新产品,使这些创新产品能够为市场所接受,从而发挥创新成果的经济和社会作用,实现创新生产的最终目的,促进经济发展以及提高社会效益。

8.2 新兴大国自主创新成果转化系统分析

自主创新成果往往只是存在于实验室或者人脑中,它具有很强的无形性的特点,要转化为可以摸得着、看得见的具体创新产品,需要多个主体在多个层面上协同,涉及多个过程。因此,我们把新兴大国自主创新成果转化归为一个系统,由政府管理部门、科研机构、生产企业和技术市场、产品市场、劳动力市场、金融市场等要素构成,包括从科学研究、试验发展、产品开发、生产制造、市场营销、成果扩散直至大规模生产各环节,是集科学、技术、生产、贸易等环节的综合性复杂性系统。

8.2.1 新兴大国自主创新成果转化系统构成

新兴大国自主创新成果转化需要成果供给方、需求方、外部环境三方面要素的配合。有效的自主创新成果转化对这三要素的要求是:自主创新成果供给方能提供充足的以市场为导向的具有自主知识产权的高质量科技成果,以满足需求方对自主创新成果在数量和质量上的要求;需求方应能公正地对自主创新成果进行评估并给予供给方合理的报酬,激励自主创新成果供给方以市场需求为导向进行研究;外部环境包括技术市场、产品市场、劳动力市场、金融市场以及相应的政策指导体系互相匹配等。因此,新兴大国成果转化系统不仅涉及政府的调控部门,自主创新成果的开发方、转让方、受让方,技术中介市场等环节,还受国家的经济政策、金融政策和社会科技意识等诸多因素的影响。从系统的角度看,供给方、需求方、外部环境是新兴大国自主创新成果转化系统的主要构成要素,构成了主体系统、中介系统及政策环境系统等子系统。

(1) 主体系统。新兴大国自主创新成果转化中的主体系统包括供给方和需求方。其中,科研机构和高等学校是自主创新成果供给方,构成了供给子系统,主导自主创新型技术的研究开发工作,是推广创新型技术的重要依托单位,是自主创新成果转化为现实生产力的源泉和基础;自主创新成果供给的数量、质量和结构决定了产业化的可能性和产业未来的发展前景。生产企业是需求方,构成了需求子系统,是应用自主创新型技术的主体,是推广自主创新成果的重要实施单位,是自主创新成果商品化、产业化的基础,它对自主创新成果的需求期望、数量和结构直接影响自主创新成果转化的速度、规模和过程。

（2）中介系统。中介系统由中介机构所构成，主要包括创业服务中心、创业孵化企业、科技评估中心、科技招投标机构、情报信息中心、知识产权事务中心、技术市场等。中介机构提供技术研发、成果评价、技术交易、技术咨询、科技投资、企业孵化等方面的服务。中介机构是联系商业界、产业界与高校学术界的纽带，促进它们相互渗透、共同发展，是提供自主创新成果需求信息交易、传递、扩散的媒介。中介机构具有科技服务和科技成果转化所需要的专业知识和技能，为高校科技成果转化提供重要的支撑性服务，弥补了高校科研人员科技成果转化知识和技能的不足，有效降低了转化中存在的风险，加速了科技成果转化进程，提高了科技成果的转化率。可以说，中介系统对政策、各类创新主体与市场之间的知识流动和技术转移发挥着关键性的促进作用，能够有效降低创新成本、化解创新风险、加快自主创新成果转化。

（3）政策环境系统。自主创新成果转化既是科技行为，又是经济行为，是科技与经济共同作用的结果，需要自主创新成果转化政策的支持与引导。对于新兴大国而言，政府往往主导和引导着本国的自主创新，政策激励成为促进自主知识产权成果转化的重要手段。政策环境系统主要由政府部门及其所提供的政策体系所构成。政府调控部门是自主创新成果转化过程中的领导者、管理者，是宏观调控系统的职能部门，它主要运用经济、法律、行政等手段进行计划、引导。随着新兴大国政府职能的转变，宏观调控方式将逐步由行政方式过渡到经济方式。政府管理部门则是政策环境子系统的制定者，通过制定推广计划、政策、法规和设立相应机构，对成果供需双方及中间媒介实行决策导向的宏观调控，促进自主创新成果商品化和产业化，为科研机构的产出和科研成果的转移，以及生产企业接受和应用自主创新成果提供支撑环境。

以上各个子系统只有相互协调、相互促进、相互制约，整个系统才能正常地运行，才能形成高效的自主创新成果转化机制，实现新兴大国自主知识产权的技术向生产转移，提升本国的自主创新能力。一般而言，新兴大国的自主创新成果转化系统为政府调控和市场调节相结合形势下的自主创新成果转化系统。这种系统中政府宏观调控作用在相当时期内仍处于主导地位，但随着技术市场的日益完善而被逐渐弱化,技术市场则越来越显示出它对转化系统内其他因素及环节的积极作用,科研与生产的结合部随之扩大,转化投入的资源,如资金、物资、人才、环境等愈加丰富,转化系统进入良性循环,如图8.1所示。

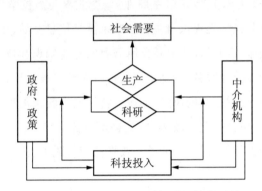

图8.1 新兴大国自主创新成果转化系统

8.2.2 新兴大国自主创新成果转化系统的特征

新兴大国自主创新成果转化系统具有某些特殊性,表现在复杂性、阶段性、相关性和风险性等方面。

(1) 复杂性。新兴大国自主创新成果转化系统中,各参与主体以自主创新成果为核心,在相互作用的过程中形成了一个无形的非正式网络,各网络成员从自身的原则出发,与其他主体相互作用,在相互作用中涌现出网络的整体特性和规律。自主创新成果转化系统是由若干相对独立的子系统构成的,每个子系统内部有各种形式不同的组织系统。因此,其复杂性体现在:主体分属不同的子系统,对应的信息系统互不兼容,造成了在相对独立的主体之间只能进行有限的信息共享和信息传递,导致内部协调复杂化;同时,自主创新成果转化系统所面临的是一个充满动荡和不确定性的技术环境和市场环境。

(2) 阶段性。成果转化系统的阶段性体现在转化过程中的多个环节上,环节之间相互衔接。一件自主开发的产品或工艺从构思创意开始,要经历方案筛选、研究发展、实验开发、生产试制,到产品更新换代、开发成功、投放市场、得到使用或消费等一系列环节,其中任何一个环节的中断都会导致整个转化过程的中断,任何一个环节的薄弱都会影响整个转化过程的速度和程度,最终影响到转化效率。

（3）相关性。成果转化系统的相关性体现在转化系统各要素之间的相关性,转化过程各环节之间的相关性,转化系统与行政、市场、科技体制及运行机制之间的相关性。在成果转化的不同阶段,行政与市场的作用是不同的,处于不同层次的政府部门所起的作用也不同。在自主创新成果产生的初期,非市场因素起着重要的影响作用,而在自主创新成果接近生产力的后期,市场因素所起的作用就愈来愈大。没有初期的自主研发工作,就不可能有接下来的成果实现与产业化过程;同样,后面两个环节出现问题,前期自主研发也没有任何价值。

（4）风险性。自主创新成果转化是高风险的过程,存在的风险包括技术风险、市场风险、财务风险、道德风险等。成果转化过程从知识创新开始,到技术创新、产业化发展,每一环节都有成本,但不一定有任何价值的产出,或者产出的价值不足以抵偿投入的成本,因而转化过程是有风险的。在知识创新过程中,其风险产生的根源主要在于研究人员相互之间信息交流的不通畅或缺乏正确的研究思想所造成的重复无效劳动。技术创新过程的风险主要在于创新成功受环境和条件的制约,比如是否具备相关技术条件、生产手段、技术人员等创新要素,产业化阶段的风险主要来源于技术创新阶段对市场预测是否准确和经营能力等因素。

8.3　新兴大国自主创新成果转化系统的运行机理

8.3.1　自主创新成果转化的一般阶段

从技术商业化角度理解自主创新成果产业化过程,包括 5 个环节,分别是洞察技术和市场之间的联系、孵化技术以确定其商业化的潜力、在适宜的产品和工艺过程中示范技术、促进市场接受以及实现可持续商业化。自主创新成果转化过程实质上是自主创新型技术的创新与扩散过程,是研究与规模化生产的接替过程,是自主创新成果商品化、产业化的过程。根据国内外学者对自主创新产业化过程划分的研究,可将新兴大国自主创新成果转化分为研究开发阶段、中试阶段、规模化(产业化)生产阶段三个阶段,如图 8.2 所示。

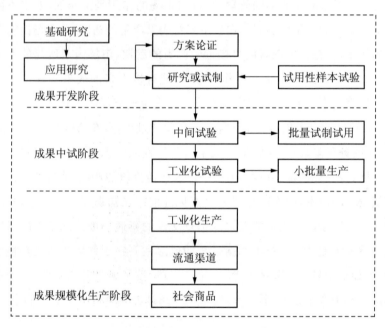

图 8.2 成果转化的一般阶段

(1) 新兴大国自主创新成果的研究开发阶段。即指在基础研究的基础上,以市场为导向确立研究开发项目开始,到初步完成产品雏形或样机的阶段。其中研究阶段是指为获取新的科学或技术知识并理解它们而进行的独创性的有计划的调查;开发阶段指在进行商业性生产或使用前,将研究成果或其他知识应用于某项计划或设计,以生产出新的或具有实质性改进的材料、装置、产品等。从成功的可能性来看,这是风险最大的阶段,只有到产品雏形出来,才基本上完成这一阶段的任务。从新兴大国的创新结果来看,研究开发阶段主要集中在大学与研究机构。这一阶段涉及自主研发技术、人力、资金等的投入,是自主创新技术实现的最基本保障阶段。对自主创新成果转化财政支持政策的国际考察表明,在自主创新成果产业化初期的研发阶段,政府财政投入能发挥至关重要的作用,特别是在产业化前期的财政支持力度尤为关键。目前,与发达国家相比,新兴大国用于科技创新的投入低,专利创新源头不足,如中国的研发经费不及美国的 1/30,约为日本的 1/18、韩国的 1/2。

(2)新兴大国自主创新成果转化的中试阶段。这是中间试验和工业化试验阶段,是从产品的雏形到产品小批量生产为止,或者说到完成生产工艺的可行性论证为止。它指利用生产经营微系统(或准生产系统)进行技术试验、生产试验和市场营销试验,使技术与生产、市场相互协调,在较大程度上消除应用自主创新成果所带来的在生产方面、市场方面的不确定性。这一阶段是自主创新成果转化的关键阶段,如能顺利通过这一阶段,即可实现产业化、规模化生产。然而,在这一阶段,企业需要大量资金,购买生产设备、进行产品开发研究和建立销售渠道;但由于企业规模小,产品技术又不稳定,这一阶段的投资风险较高,较难获得规范的银行贷款。因此,新兴大国往往缺乏完整的中试阶段,中试环节成为"空白地带",很多自主创新成果经过研究开发阶段后,作为科技成果或者专利被"束之高阁",在一定程度上阻碍了自主创新成果的转化。

(3)新兴大国自主创新成果转化的规模化生产阶段。规模化生产阶段,也就是最终完成自主创新成果产业化的阶段,包括产品的规模化生产、包装及销售等环节。此阶段的主要任务是不断开拓市场、扩大生产,同时还要为产品的更新换代做准备。

以上几个阶段是相互联系的、渐进的过程,也只有完成了这几个阶段,才能最终达到将自主创新成果转化为现实生产力的目的。

8.3.2　新兴大国自主创新成果转化系统运行机理

新兴大国自主创新成果转化系统运行机理具体来说,是高校或科研机构通过原创性劳动,开发出具有技术可行性及技术扩散特征的科技成果,通过交易环节进入企业;企业进一步调动技术、生产、市场资源挖掘科技成果的市场价值,将其转化为市场需要的商品或者服务,实现知识资本化过程。与此同时,自主创新成果转化过程并不是单向进行的。实际上,市场上消费者通过产品选择影响着厂商的生产、市场行为,而这种影响则继续向上影响自主创新成果的研发、创造过程。不仅如此,为了保证转化过程的顺利进行,高校、科研机构不断向企业提供科学家、工程师等智力支持;科研经费从企业到高校、科研机构的不断流动也为科研活动提供了能量;作为中介组织的银行、风险投资、产业园等则加速自主创新成果转化过程中资本、信息的流动速度,降低了转化成本和风险。

1. 新兴大国自主创新成果的创造机理

在自主创新成果的创造环节,新兴大国的大学和科研机构发挥着主导作用。大学和科研机构作为智力资源的储备基地,它将创新的理念、想法变为具有实际价值的产品。同时,这个创造过程同样受到企业的巨大影响:企业将市场上的需求信息以及转化项目的基础研究资金带到实验室。

(1) 大学与科研机构依据市场需求创造自主创新成果。

相比发达大国而言,新兴大国的自主创新成果、智力资源的提供者更多集中在大学与科研机构,其在自主创新成果转化过程中的主要职责是以市场为导向,进行新产品、新技术和新工艺的开发研究。

无论是在发达国家还是新兴大国,大学均被看做技术及人力资源、知识的来源,具有正式进行技术转移的能力,而非单凭非正式的大学—产业关系进行技术转移。大学也正在将教学功能从单纯培养人才扩大到培养创业及孵化组织。知识资本化趋势改变了研究人员看待他们的研究成果的方式。大学不仅仅是作为新思想的来源为现有公司服务,还以新的形式把研究与教学功能结合起来,成为新公司形成的来源,特别是在先进科学技术领域。新兴大国的大学在涉足技术转移和新公司形成的同时,逐步向创业型、创新型大学靠拢。

高校科研活动的这一特点使得其科研成果一方面在技术上具有高度的先进性与创新性,另一方面在产业上又具有较高的难度与风险性。但对企业来讲这些自主创新成果尽管在理论上是可行的,但其技术的成熟程度仍然不够,仍然处于实验室阶段。要实现其产品的工业化生产还需要经过中间试验进行技术的二次开发,以便对成果的可靠性及性能进行验证。而这个过程既需要较长时间,又需要企业给予较大的投入,存在较大的不确定性。这就使得企业在难以对这些科研成果的商业价值做出判断的情况下,往往不愿意接受这些成果。

(2)小试促进自主创新成果成熟化。

一般来讲,创新的产生需要经过创意、项目定义、问题解决、设计和发展等五个阶段,才能走向成熟。对其进行可行性评估非常重要,Rogers(1995)从社会交流的视角,将技术扩散看成一个创新—决策过程,通过科技成果的五个创新扩散特征(相对优势、兼容性、复杂性、试验性和可察觉性)评价科技成果,进而决定采用或者放弃。这五个指标特征实际上也是新兴大国判断自主创新成果成熟度的标准。可以看到在自主创新成果创造环节,研发人员不仅需要运用自己的专业知识将创意转变为可行的科研项目,而且他们还需要了解市场,具有一定的市场分析的商业技能,这样开发出来的项目才能够既在技术上具有领先优势,而且在实用性上具有被社会接受的潜力。

因此,当自主创新成果要转化成商品生产之前,必须进行过渡性研究,这就是试验发展环节,又称为小试中试环节。小试中试环节把自主创新技术的实验室成果放在指定生产位置上进行实验,以取得各种工艺参数,确定产品规格,检验产品质量,测试工艺稳定性,以解决工业化生产所面临的技术问题。它是自主创新成果产业化的必备环节,将实验室成果经试验加以"放大",建立新的工艺、系统和服务,并对技术的稳定性和可靠性进行反复试验、修改和再创新。它实质上是对实验室中新的技术与产品能否转变为技术上合格、能够工业化生产、具有市场需求的新产品的一种可行性论证。这是转化的核心环节,意在把成果转变为产品原型或样品,为具有一定批量的企业化生产做准备。

在大多数新兴大国,大学的角色还仅仅停留在传统的结构上,不鼓励甚至是阻碍科研成果的商业化以及师生的创业行为,以避免作为科研和学术活动的大学会被盈利性的商业模式和创业风险所玷污和践踏。然而,由于大学和产业之间的互补性,真理往往存在于两个极端之间的一个平衡点。商业活动可以为大学的应用科学和理论科学的研究提供必要的资金支持,而大学的智力支持又可以有效地平衡和管理商业活动的利益竞争。因此,所有参与合作的实体,包括大学和商业合作伙伴都将从这种联合中受益。新兴大国的高校采取了一定的措施来应对这种形式的变化,不再仅仅依靠提高质量来适应现有的标准和要求。例如:印度尼西亚的高等教育总局通过制定相关的标准和程序,并选定某大学为试点,不断提高大学教育质量,推动教育事业发展,不断增强大学与产业和政府之间的联系。

从加速自主创新成果转化的角度来看,新兴大国自主创新成果的开发方除了提供市场需求的创新成果外,还积极参与成果的转化、推广工作,并做好成果宣传、促销、推广过程中的售前、售中、售后技术培训和服务。有条件的自主创新成果开发方还应该尝试与成果接受方建立多种方式的风险共担和利益共享机制,共同推动自主创新成果产业化。

2. 新兴大国中介机构促进自主创新成果转化的机理

新兴大国的自主创新成果完成的是从实用价值到商业价值的转换,科学家、工程师的创新探索在此与企业家对市场的把握进行对接。不仅如此,政府塑造的外部交易环境、法制环境、经济环境也直接决定这个环节是否能够顺利进行。在这个环节,金融机构、技术中介公司等通过其专业知识、资本运营能力对自主创新成果转化进行加速。新兴大国的中介机构起到了以下几点作用。

(1) 自主创新成果转化中的桥梁。新兴大国的中介机构和组织的主要职责是负责寻找、介绍、联系适合成果接受方需要的自主创新成果,并且担当着自主创新成果从开放方向接受方转移过程中所需要的技术服务。在国家法律与法规的约束下,中介机构在自主创新成果的转化过程中起着类似桥梁的作用。

(2) 促进技术转移。新兴大国的中介组织有利于自主创新成果转化。中介组织既是自主创新成果生产方的代理人,又是自主创新成果吸收方的委托人。具有双重身份的中介组织在与自主创新成果生产方这一委托—代理结构中,成果生产方委托中介组织进行成果转化,所以中介组织是代理人。中介组织在组织专家评估成果的预期收益后,以委托人和代理人各承担一定比例的成果生产成本和各持有一定比例的成果转化收入来进入委托—代理结构。同时,中介组织与成果吸收方也构成委托—代理结构。由于中介组织在上一委托—代理结构中承担了成果生产的比例成本和成果转化的比例收益,所以,在这一委托—代理结构中它成了理所当然的成果委托者。

中介组织有较大的积极性委托成果吸收方试用成果(暂时不收费,但要签订保密合同),因为成果一旦被吸收者采用,它不仅可从成果转化中消除自己已承担的成本,且还可从中获得一定比例的收入。而成果吸收方也乐于首先以成果代理者的身份试用成果,试用后对成果满意则成果转化成功,此时成果吸收方由成果的代理者变为成果的所有者。

3. 新兴大国转化资金促进自主创新成果转化的机理

要确保自主创新成果转化的成功,成果转化链的每个环节都必须有足够的资金支持。新兴大国金融机构的作用既体现在对成果开发、拥有者进行研究开发、小试中试等环节提供贷款,以及提供科技成果由开发向生产单位的转化过程中的资金支持,也包括对科技成果接受方的生产单位提供生产过程中的配套资金和风险资金。从实际情况来看,离开了金融机构的支持,自主创新成果的转化是很难成功的。

在创新环节,新兴大国政府提供财政拨款和各项专项基金等科研经费对大量的基础性研究和应用性研究资助,加之本身资金需求量不大,一般能获得较为宽裕的资金供应。在应用环节工业规模生产阶段,企业已具备一定规模,产品已拥有相当一部分市场份额,收益也较为稳定,风险大大降低,较易得到传统融资渠道的青睐,可以向金融机构借款,个别符合条件的企业或项目甚至可以上市融资。自主创新成果应用环节初期,包含产品的设计与试制、中间试验、持续改进等步骤,是连接研究开发与工业化生产的中间过渡阶段。由于难以界定为科研活动,故在资金投入上不易争取到足够的科研经费。另外,处于这一阶段的产品刚由最初的概念转为雏形状态,技术方面还存在许多不确定因素,市场前景也不明朗,存在着很高的风险。银行及其他传统金融机构往往将资金的安全性放在第一位,而不愿投资到高风险的科技成果转化阶段。再加之处于成果转化阶段的企业一般处于企业初创时期,企业规模小,基本上没有固定资产或有价证券作为银行贷款的抵押品,资产负债状况也不符合银行贷款条件,基本无商誉可言。风险投资作为一种中长期的股权投资,其最关心的不是项目的短期盈利性和安全性,而在于项目的远期成长性。风险投资的这种独有的特征,决定了它的投资对象必然是传统金融机构不愿涉及的高风险、高收益的科技成果转化项目,从而完善了整个投资体系在技术创新全过程中的融资作用。甚至可以说,那些越是具有高风险,越难以得到常规融资渠道的企业,却往往能得到风险投资家的青睐。

4. 新兴大国市场需求拉动自主创新成果转化的机理

应用环节直接决定自主创新成果转化的成败,不仅因为它直接面对着各个方面的风险,更重要的是企业的能力在这个环节中将接受挑战。在此环节中,市场需求的影响至关重要。自主创新成果向商品转化的核心是自主创新产品符合社会需要,有广阔的市场前景。新产品进入市场有一个由小变大的过程,但只要符合社会需要,市场前景就是良好的,自主创新产品就能顺利地实现大批量生产逐步地占领和扩大市场,从而实现自主创新产品向商品化转化。如果不符合社会需要,进入市场的产品卖不掉,生产就会萎缩,这样的自主创新产品就难以实现其向商品的转化。

需求规模的扩张与社会可供利用的资源有限并存,这就只能以技术进步来实现经济的集约增长,以使经济增长速度快于需求扩张速度,社会产出总量略大于社会需求总量。需求结构的演变、升级,与传统产品的品种少、质量差相并存,这只能通过新技术实现产品的加速换代,为社会提供多品种、高质量、低价格的商品和服务。因此,需求的任何变化,都可能拉动并持续影响企业新产品流通。社会需求结构的变化,会通过市场中介影响自主创新产品流通的方向、内容和结构。可以说,企业只有把握住市场需求,才能使自己生产的自主创新产品有利可图。

需求拉动自主创新成果转化,主要取决于需求本身的特性。自主创新成果转化的规模,正比于需求的技术规模;自主创新产品的技术含量,正比于需求的技术层次。规模较大、层次较高的社会需求,才可能拉动规模较大、技术含量较高的自主创新成果转化。同时,自主创新产品的某些进展,也可能创造新的需求。这样,往往会形成自主创新成果扩散的良性循环。即需求拉动自主创新产品流通,自主创新产品满足需求,同时诱发新的需求,新的需求又拉动新一轮的自主创新产品流通。如此循环,周而复始,就使得需求拉动成为自主创新产品流通的主要的持续动力。

在此过程中,公司承担自主创新成果商品化和产业化的职责,它们为成果的转化进行自主投资、自主经营、自负盈亏。在政府的宏观科技、产业政策的引导下,在中介组织和金融机构的帮助下,生产单位选择自主创新成果、筹集生产资金、购置生产设备、精心组织生产、销售产品、收回投资并获取利润。作为科技成果转化应用环节的主角,公司通过中介得到科技成果及必要的信息、资本支持,作为回报,公司会与中介分享转化的部分利润,并且不断给高校、科研机构提供科研经费以得到合适的研发人才及实验设备。在这个过程中,公司必须解决两个方面的问题:技术方面——科技成果转化为应用性技术(包括参数、样品)需要科学家在实验室里的不断努力和工程师在生产线的精湛工艺;非技术方面——组织生产面临的人、财、物的调配。

5. 新兴大国政府促进自主创新成果转化的机理

Freeman(1987)在研究日本发展过程中指出:日本在技术落后的情况下以技术创新为主导,辅以制度创新,成为了工业大国,政府在推动一国的技术创新中起到了十分重要的作用。同样,新兴大国的政府在自主创新成果转化中起着非常重要的作用。一方面,新兴大国处于经济转型阶段,原有的政府的科技政策、产业政策对行业发展起着巨大的影响作用;另一方面,因为间接影响着高校、科研机构、中介组织和企业的生存环境,其作用往往通过其他转化主体的行为而得以显化。

Henry(2000)在三螺旋模式中提出,政府的定位正在经历一个变化:政府的作用已经从与产业、大学的双重关系中的公共合作伙伴转变成三螺旋的参与者之一,这使政府更多地牵涉到创新问题,无论是什么样的政治体系和发展水平。过去,政府所关注的焦点包括:维护市场竞争与交换秩序,通过金融政策和生产结果的再分配弥补非均衡控制宏观经济总量等。但现在"创新政府"的重点在于努力再造科学技术生产的源泉,不是唱"独角戏"而是通过新型合作关系来进行。对于新兴大国而言,政府在自主创新成果转化中扮演了多个角色:政府是自主创新成果研究与转化的宏观规划者,又可以以自主创新成果的采购(政府采购)成为生产单位的支持者,还担当了自主创新成果转化过程中的裁判者角色。

(1)自主创新成果转化的仲裁者与协调者。在政府作用相对较强的新兴大国,政府对于大学和产业的管理也相对较为严格,大学的自主创新科研项目要进行商业模式运作需要通过政府的批准,政府扮演着仲裁者的角色。在政府作用相对较弱的国家,政府在产业和大学之间充当的协作协调者的角色,政府通过制定相关的创新政策,将大学和产业紧密地联系在一起,并尽量减少大学和产业合作中的不和谐因素,从这个层面上来看,政府充当的是润滑剂的角色。

(2)保护者。政府的保护者角色主要体现在政府在知识产权的分配和建立合法技术转移体系的过程中,起着基础性和决定性的作用,政府必须对知识产权的归属以及利益分配做出明确的规定。

(3)自主创新成果转化的支持者和引导者。这主要体现在两个方面:一方面,政府积极引导有利于国家的企业行为,同时引导大学和科研机构的研究方向和研究重点领域。政府对于企业和大学的引导主要体现为激励和服务两种手段。激励主要是通过鼓励企业进行自主创新,同时调整政策实行财政科研经费向企业倾斜和高校的应用性科学倾斜,鼓励有条件的企业形成行业联盟,推动行业技术标准联盟的制定和实施,抢占产业制高点。服务指的是政府通过法律法规规范中介机构的行为,为大学和产业的联合打造良好的法制环境和社会环境。

在自主创新成果的转化过程中,新兴大国政府的职责复杂且重要。政府的主要职责一般体现在以下两个方面:

一是降低自主创新成果转化的风险,推动自主创新成果转化。自主创新成果转化具有较高的风险和较大的外部性,政府要以财政投入、税收优惠等政策支持创新成果转化。另外,政府合理的制度安排有助于降低风险,如提供成果鉴定、产品检测等服务可降低技术风险;健全风险投资制度可降低资金风险;政府对自主创新成果转化产品采购可降低市场风险等。

二是降低交易费用,减少自主创新成果转化的成本。自主创新成果转化需要创新成果、资金、劳动等多种投入,牵涉到高校、科研院所、企业、中介等众多机构,包含一系列复杂的分工、合作等交易活动,政府可以通过建立信息交流平台、公共中试平台等,促进成果的供求双方沟通和合作,降低交易成本,推动自主创新成果转化。

政府推动对于自主创新成果的转化具有较强的激励作用,尤其是大规模的自主创新产品的生产,涉及较多的资源筹集、策划、分配和使用,涉及较多企业、产业协调,更需要政府的宏观规划、组织、引导和调控。各国的经验证明,规模较大、收益较多的自主创新产品的流通,一般都得益于政府推动。

8.3.3　新兴大国自主创新成果转化系统的运行机制

新兴大国自主创新成果转化系统的运行机制是成果有效转化的重要保障。对新兴大国特别是中国的研究表明,动力机制、激励机制、利益机制和约束机制等机制至关重要。动力机制是运行机制的根本,对转化系统起着直接动力源的作用,并在利益机制与激励机制的有效作用下,产生更加强烈的转化动力,从而促进转化系统更有效地运行。约束机制是转化系统有序、规范化运行的保障,约束机制与利益、激励机制相互作用,一方面使转化动力得以持续,另一方面规范转化系统各方的行为,明确利益归属。

(1)动力机制。新兴大国自主创新成果转化的动力主要来源于国家提升自主创新能力的愿景,及企业追求竞争优势的目标。因此,新兴大国的动力机制具有宏观因素及微观因素,为此,我们提出一个成果转化的动力机制:政府—企业的动力模型。该模型强调新兴大国的政府部门通过政策引导,鼓励高校、研究机构及企业实践自主创新,为自主创新提供了较高的社会支撑力,相比引进国外的先进技术在本国实施成果转移,进行自主创新成果转化更为有利,企业更易在本国内获得竞争优势,因而更易积极参与到自主创新成果转化中。因此,新兴大国自主创新成果在政府推动力、企业发展内在动力、社会支撑力和市场需求拉力等整个社会"力场"的作用下,获得较强的转化动力,见图8.3。其中,政府希望通过自主创新提升国际竞争力的愿望越强烈,政府推动力越强;企业作为自主经营、自负盈亏的经济实体,提升创新能力、获取竞争优势是企业进行自主创新成果转化的内在动力;市场需求是吸引企业进行自主创新成果转化的拉力,市场对自主知识产权产品的需求越强烈,自主创新成果转化的市场拉力越大,企业进行转化的动力也越大。企业发展的内在动力、市场拉力都只为自主创新成果转化提供了可能性,而要把这种可能性转变为现实还必须有社会支撑力这一动力源。新兴大国的企业自身力量往往难以获得成果转化所需的资源和生产资料,此时社会支撑力就成为企业实施自主创新成果转化的关键。社会支撑力是指政府以法律、法规、政策、资金等方式,以及社会其他组织通过技术服务、文化氛围创造等为企业提供支撑。

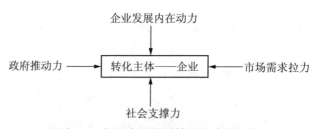

图8.3 新兴大国成果转化的动力机制

(2) 利益机制。新兴大国自主创新成果转化的利益机制突出地体现在自主创新成果供给系统与自主创新成果需求系统之间的利益关系上,具体来说主要是经济利益与知识产权,与知识投入量、资金投入量及承担的风险有关。在自主创新成果转化过程中,导致利益冲突的主要原因一是成果的定价和产权归属;二是自主创新成果二次开发的技术与资金的投入和产权归属;三是自主创新成果产业化、商品化后的利益分配。在新兴大国中,一般采用如下的分配机制:上游阶段成果若能申请专利,则专利权归上游;若该成果不成熟、不能申请专利,由中游开发出来并取得专利,则专利权归中游或协商解决;中下游之间应根据成果转移方式(技术合作、委托开发、技术转让)协调一致后以合同方式明确归属。但由于很多的新兴大国处于转型期间,很多涉及知识产权的法律法规仍有待完善。为了保障自主创新成果的有效转化,创新成果产业化、商品化后的利益分配应成为新兴大国的主要关注点。因此,新兴大国政府须通过法律和法规等规范和协调转化各方的利益,以形成良好的利益驱动机制。

(3)激励机制。新兴大国自主创新成果转化的激励机制主要体现在如何激励创新成果供给方依照市场需求进行研究开发,激励创新成果需求方实施自主创新成果的转化,它的完善程度对动力机制的正常运行影响很大。建立和完善激励机制,关键是确保转化系统主体要素(供需双方)的经济利益,合理界定参与单位之间的利益分配,正确处理其成员贡献与利益的关系。目前,新兴大国自主创新成果转化的激励机制主要是利用物质和精神等各种手段激发并增强转化系统的活力和动力。在物质激励上,通过科学公正地评价自主创新成果的价值,根据相应的评估指标确定研究方和开发方的贡献,并按贡献的大小进行分成;在精神激励上,政府运用嘉奖的方式对研究开发人员进行鼓励。但是,新兴大国的激励机制仍存在诸多问题,如我国高校现有的激励措施是引导科研人员获得更多的科研经费,而对于整个科研项目成果的运用并没有过多重视。因此,新兴大国需要进一步探索有效的激励措施和完善激励体系,以全面发挥激励机制的作用,推动自主创新成果有效转化,如国家和地方政府制定旨在促进自主创新成果转化的人才政策、税收政策、投资政策、对外贸易政策和成果转让者利润提成规定等。

(4)约束机制。新兴大国自主创新成果转化的约束机制是系统诸要素相互制约的关系,旨在规范成果转化交易中各类组织的行为,保障各类组织的经济利益和知识产权,保证成果转化不因权益纠纷等原因而受阻或失败。目前,新兴大国的政府主要采用指令性成果推广计划作为直接的调控形式,主要有强制约束、法律的规范和约束、社会组织的约束以及经济杠杆、市场引导等。但由于新兴大国普遍存在知识产权体系和专利制度不健全的问题,自主创新成果转化中相关利益主体权利、责任的界定及相互关系的协调得不到有效法律制度的保障,对于违约、侵权行为,执法不严、惩罚力度偏小的状况较严重,在一定程度上抑制了自主创新成果的转化。因此,新兴大国一方面需要制定、完善适合本国国情的技术转移法、知识产权和专利保护制度以及其他相关的法律法规;另一方面,要强化实施机制,保护知识产权,维护各利益主体的合法权益,并规范市场主体行为,使自主创新成果转化中各个环节、各个主体的行为都受到相应的约束。

8.4 新兴大国自主创新成果转化的问题及其对策

8.4.1 新兴大国自主创新成果转化的问题

在对新兴大国自主创新成果转化机理的研究中,发现新兴大国自主创新成果转化主要存在以下几个问题。

(1)新兴大国有效性自主创新成果供给不足,导致转换率低。新兴大国的研究开发主要集中在大学与科研机构,而新兴大国的科研选题立项往往脱离社会需要,相当大比例的科研工作者的科研选题是从文献的字里行间中发现问题,很少考虑生产力因素,对市场需要不甚了解,即使考虑到市场也只是个人的单向意愿和揣测,对企业开发的针对性不强。而且,由于科研机构过于专业化,缺乏多学科的协作,综合开发与系统配套的设计能力有限,使得自主创新成果实现产业化所需要的配套设备、工艺图纸、工程设计、技术资料、检测手段等相对缺乏。另外,自主创新成果的评价标准也过于强调理论,缺乏系统的评价体系。在这种情况下,科研人员的科技成果往往只注重学术上的价值,对自主创新成果的市场前景、产业化过程中的成本和收益缺乏足够的重视。因此,科研往往就是"研究—样品—再研究—还是样品"的供给模式,导致有效的自主创新成果供给不足。

(2)新兴大国的转化自主创新成果的有效性需求不足。一般来说,企业是自主创新成果的主要需求者,其行为和态度决定着科技成果的有效需求。但新兴大国存在有效需求不足的问题:第一,企业技术创新意识淡薄。新兴大国的许多企业还尚未健全现代企业制度,使得企业的观念、意识仍停留在依靠扩大外延规模来提高效益,还未转移到依靠科技进步的内涵式增长来发展。同时有的企业认为,既然引进可以获得先进技术,就没必要冒研发的风险来培育自己的自主技术,企图靠引进技术建立核心竞争力,瓦解了创新意志,放弃了自主创新的努力。第二,心态浮躁,短期利益行为严重。企业追求增长速度、急功近利、重复建设等短期利益行为,形成了一股很强的急于求成的浮躁风气,致使很多企业宁愿低水平重复生产,却吝啬于技术创新投入;宁愿在同档次产品上雷同经营,而不愿通过自主创新实施差异化服务提高效益;宁愿引进、再引进,持续跟随模仿,而不愿意走消化吸收再创新之路,这无疑造成了企业对自主创新成果的有效需求不足。

（3）新兴大国自主创新转化资金匮乏且三个阶段投入比例失衡。自主创新成果转化是一项高风险、高投入、高收益且周期长的活动,这就决定了其难以从常规的商业渠道获得足够的资金支持。对于许多新兴大国而言,高校自身并不具备自我转化的资金实力;金融机构出于安全性的原因,对一些转化周期长、技术风险和市场风险大的项目投资的积极性不够;企业面对承担高风险的巨大压力,往往对很多高新自主创新成果望而却步;另外,政府资金对自主创新成果转化的投入也是十分有限的。因此,能否有风险投资资金介入自主创新成果的研究开发、中试、商品化和产业化活动,是成果能否转化成功的重要环节。而目前,新兴大国的风险投资机构缺乏,风险投资基金规模小,创新类公司由于资金匮乏缺少发展空间与经营活力,导致新兴大国自主创新成果转化资金相对匮乏,已成为自主创新成果转化的一大障碍。西方发达国家科技成果成功转化,其研究开发∶中试∶成果商品化三者资金投入比例一般为 1∶10∶100,而中国仅为 1∶1∶10。由于自主创新成果转化资金短缺,大多数高校均没有能力组织中间试验,从而严重影响了高校自主创新成果转化的成熟性与可行性,导致自主创新成果大多以未经中试的不成熟技术状态面市。

（4）新兴大国自主创新成果转化的外部支持渠道不畅。第一,自主创新成果转化的中介服务体系不完善。新兴大国的技术市场长期以来没有形成一个能及时回馈自主创新成果供需信息的现代化信息网络,科技信息、市场信息、生产信息无法找到集散中枢,技术经济活动的变化不能得到及时准确的反映,延误了自主创新成果的适时转化。同时,技术经纪人专业素质普遍不高,缺乏专业的科技、经济、法律、市场知识,无法为科技成果供需双方提供有效的科技、政策、法规等方面的指导和服务,影响了自主创新成果的转化。第二,自主创新成果的市场价值评价体系不健全。新兴大国还没有完全建立起一个对自主创新成果价值进行市场评价的体系。因此,当自主创新成果进入市场时,就会出现科技成果的价格与价值不符现象,因而成果供给方与需求方都不能对成果的市场价值作出准确预测,致使双方不能达成共识,自主创新成果不能顺畅交换而最终影响转化。

8.4.2 提升新兴大国自主创新成果转化率的对策建议

针对上述的新兴大国自主创新成果转化中存在的问题,在借鉴发达国家的成功经验的基础上,提出以下的对策建议。

(1) 倡导以成果转化为目的创新意识,优化供给结构。新兴大国自主创新成果供给主要来自于科研机构、高等院校、企业和产学研合作,尤其是科研机构和高等院校几乎占据了新兴大国自主创新成果的绝大部分。新兴大国要提升自主创新成果的转化率,首先要加强成果转化意识。一是需要从根本上树立大学与科研机构科研人员的成果转化意识,更新成果转化观念;二是应树立技术应用意识,在科学研究方面以论文的数量、鉴定、奖项等来衡量科研人员的科研水平与能力,同时,注重技术应用,鼓励把技术转化成现实市场需要;三是应树立市场意识,把高校的科研与市场结合起来,向前将价值链延伸到市场,在满足市场需求中抓住科研院所的发展机遇;向后提高自主创新成果的成熟度,加强科技人员同市场需求方的合作,把已有的自主创新成果半成品为科技成品。

(2) 加大自主创新成果转化力度,强化企业自主创新成果转化需求。企业是自主创新成果转化的主要部门,新兴大国刺激自主创新需求可以从三个方面展开:一是加强企业和高等院校,科研院所的链接。针对目前科研与市场脱节的情况,科研院校要面向经济建设主战场,以市场需求为导向,精心选题立项。企业不但重视与消费者的沟通,也要加强与科研机构的交流,甚至把科研机构搬到企业中去,形成双方互动的局面。二是加强企业的研究与开发工作,刺激企业对自主创新成果的需求，建立多元化的自主创新成果供给体系，加强企业的研究与开发工作，转换企业经营机制，使企业真正成为独立的商品生产者和经营者。三是加强企业自主创新能力的考核力度，增强自主创新意识，使得企业真正转移到依靠技术进步的轨道上来，刺激企业对自主创新成果转化的有效需求。

(3) 设立转化基金，推动自主创新成果有效转化。关于创新资金因素，联合国教科文组织(UNESCO)统计研究所(UIS)最新发布的《联合国教科文组织统计研究所创新统计》报告显示，新兴国家的公司或集团内部缺少资金、创新成本太高、缺少外部资金来源是各国反响最为强烈的阻碍因素，特别是哥伦比亚、马来西亚、埃及、南非、俄罗斯等国，最高超过 40％ 的企业为资金来源而困扰。因此，新兴大国应组织设立转化基金，促进自主创新，推动自主创新成果有效转化。特别是在"基础研究—应用研究(小试)—中试—产业化—商业化"这条完整的链条中，基础研究和应用研究可以从国家科研经费中得到支持，商业化可以从很多的风险投资得到支持，产业化可以从政府资金、天使基金得到支持，但是中试环节往往出现断链。原因是中试经费投入较大、风险较高，大学研究所更多地关注基础研究，没有充足的经费投入科研成果的中试研究，而企业和风险投资更热衷技术成熟、马上能够产业化的项目，对需要进一步研究，甚至还需要提供资金支持中试的项目，认为风险大、周期长而不愿投入。因此，应当设立针对中试环节的专项资金，建立相应的评审监督机制，以大学研究所为载体，引导它们对有产业化前景的项目进行中试放大。

(4) 明确政府角色定位，出台相关法律并制定专项计划，构建良好的创新环境。在政府为主导的自主创新成果转化体系下，政府的角色定位十分重要。政府的作用不应局限在行政指导或直接参与到微观的创新活动中，而应着力构建一个良好的创新环境。自 1980 年以来，美国政府颁布了包括《史蒂文森·怀德勒技术创新法》《拜杜法》《小企业创新法》《联邦技术移转法》《国家竞争力技术转让法》《小企业研发加强法》和《技术转让商业化法》等主要法案在内的一系列法案，并由政府出资设立了众多促进自主创新成果产业化的计划，如商务部标准技术研究院(NIST)主管的先进制造计划(ATP 计划)以及制造技术推广计划等。对于新兴大国而言,应当借鉴发达大国的成功经验,明确政府角色定位,出台相关法律并制定专项计划,构建良好创新外部环境:一是构建引导政策体系,通过科技政策和产业政策使各参与主体朝政府鼓励的方向发展,如产业结构调整、战略性新兴产业、前沿性技术;二是构建激励政策体系,通过税收、补贴、奖励、政府采购等政策,激发各机构进行自主创新成果转化的动力,并切实保护参与者的利益;三是构建交流协调体系,通过构建迅速、准确的交流沟通网络,促进各机构间的活动,将自发性的合作交流转变为常规性的信息流动机制,同时协调活动中产生的矛盾,对合作各机构进行规范,指导其发展。

(5)创新中介服务体系,以市场指导自主创新成果转移转化。信息、人员、创新输出的循环流动是自主创新成果实现转化的关键要素,其中一个至关重要的载体就是中介服务机构。目前,新兴大国的中介机构数量较少,质量较低,存在着功能不完善、服务能力有限、缺乏创新、运行机制僵化、人员素质不高、没有核心竞争力、缺少市场化运作等种种问题。因此,应大力发展新兴大国的中介机构服务体系,真正起到大学研究所、产业、政府间信息沟通、桥梁纽带的作用。一是吸纳大学研究所、产业、政府等不同机构人员,共同打造中介机构;二是政府下放部分权力到中介机构,如支持科技创新活动的项目与鼓励转移活动的奖励,技术产权交易等;三是以市场化机制运行,打造核心竞争力与品牌,起始阶段从不同类型的中介机构发展,最终构建功能完整、服务专业的中介体系。

第9章

发达国家自主创新的经验借鉴

新兴大国一直想在技术上追赶发达国家,因此,我们在讨论新兴大国自主创新模式和策略时,不能忽视发达国家在健全的市场经济条件下形成的较为完善的自主创新体系,以及已经成熟的技术创新的成功做法。这些有效的做法和经验,对新兴大国的自主创新道路选择具有非常重要的借鉴意义。

9.1 发达国家自主创新体系的形成与发展

9.1.1 美国国家自主创新体系的形成与发展路径

美国拥有超 10 万亿美元的国内生产总值;科研经费投入远远高于其他发达国家;拥有人数最多、素质最高的科技队伍;有 700 多所国家实验室,企业实验室取得了令世人瞩目的研究成果;诺贝尔奖获得者为全球最多。

美国的国家自主创新体系应该始于其农业教育科研推广体系的建立,以 1862 年赠地学院法、1884 年农业试验站法和 1914 年斯密利弗农业推广法为代表。而 1950 年美国科学基金会(NSF)的建立,表明其创新研究获得国家政策的承认。

表9.1 美国国家自主创新体系的发展历史

时 间	标志性事件	内 容
20世纪50年代	美国NSF的建立	通过NSF的建立,标志着美国政府、企业、科研机构的良性互动的国家自主创新体系建立
20世纪60年代	加大创新资源的投入:美国政府研发投入在二战后达到最高点,接近GDP的3%	由于受到"冷战"影响,93%的政府研发的投入来自国防部(DOD)、原子能委员会(AEC)和国家航空航天局(NASA)
20世纪70年代	美国政府研发投入开始向民用领域转变	能源政策、健康和环保成为全国关注的焦点。美国开始意识到在国际市场上竞争力在减弱的主要原因是研发投入不足,特别是在民用领域
20世纪80至90年代	确立创新主体:1991年布什总统向国会提了一份报告《国家的关键技术》,确定信息技术成为国家自主创新体系的重要发展方向,在与美国国家安全和经济实力有关的6大领域22项高技术发展计划中,"信息与通信"单列1类,占7项技术	1998年6月美国参议院司法委员会通过了参议院1121法案。该项法案将保护互联网上具有版权的资料。正是因为市场机制的激励,才使得信息产业、信息技术、信息产品在激烈的竞争中日新月异、蒸蒸日上,大量中小企业跃跃欲试进入信息产业,导致美国产业结构自发性的调整
21世纪	调整创新机制:2007年美国国会又通过了一项旨在促进创新的竞争力法案	法案要求进一步加大对国家科学基金会和能源部及其国家实验室的资金支持力度。政府、企业界和大学对新时期美国如何通过促进科技发展保持国际竞争力和保障国家安全进行了深入的讨论和对话,并逐渐形成了一些共识
未来展望	确立核心创新领域:截至2013年美国的技术创新领域确定为四大领域:信息技术、新兴能源、交通领域和医学研究	未来1000亿美元将被投入科技创新及转型项目中,其中包括以下四个领域:现代化交通(汽车技术升级及高速铁路),再生能源(风能和太阳能),宽频技术、智能电网和健康信息技术,开创性的医学研究

资料来源:根据王友明的《科学技术是经济发展的发动机——美国国家创新系统》一文整理。

9.1.2　德国国家自主创新体系的形成与发展路径

德国 2007 年的出口额达到 9 690 亿欧元,超过其国内生产总值的三分之一,成为商品出口的世界冠军,87％的出口额来自工业制成品的贡献。德国最重要的工业部门为车辆制造业、电子技术、机械制造和化学工业。这些工业部门国际竞争力的关键就在于技术创新。德国拥有世界第二大技术出口国、欧洲创新企业密度最高国家等美誉。在激光、纳米、电子、生物、信息通信等技术领域,德国都具有国际一流水平。

在长期的科学技术发展过程中,德国制造业造就了一批创新联盟。创新联盟是指处于价值形成过程各个环节的个体和支撑机构等,通过合作,在适宜创新的环境中结成以创新为目的的正式联合体。具有地域背景的创新联盟同时还是增强所在地域区位优势、参与全球创新基地竞争的重要手段。

表 9.2　德国国家自主创新体系的发展历史

时　　间	标志性事件	内　　容
20 世纪 50 至 60 年代	改善创新环境:联邦德国政府开始实施国家大科学研究中心计划	科技政策演变则划分为三个阶段,分别是传统阶段、以经济合理化为目标的阶段、以社会价值合理化为目标的阶段;有步骤地发展国家经济
20 世纪 70 至 80 年代	提供创新资源:1982 年德国政府根据硅谷经验,建立技工贸金融四位一体的高新技术群落	国家系统建立以大型研究中心为主的战略导向型基础研究,然后是以高等学校、马普协会为主的创新导向型基础研究,接着是以弗朗霍夫协会为主的技术导向型应用研究,最上层是工业企业和赢利性私人研究机构为主的产品导向型应用研究
20 世纪 90 年代	开始重建创新体制:1996 年提出了"科研重组指导方针"	通过优化科研机构和引入竞争机制增加研究实力、促进创新。主要包括:促进科研机构与工业界更紧密的结合;进一步加强学科交叉联合;扩大国际合作,提高在全球竞争中的地位

续表

时　间	标志性事件	内　容
20世纪90年代	1998年德国议会通过了《高等教育总法》的修正案	政府依据高校的教学科研成果和培养科学后备力量的实绩进行拨款；引进欧洲学分转换制，方便学生在欧洲范围内的转学；在德国传统学位制的同时，引进国际通行的学士和硕士课程；允许专科大学的优秀毕业生攻博深造等
	1999年德国科教部发表了《生物技术的机会》和《生物技术概览》两份政策性报告	明确生命科学和生物技术是21世纪最重要的创新领域，制定了对于新企业的具体扶持措施，将新材料和集成制造技术作为德国今后新技术的发展基础，连同纳米技术、激光技术等对于下一代信息通讯有决定意义的领域在政策和经费上给予优先支持
21世纪	确立核心创新领域；2006年，德国首次系统地提出国家高科技发展战略，目的是确保德国未来在世界的竞争力和技术领先地位	《德国高科技战略》涉及安全研究、健康与医学、光学技术、环境技术、信息与通讯、航空航天、车辆与交通技术、微系统技术、纳米技术、生物技术和材料技术等17个创新领域。报告给出了每个创新领域的定义；创新目标；创新能力分析，包括德国的强项、弱项、机遇和挑战；该技术研究的应用，以及联邦政府的具体计划
未来展望	进一步加大创新资源的投入；截至2020年，德国将在具有世界领先性的产业加大经费投入和政策支持	根据《德国高科技战略》的要求，继续加大对战略性产业的科研支持，尤其是对于市场主导具有领先性的产业加大扶持力度，符合具有国家战略特征、领先世界、满足市场需求等要求，包括健康及营养产业、气候保护技术，能源技术，交通技术，安全研究和通信技术

9.2　亚洲新兴国家自主创新体系形成与发展

9.2.1　日本国家自主创新体系的形成与发展

近代以来,日本就是一个目标赶超型国家,其目标是赶上并超越欧美发达国家。日本经济体系正是在这种战略实践中,形成的一种赶超型模式。

20 世纪 60 年代,日本经济进入高速增长期,经济以 10% 的速度迅猛发展。70 至 80 年代,日本经济进入稳定增长期,经济平均增长速度 5%,一跃成为仅次于美国的世界第二大经济强国。到 80 年代中期,日本工业占世界的份额从 2%—3% 上升到了 10% 左右。以科技创新引导工业发展,是日本经济发展的重要引擎。这也得益于日本政府对于科技创新的高度重视,以及日本国家自主创新体系的建立。

表9.3　日本国家自主创新体系的发展历史

时　　间	标志性事件	内　　容
20 世纪 50 至 60 年代	改善创新环境:设立《新技术企业化贷款》(1951)、《小规模企业者等设备引进资金补助法》(1956)	政府直接干预外汇管理和引进外资,优先发展重工业(如终端消费品行业中的汽车产业)。如依靠对物资、外汇进行直接的数量上的控制,使资源的分配向重点产业倾斜,并向民间大企业倾斜,引进和开发了大量的生产技术、流水线生产技术
20 世纪 70 至 80 年代	日本政府表示"要向环境负担较小的知识密集型产业转换",因此重点发展污染少、能耗低、技术密集型产业	在"技术立国"方针之下,加强了对基础性、独创性技术的研究开发,产业由重化工业向技术密集型工业转移,并逐渐形成产学官合作研究模式

时　间	标志性事件	内　容
20 世纪90 年代	建立创新机制：1995 年，日本制定了《科学技术基本法》，提出日本开始从"技术立国"到"科学技术创新立国"的重大转变，这可以看成是日本国家自主创新体系建立的开端	随着技术引进空间的下降，日本更加重视基础研究，以摆脱对美国技术的依赖。日本科技厅 1994 年年底发表的科技白皮书强调，要在基础研究成果的基础上推进技术创新，利用创新性技术创建新的产业
	1998 年 5 月，日本政府制定并颁布了旨在促进大学和国立科研机构科技成果向民间企业转让的《关于促进大学等的技术研究成果向民间事业者转让的法律》	该法的核心内容是推进将大学的科技成果向企业转让的技术转移机构的设立，确立政府从制度与资金方面对科技成果转让机构予以支持的法律依据
	1999 年开始设立国家级的技术转移机构（technology licensing organization，TLO）	从 90 年代中期起，民间企业科研投入连续 9 年增长。据日本书部科学省统计，近几年日本每年研究经费的总投入超过国民生产总值的 3%，在全球保持着最高水平
21 世纪	2000 年制定《信息技术国家基本战略草案》，2001 年制定《国家产业技术战略》，2002 年日本又颁布了《知识产权基本法》，2003 年成立了以首相为"议长"的高规格知识产权战略总部	日本新制定或修改了 21 项知识产权相关法案，使日本成为全球迄今为止知识产权战略最为系统化和制度化的国家。在企业主导的技术创新体系下，强调产业化过程中对市场需求的尽快反应，以不断扩大市场份额，增强产品的国际市场竞争力。因此，日本的技术创新与产业发展之间建立起了一个良性的循环机制
未来展望	培育创新主体：截至 2020 年，日本将从技术创新主体的角度加大扶持力度：包括学科领域、人才培养、经费支持等方面	在世界范围内，在绿色创新和生命科学创新领域继续保持领先地位；促使更多的大学和研究结构进入世界领先行列，并加快政府科研结构的改革进程；确保科学技术类博士学位获得者全部就业并为相关年轻研究人员提供职业规划；创新培育方面则需要鼓励中小企业的技术创新；推动信息、通信和技术（ICT）的使用；增加公共及私人部门在研发经费的投入（达到 GDP 的 4%）；加强政府的创新服务

9.2.2　韩国国家自主创新体系的形成与发展

在过去30多年中,韩国始终坚持以国家政府为引导,以市场需求为导向,以产业应用为目的,以企业创新为主体的国家自主创新模式,不断加大科技创新的投入,提升本国自主创新能力,成功实现了由一个自然资源贫乏、耕地面积狭小、技术落后的农业国,成长为位于世界前沿的创新型国家。

截至2008年,科研经费投入占GDP比例达到OECD国家的第五位,十年间,科研经费投入总量占OECD国家科研经费总量的比例提高了2.18个百分点。

表9.4　韩国国家自主创新体系的发展历史

时　间	标志性事件	内　容
20世纪50至70年代	技术引进和仿制:成立韩国科学技术研究院(KIST)(1966),颁发《技术引进促进法》(1960),指定《科学技术振兴法》(1967)	韩国推动创新体系建设:改革理工科高等院校的专业结构和课程设置,并健全科技管理体制,通过立法鼓励技术引进。根据本国经济发展战略和产业特点,采用各种灵活多样的技术引进方式,引进促进仿制,逐步培育产业优势
20世纪70至80年代	韩国积极开展技术创新:设立韩国科学技术院(1971),并从1982年起,由总统主持每季度召开一次科技振兴扩大会议	韩国继续加强技术引进的同时,不断丰富创新内涵,提出科立立国战略。在调整和优化产业结构的同时,大幅度增加经费投入,加强科研机构建设,更加注重对引进技术的消化、吸收和再创新
20世纪90年代	进入自主创新阶段:1990年实施《尖端产业和科学技术发展5年计划》,1995年颁布《面向2010年的科学技术发展长期计划》	韩国及时调整科技发展战略,确保创新政策支持体系的连续性,通过时序上相互衔接的科技计划,以增强国家综合实力和竞争力为核心,促使自主创新活动持续推进
	韩国政府发表《科学技术政策宣言》,向企业开放科研经费,鼓励企业参与国家研讨计划,以政策性低息贷款形式,提供资金支持企业的技术创新和技术开发	及时调整科技发展战略,使其由跟踪模仿向创造型转变,不断提高自主创新成果的质量,以及在科技成果总量中的比重;减免税收的优惠政策以及建立技术开发准备金制度,有效地激发了社会各方推广、应用科研成果的积极性

时　　间	标志性事件	内　　容
	2005 年发布《大力培养科技人才,实现创新人才强国战略的实施计划》	该项计划进一步完善科技人才培养体制,改变以往分散人才培养方式,代之以系统培养具有创新精神的科技人才
20 世纪 90 年代	自主创新成果突出:分别在信息技术、纳米技术、生物工程技术、新能源开发、航空航天事业方面取得了举世瞩目的自主创新成果	三星电子公司成功完成了符合 4G 基本定义的新一代移动数字通信系统的公开实验;韩国科研团队成功开发了 1 Gbps 速率的超高速、多频道用户网(FTTH)解决方案;三星电子公司发布了 40 纳米 32G"NAND"闪存;行规科学家首次完成心脏细胞基因组序列图;开工建设亚洲装机容量最大的全罗南道太阳能发电站;成功发射韩国第 9 颗人造卫星

9.3　发达国家自主创新体系建设的总结和借鉴

OECD 国家从 1998 年到 2008 年期间,研发经费投入占 GDP 比例基本保持了缓慢上升的趋势,日本则保持了较高的增长幅度,达到 25.57%,而美国在经过 2001 年到 2004 年的下调后,从 2005 年开始继续缓慢上升,也能够保持 5.24% 的增幅。因美国的经济总量在 OECD 国家中占的比例较高,因此使得 OECD 国家平均增幅为 12.07%。说明发达大国在经济总量增加的同时,对研发的投入进一步加大,从而进一步推动经济总量增长,形成了良性循环。

从图 9.1 可知,2008 年和 1998 年的数据均表明,发达大国研发的经费投入占 GDP 的比例都远高于新兴国家。2008 年,日本的研发经费占 GDP 比例高达 2.69%,而我国则为 1.12%;1998 年,日本的研发经费占 GDP 比例达到 2.14%,我国则仅为 0.29%,而这十年则正好是日本技术蓬勃发展,强力战略全球终端消费品市场半壁江山的关键时期,其中自主创新能力对于日本经济发展的助推作用

不容小觑。不过,我国也充分意识到自主创新能力对于国家经济转型增长的关键
作用,在这十年间不断加大科技创新的投入,十年间,研发经费占 GDP 比例增幅
全球第一,达到 284.26%。

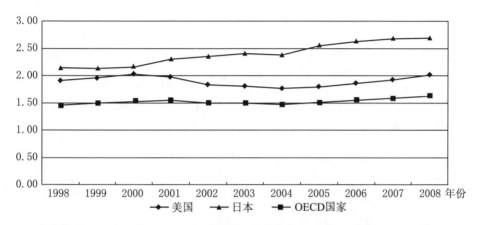

资料来源:OECD,Main Science and Technology Indicators(May 2010)。

图 9.1　美国、日本及 OECD 国家企业研发经费投入占 GDP 比例(%,1998—2008 年)

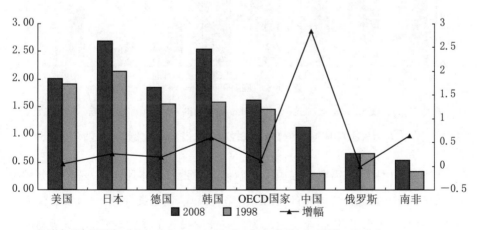

资料来源:OECD,Main Science and Technology Indicators(May 2010)。

图 9.2　发达大国及新兴国家企业研发经费投入占 GDP 比例(%,1998 年,2008 年)

从图 9.2 可以看出,在高等教育领域的研发经费占 GDP 比例,发达国家投入

比例都相对较高,例如德国达到 0.43%,日本为 0.4%,美国为 0.36%,韩国为 0.38%;而新兴国家的投入比例则相对较低,例如中国为 0.13%,俄罗斯为 0.07%,而南非则为 0.18%。说明新兴国家在高等教育投入方面的重视程度远不如发达国家,这一点值得我们注意。不过,从 1998—2008 年的增幅数据可以看出,新兴国家都开始意识到高等教育领域的研发投入对于一国自主创新能力的重要推动作用,开始加大对高等教育领域的投入。例如,南非 2008 年的高等教育领域研发投入就比 1998 年增加 148.24%,中国则达到 91.3%,俄罗斯也达到了 40.46%。同期,美国增幅为 18.92%,德国为 8.47%,日本反而下降了 10.70%,仅仅韩国上升 52%。

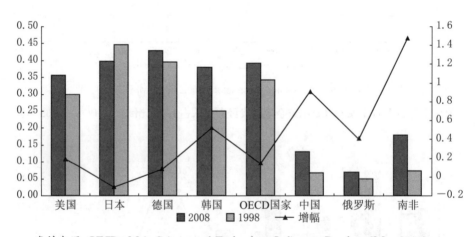

资料来源:OECD, Main Science and Technology Indicators Database(May 2010)。

图 9.3 发达大国及新兴国家高等教育研发经费投入占 GDP 比例(%,1998 年,2008 年)

建设创新型国家,需要加强国家创新体系建设。具体地说,一是要充分发挥政府的核心作用,选择合适的自主创新战略和模式,创造良好的环境;二是要充分发挥企业的主体作用,使企业真正成为研究开发投入的主体,技术创新活动的主体,创新成果应用的主体;三是要构建创新活动的运行机制,使政府、企业、高等学校和科研院所进行科学组合,形成产学研相结合的有效方式;四是要建设社会化和网络化的科研服务体系,培育和发展各类科技中介服务机构,为创新主体提供高效和便捷的社会服务；五是要建设各具特色和优势的区域创新体系，形成功能互补、优势互补、协调发展的格局。

9.3.1　充分发挥政府的核心作用，推行国家高技术发展战略

进入 21 世纪以来，美国对科技特别是信息技术领域的投资不断加大。当前，美国政府将眼光投入新兴信息技术的广泛运用，以此作为再次经济腾飞的引擎，将云计算确定为未来信息产业发展的主流技术，并投入每年约 70 亿美元的建设资金用于信息产业的发展。政府将再次成为新型信息技术投资和推广应用的主要参与者。

德国在 2006 年首次发布《德国高科技战略》报告，提出国家高科技发展战略，目的是确保未来的竞争力和技术领先地位，并使高科技创造更多的就业机会，提高人民生活水平。报告提出，到 2009 年，使德国政府的高技术投资总额达到 146 亿欧元。其中 60 亿欧元是政府以研究与发展优先权为由，为促进企业创新专门追加的资金。到 2010 年，德国的科技研发投入将达到 GDP 的 3％。

日本 2007 年度科研经费总额为 18.943 8 万亿日元，占 GDP 的 3.67％，两个数字均达到历史最高水平。日本政府的 2011 年度预算案显示，用于资助大学研究者等的文部科学省"科学研究费补助金"将高达 2 230 亿日元（约合 177 亿元人民币），比本年度预算增加 230 亿日元。

韩国为了确保科技创新发展符合国家的整体战略目标，建立起了一套由国家科学技术委员会、科技部、国家科学技术咨询会议和科学技术部长会议等官方机构组成的宏观科技管理体系，确保中央政府能够从全局角度协调各有关部门的创新政策和计划。据韩国《2025 年构想》提出，韩国研发投资占 GDP 的比重在 2015 年计划达到 3.5％，而到 2025 年则达到 4％。人均研发预算则计划到 2015 年达到 270 美元，到 2025 年则上提到 450 美元。

技术引进虽然对产业发展水平的提升乃至产业结构的调整具有重要的影响和推动作用，但是引进决不能代替自主创新，成为一国技术进步的主要发展路径。

通过创新活动,使引进的技术符合本国的资源和市场条件,发展本国优势战略性新兴产业才是必然之路。单纯依靠引进国外技术,不仅无法获得产业发展的主动权,也不能获得持久的发展动力。只有充分发挥政府的核心主导作用,坚定地实施自主创新战略,并将其作为发展战略的核心,才能推动经济又好又快地发展。因此,建立国家自主创新体系,必须要充分发挥政府的核心作用,选择合适的自主创新战略和模式,创造良好的环境。

9.3.2 充分发挥企业的主体作用,促进企业开展创新活动

美国政府一直致力于技术创新领域的政策支持力度,其通过协调各级政府、企业和研究机构的资源,鼓励高科技企业在产品创新和创新人才培养上加大投入,系统建立国家技术创新体系,并通过扶持和培养企业的技术创新能力来实现国家产业化发展的大目标。

德国政府利用政策体系加强调控支撑力度,辅助科研单位积极为企业创新服务,并通过政策优惠措施促使企业尤其是中小企业保持旺盛的创新热情。如有关政策规定,任何国家级大型科研项目,必须至少有一个中小型企业参加,否则就不予批准。因此,科研机构选择科研项目,首先想到的是必须能将学术成果转化为实际生产力,为将来的产业化服务。

日本政府则采取"战略性主导产业先行"策略,20世纪50年代以纺织工业的快速发展作为国家产业发展的主要动力,然后分别以钢铁产业、船舶制造业、消费类电子产品产业、重装设备业、汽车产业等作为战略性主导产业,提升国家产业竞争能力。从70年代中期以来将信息产业,即半导体、通信、计算机等确立为战略性主导产业。日本政府充分调动企业、科研机构、政府相关部门的综合力量,来集体论证战略性主导产业的确定。

韩国的研发活动逐渐由政府行政行为转变为企业的自发行为,大量的产业技术和高新技术由企业完成,20世纪60年代,韩国的研发投资基本由政府主导,政府研发投入与私营部门研发投资比约为4∶1,进入80年代后,韩国开始努力构建

本国企业的内生技术创新能力,韩国政府与企业的科研投资之比下降为 1.08。进入 90 年代后,企业作为自主创新主体的地位迅速增强,在政府政策的调整引导和支持下,政府与企业的科研投资之比发生根本性的逆转,达到 1：4 的比例。进入 21 世纪后,因为受到金融危机影响,目前韩国政府与企业的科研投入比例大致维持在 1：3 的水平,企业仍然是主导韩国国家自主创新能力的主体。

　　自主创新是以市场为导向、以应用为媒介的重要过程。企业应该充分注重对市场需求的追踪和分析,从市场终端角度出发,研发引领市场走向的新产品或新技术。因此,对于新兴国家企业来说,不能"为创新而创新",而是要大力开展以市场为导向的技术创新。必须采取切实可行的措施,大力推进以企业为主体、市场为导向、产学研紧密结合的技术创新机制,让企业主动并自愿成为研究开发投入主体、技术创新活动主体和创新成果应用主体,解决好企业技术创新动力、管理机制、组织建设和资金保障四大问题,促使广大企业尤其是大量中小企业努力实现生产与研究开发并重、引进与消化吸收并重、模仿与创新并重的目标。国内产业发展要不仅有制造而且有创造,不仅有产权而且有自主核心技术。因此,建立国家自主创新体系,必须要充分发挥企业的主体作用,使企业真正成为研究开发投入的主体,技术创新活动的主体,创新成果应用的主体。

9.3.3　构建创新活动的运行机制,加速创新知识的产品转化

　　20 世纪中叶,以美国斯坦福大学为代表的"创业型"大学,成功地创造出"硅谷"的世界经济奇迹,使官产学合作成为推动经济和社会创新与发展最强劲的动力。在这种伟大思潮和实践下,世界官产学合作从萌芽阶段经过形成阶段已经步入快速发展的轨道。

　　德国建立了以企业为主导的产学研联合机制,其是德国以制造业为主的企业、高校和科研院所、政府主管部门为实现共同的合作目标而建立的一种新型合作模式与机制,目的是"推动各个层次的创新,扫除创新障碍,重新唤醒对德国实力的信任"。它是高校和科研院所的高新技术科技人才和与制造业企业的生产技

术和生产、管理、营销人才相结合的新组合,是政府的相关政策法规与高校和科研院所的科技动态以及制造业企业所掌握的市场信息汇总的信息新组合。较之传统的产学研合作,这种以企业为主导的产学研联合市场导向性更强,使得高新技术更易于转化为现实生产力,提高了产学研联合运作的效率。

日本,是世界上最早提出"产学官"合作研发并且发挥得最好的国家。2002 年通过了《推进产学官联合共同宣言》,更为产学官合作创造了一个良好的发展氛围。

韩国实行的是从研发到科研成果转化全过程的科技发展支持环境,政府在努力推进科学技术研发的同时,还采取多种措施促进科技成果的产业化。特别是在韩国的科技体系由政府主导转为企业主导之后,政府将更多的精力投入到为企业主体提供科技创新服务上来,积极为企业主体的科技创新活动营造良好的环境,推动国内各创新主体的产学研合作。从而,其逐步形成了由企业主导推动,国家科研院所承担国家战略储备技术开发,大学则重点从事基础研究,形成了官产学研协调互动、共促发展的国家自主创新体系。

由此,新兴大国必须采取切实可行的措施,改变以往由高校和科研机构垄断技术创新的局面,大力推进以企业为主体、市场为导向、产学研紧密结合的技术创新机制,产业发展要不仅有制造而且有创造,不仅有产权而且有自主核心技术。因此,建立国家自主创新体系,必须要构建创新活动的运行机制,使政府、企业、高等学校和科研院所进行科学组合,形成产学研相结合的有效方式。

9.3.4 建设社会化和网络化的科研服务体系,提供高效便捷的社会服务

美国构建了一个包括政府机构、大学、科技服务中介、企业等多方相互交织的国家创新体系网络,而科研服务中介则分为官方中介机构、半官方性质中介机构、企业孵化器、特定专业服务机构和技术转移服务机构五大类,各个类别都相辅相成,互相合作,与政府机构、大学、企业等共同构建了多层社会化、网络化的国家创新服务体系。官方机构包括企业发展中心、生产力促进中心等科技中介机构;半

官方机构则包括政府和民间合资建立的中介机构,参与政府科技经济发展规划、措施的策划,负责政府部分科技项目评审、管理工作;高科技企业孵化器帮助企业进行融资和资金管理;提供"种子基金"等等业务,例如,美国著名的全企网络公司(TEN);特定领域专业服务机构则为企业的技术获得专利和资金提供特定支持,例如美国圣荷西市软件发展中心(SCD);技术转移服务机构将大学的技术成果转移给合适的企业,同时把社会、产业界的需求信息反馈到学校。

德国科技中介机构形成了多层次、全方位的网络,开辟了诸多信息、成果转让的渠道,成为制造业企业与大学、科研单位之间非常活跃的中介媒体,成为制造业企业和科研院所、政府之间的桥梁和纽带。一是为制造业企业提供大量的信息、社会化的服务、科研成果、技术人才和生产工艺,同时还给予企业一定的经济支持,帮助企业最终取得效益;二是将制造业企业所需解决的难题提供给科研机构,并为科研机构创造试验所需的外部条件,同时还为科研机构的研究成果寻求合作伙伴,促使其尽快转化为生产力;三是根据政府制定的近期、中期或长期的发展规划,提出研究课题,再为企业和科研院所牵线搭桥,共同研究开发。

日本的技术服务网络体系由事业法人机构、民间的科技中介机构、外资系统和银行系统的大型咨询机构、科学城以及技术交易市场构成。政府认定的事业法人机构承担中央政府或地方政府委托的事务,主要为企业提供全方位的事业支援,并承担政府专项拨款的实施,组织有关的资格认证考试,实际上是行使部分政府职能,如日本科学技术振兴事业团等事业法人机构。第二类是民间的科技中介机构,包括个人独立开业的咨询公司,各类高校、科研单位和企业创办或从中独立出来的科技服务机构,主要作用是为行业内或相关领域提供多方面的科技支持,例如如株式会社(NTT)经营研究所、富士通总研究所等。第三类是外资系统和银行系统的大型咨询机构,主要为政府各部门、大中型事业集团和跨国集团等提供管理和技术的咨询服务,同时还参与国防与尖端技术的开发研究工作。如野村综合研究所、三菱综合研究所等。第四类是科学城、技术城,由中央政府、地方政府支持建立的高科技园区,园区内一般建有孵化器、技术中心和信息中心。第五类是技术交易市场,由通产省设立的科技中介服务机构,主要利用电脑网络提供的平台为企业间进行技术资料的买卖等。

韩国政府于 2000 年 1 月颁布实施《技术转移促进法》,在技术创新服务网络建设上作出了明确规定。制定并实施技术转移促进计划,内容包括:确定技术转移目标、战略和预算分配;促进机构的建立和国内外网络构筑;技术评估机构的建立及成果评估;政府及民间研究机构成果转化推动;技术交易市场的建立;人才交流和培养;以及信息收集和扩散等。设立技术交易所(KTTC),主要业务内容包括:组建常设技术交易市场;从事技术转移中介、介绍和仲裁业务,提供、收集、分析技术交易和评价信息,并对其进行评价;对技术进行投资;加强国内外技术人才交流,以促进技术交易;加强对技术交易人员和民间技术转移专门机构的登记、支援和管理;对民间技术转移专门机构进行投资;构筑与技术交易机构、技术评价机构和专司技术转移机构的综合联系机制等。政府投资机构、民法规定的非盈利法人、有关团体、产业及与技术有关的法人,可部分参与交易所组建和运作。

由此,新兴大国应重点扶植一批中介服务机构,以推动企业技术创新。科技中介机构对于提高国家创新能力,加速培育高新技术产业,推动产业结构优化升级,具有十分重要的战略意义。社会化和网络化的科研服务体系,能够与各类创新主体和生产要素市场建立紧密联系,为科技创新活动提供重要的支撑性服务,在有效降低创新风险、加速科技成果产业化的进程中发挥重要作用。新兴国家必须完善科技中介机构内部管理,规范科技中介市场,完善市场竞争,建立健全有利于各类科技中介机构健康发展的组织制度、运行机制和政策法规体系,形成体制合理、机制灵活、竞争有序、诚信经营的良好发展环境和市场环境。因此,建立国家自主创新体系,必须要建设社会化和网络化的科研服务体系,培育和发展各类科技中介服务机构,为创新主体提供高效和便捷的社会服务。

9.3.5 建设区域创新体系,形成功能互补、优势互补、协调发展的格局

世界著名的区域创新体系包括美国的"硅谷模式"、德国的"巴登—符滕堡模式"、日本的"关东模式"和韩国的"大德模式"。

　　美国的"硅谷模式"。硅谷已经成为世界著名的高科技中心,目前有 10 000 多家高科技公司在这里经营,占全美高科技公司的一半,世界上出售的电子及电脑产品,约有半数出自这里。以高技术从业人员的密度而论,硅谷居美国之首,每1 000 个在私营企业工作的人里有 285.9 人从事高科技业。硅谷的 GDP 占美国总GDP 的 5%,而人口不到全国的 1%。美国是典型的市场驱动型区域自主创新体系,由于市场体系的完善,法律法规的健全,政府与市场关系的协调,企业在科技创新过程中完全受市场的主导,政府方面几乎没有什么约束,市场上资金充裕,业化服务网络的建设以及区域化集群式的发展,使硅谷一直保持高速创新的动力。完善的市场体系优化各类科技资源与社会资源的配置,决定了区域创新体系的成功,成为推动美国区域科技创新和经济发展的主要动力。

　　德国"巴登—符滕堡模式"。巴登—符滕堡州主要为汽车工业自主技术创新区域,围绕着戴姆勒和奔驰形成了一群汽车配套企业以及电子企业和机械加工企业,集群内的核心企业、相关企业和支持机构共享同一个知识和技术网络,区域上的邻近使编码(codified)知识和非编码(uncodified)知识能够在相互信任的前提下更快地传播,从而产生了技术和非技术创新的溢出效应和合成效应。这一模式建立在"创新网络是保持企业长期竞争优势的有效方法"、"采用构建创新网络促进集群发展,更重要的是要发挥区域内主体的能动性"、"创新区域主体显性知识与隐性知识转化路径"等认识的基础上。德国是典型的政策引导型区域自主创新体系,从 1995 年开始,德国联邦和州政府开展了一系列扶持集群和促进集群化的政策,旨在通过集群的异质企业之间、企业和支持机构之间的互动达到知识和能力的新组合,实现合作创新。

　　日本"关东模式"。关东目前拥有以网络推进行动为主旨的八个大型区域创新网络,包括装备制造业、生物医药、网络信息等产业,均秉承"研发第一"的原则,呈现网络化发展和扩张的特征,成为拥有日本区域内创新集群最多的地域。日本是典型的研发驱动型区域自主创新体系,在日本建立区域创新体系的过程中,对研发资源的配置来自市场机制和政府政策导向的双重作用。日本政府根据市场需要,在不同创新阶断、不同创新主体之间对研发资源进行不同的配置,既是市场发展和科技发展的需要,也反映了政府对创新效率的评估。日本政府科技人力投入与资金投入的有关数据显示,日本区域创新体系在市场和政府的双重作用下,科技创新资源向科技研发方向倾斜,科技投入结构趋于优化。

韩国的"大德模式"。大德科学城被称为"韩国的硅谷",在该园区内现有30多个政府和民间研究所以及高等院校,包括三星、金星等大企业集团的研究所和著名的韩国科学技术院,形成政府、民间、大学共同开发科学园的局面,建立地区合作开发支援团,加速地方的高新技术产业化。韩国是典型的政府推动型区域自主创新体系。其主要在政府政策倾斜和资金投入导向下,依托大学合作科学园区或者大型企业研发中心建立区域性创新集群,加强产学研的集聚合作能力,缩短技术创新路径的模式。目前,韩国已建成或在建的大学合作科学园区十几个,较具代表性的有:首尔大学基础科学合作支援团、浦项工大的产业科学研究所,大宇高等技术研究院,延世大学的工学研究中心。

区域创新体系中的核心要素包括:企业、公共研究机构、教育培训机构、政府机构和金融机构。此外还包括一些辅助支撑要素,如中介机构、企业孵化器和信息网络等。区域创新体系建设包括创新体系中的产学研合作,知识、信息人员等要素在创新体系中的流动,政府政策对区域创新体系的影响,区域创新体系与产业及产业集群之间的关系。在区域创新体系构建前期,政府主导性强,中央政府按照策动原则,选择资助的区域,到了发展后期,地方自主性强,政府仅仅以资助的方式,辅助地方政府实施区域创新体系建设,以建成各具特色和优势的区域创新体系,形成功能互补、优势互补、协调发展的格局。

9.3.6 政府在国家自主创新体系建立中的作用

从发达国家自主创新体系建设的实践看,国家自主创新体系的实质是科技运行体制和机制的改革和创新,是政府在国家创新活动中主导职能的重大转变。各个发达国家普遍采用并取得显著成效的做法是加强中央政府对科技发展战略的顶层设计,大幅增加政府科技经费投入。建设以企业为主体的国家自主创新体系,政府的职能不能弱化,而是要建立一个政府创新职能完善与企业主体地位强化的双向互动协同发展的机制。国家自主创新体系建设的重点是制度体系建立,目的是为了促进创新参与主体之间的互动和联系,及经费、人员和知识在不同主体中的自由流动。政府主导创新体系的平台的构架,帮助企业在创新平台这个支撑体系中充分发挥其自主创新能力。

第一,政府在创新体系中的主导作用要体现在对创新战略发展的顶层设计和宏观调控上。单纯依靠行政力量直接配置创新资源和完全听任市场配置资源,都具有天生的缺陷。政府应该制定对经济运行实施宏观调控的制度框架和机制体系,而在这个框架内的调节则交由市场运行的程度和范围来决定。政府对于技术创新活动的顶层设计,主要反映在政府所公布的综合性国家科学技术基本计划和专门性科技计划中。以美国、日本和德国的国家自主创新体系发展历史为例,往往都是通过先立法,再引导市场行为,对创新活动作出规划性的大纲指导。

第二,政府在创新体系中的引导作用要体现在对创新环境的营造。政府不直接干预及指挥创新活动。从我国中长期规划的政策配方案来看,中央政府通过区域创新资源共享、产业创新平台建设等方式积极营造良好的创新氛围。另外,国家创新能力成长的重要保障就是良好的市场环境,给予民营企业与国有企业、外资企业相同的国民权利;减少区域、组织之间的沟通障碍,确保人才、资金等要素的自由流动。政府可通过参与技术创新活动的组织与协调,协助企业、市场、科研机构共同制定研发项目实施方案,并提出技术发展的标准。此外,政府可通过提供金融资源渠道、政策性税收调节等措施,辅助企业在国际竞争中取得先发优势。

第 10 章

新兴大国自主创新的政策框架

新兴大国具有"大国"和"新兴"两个基本特征。首先,新兴大国是大国,国家规模和市场规模大;其次,新兴大国是"新兴"的大国,经济增长速度快。20 世纪 90 年代以来,新兴大国的经济增长速度明显高于发达国家,也高于一般的发展中国家。但是,从总体上看,其属于数量型和粗放型增长。因此,新兴大国面临着推动经济持续增长和推动增长方式转型的任务。全社会劳动生产率是反映一个国家劳动生产效率的指标。根据国际统计年鉴的数据,2007 年的新兴大国如中国、俄罗斯、巴西、印度的全社会劳动生产率很低,分别为 4 260 美元/人、10 293 美元/人、14 475 美元/人、2 846 美元/人,分别是美国的 1/23.2、1/5.4、1/6.8、1/34.72。而且,新兴大国的全要素生产率、技术效率和能源使用效率都不高,与发达国家存在较大差距。为了追赶发达国家,实现可持续发展的目标,新兴大国必须推动经济增长的转型,实现经济发展方式由数量型到质量型、由粗放型到集约型的转变。其中最关键的问题,就是要把科技进步和创新作为加快转变经济发展方式的重要支撑,努力增强自主创新能力。可见,坚持走自主创新的道路,是新兴大国的必然选择。

10.1 新兴大国自主创新状况分析

以"金砖四国"为代表的新兴大国,从 20 世纪 90 年代末期开始了经济的快速增长,国家竞争力逐步提升。同时,科学技术获得了快速发展,自主创新能力有所增长。然而,从总体上看,与经济增长竞争力比较,自主创新能力的发展相对滞后。

俄罗斯是原苏联的主要继承者,原苏联是一个拥有雄厚的科学和创新能力的国家,俄罗斯继承了原苏联的几乎全部科技基础和重要成果。但是,20 世纪 90年代的经济改革带来的负面效应,导致俄罗斯的整体科技实力受到削弱。目前,俄罗斯的科技发展状况呈现以下特点:一是科技发展发展基础好,据评估,在国际公认的 70 种关键技术中,俄罗斯有 17 种技术的研制达到世界先进水平。二是经费投入不足,科研经费占 GDP 的比重有所下降,1992 年为 0.5%,1996 年下降到0.27%,1999 年下降到 0.24%。三是转化机制匮乏,研究项目与生产部门脱节,应用转化能力弱。进入 21 世纪后,俄罗斯出台了"构筑国家创新体系"的政策,明确了科技优先发展的领域,并且在逐步改革现有的科技管理体制和方式。

巴西政府重视发展科学技术事业,逐步建立了学科齐全的科学研究、技术开发和人才培养体系。20 世纪 90 年代,巴西开始启动科技政策的战略转变,创建国家创新体系。1990 年,巴西制定了国家科技发展新五年计划;1995 年又制定了1996—1999 年科技发展战略,制定了一系列政策措施;2000 年,巴西推出"新千年研究所计划"。目前,巴西在自动化信息技术、新能源技术、新材料技术、水电工程技术和生物技术等领域,均达到较高水平。巴西的国家科技创新体系有以下特点:一是通过立法确立科技政策,《科技进步法》规定全国对科技的投入保持每年5%的增长率,2000 年已占到 GDP 的 1.5%。二是完善风险投资机制,积极吸收私营企业和私人资本,促进高科技向产业转化。三是重视引进、消化再创新,国家设立新技术设施资金,用于支持引进技术的消化与创新。进入 21 世纪以来,巴西出台了"技术创新计划",大幅度增加研发投入,培育和发展战略性新兴产业,并将致力于科研体制改革,推动科技与经济结合。

印度政府重视发展高科技,努力追赶世界先进水平。1993 年把微电子技术、生物工程、超大型计算机、新材料的合成与加工、传感器以及计算机软件确定为国家科技发展的重点领域;1998 年提出"要使印度在十年内成为信息技术超级大国"的口号。目前,印度已成为仅次于美国的世界软件大国,它在国际上有竞争力的科技领域还包括核能开发、空间技术、生物技术和超导技术等。印度的国家创新体系有以下特点:一是科技政策以立法形式确定,确保科学技术在国家经济和社会发展中的地位,保持政府科技政策的长期性和连续性。二是实施"精英促进"战略,鼓励个人的创造精神,提升科学家的社会地位。三是建立风险资本机制,积极发展证券市场,形成资本市场与科技型企业发展的良性互动。但是,印度的经济发展总体水平低,科技总体实力弱。进入 21 世纪的印度,提出了"知识大国的社会转型战略",出台了一些研究机构的改革措施。

中国政府制定"科教兴国"战略,自 20 世纪 90 年代以来实施了多项科技发展计划,建立国家级高新技术工业园区,出台了一系列鼓励和促进技术进步的优惠政策。改革开放以来,积极引进国外先进技术;2003 年以后,政府开始鼓励自主创新,高新技术发展出现了较好的势头。目前,中国在信息技术、生物技术、航天技术、新材料技术等领域达到了世界先进水平。中国的国家科技创新体系有以下特点:一是政府主导型技术创新,制定了科技进步法,每个阶段都出台了国家科技发展计划。二是自主创新能力不足,通过技术引进提升了一般的行业技术水平,但难以掌握核心技术。三是科技成果转化率低,科技创新与产业创新结合不够紧密,风险投资机制不够完善。中国最大的问题是科技管理的行政体制难以有效地配置资源,虽然实施了一系列科技计划项目,但效果不够理想,资金浪费太大。21 世纪的中国正在致力于发展战略性新兴产业,同时提出了推动科技体制改革的措施,但由于管理体制的整体缺陷,制约了科技管理体制改革的进程。

根据《全球竞争力报告》提供的数据,可以将"金砖四国"的增长竞争力、技术进步和创新指标编制为表 10.1。

从表 10.1 中可以看到,俄罗斯的增长竞争力指数最高,在 66—75 之间;科技进步指数也属最高,在 66—75 之间;而创新指数最低,在 25—35 之间。巴西的增长竞争力指数呈上升趋势,在 45—73 之间;科技进步指标最低,在 35—50 之间;

表 10.1 "金砖四国"的增长竞争力、科技进步和创新指数比较

指　标	年份	俄罗斯	巴西	印度	中国
增长竞争力	2002	66	45	54	38
	2003	70	54	56	44
	2004	70	57	55	46
	2005	75	65	50	49
	2006	74	73	47	58
科技进步	2002	66	35	57	63
	2003	69	35	64	65
	2004	67	42	63	62
	2005	73	50	55	64
	2006	73	49	53	84
自主创新	2002	35	53	62	61
	2003	27	60	66	70
	2004	25	59	67	70
	2005	29	68	76	75
	2006	30	71	77	75

资料来源:根据《全球竞争力报告》各年相关资料编制。

创新指数却较高,在 53—71 之间。印度的增长竞争力指数较低,在 47—56 之间;科技进步指标不高,在 53—64 之间;创新指数却最高,在 62—77 之间。中国的增长竞争力指数不高,在 38—58 之间;科技进步指数最高,在 62—84 之间;创新指数也高,在 61—75 之间。这就说明,俄罗斯的增长竞争力在上升,科技基础较好,但创新能力在下降;巴西的增长竞争力在上升,科技进步状况一般,但创新能力在增强;印度的增长竞争力和科技进步状况呈下降趋势,但创新能力呈上升趋势;中国的增长竞争力在上升,科技进步状况和创新能力也呈上升趋势。"金砖四国"之间比较,增长竞争力的排位是:俄罗斯排第 1 位,巴西排第 2 位,中国排第 3 位,印度排第 4 位;科技进步的排位是:中国排第 1 位,俄罗斯排第 2 位,印度排第 3 位,巴西排第 4 位。创新能力的排位是:印度排第 1 位,中国排第 2 位,巴西排第 3 位,俄罗斯排第 4 位。印度的增长竞争力和科技进步指标都不高,而创新指标却很

高,可见,印度在自主创新方面有独特的优势。

有的学者专门分析了基于 ESI 的"金砖四国"基础研究产出规模和影响力,认为虽然与 G7 国家相比仍有较大差距,但巴西、印度和中国增长迅速。俄罗斯基础较好,但发展缓慢。"金砖四国"的数理化、材料科学、工学和农业等领域相对较强,而医学、生物和社会科学等领域相对落后,见表 10.2。

表 10.2 "金砖四国"与西方七国基础研究产出分析情况(1999—2009 年)

学 科	指标	巴西	俄罗斯	印度	中国	BRICs 平均	G7 平均
农业科学	P	7 826	1 847	10 053	6 075	6 450	13 141
	C	20 241	3 024	24 139	24 277	17 920	97 223
	CPP	2.59	1.64	2.40	4.00	2.66	7.23
生物学与生物化学	P	9 660	10 679	12 734	23 512	14 146	59 008
	C	64 552	74 930	81 519	143 865	91 217	1 105 939
	CPP	6.68	7.02	6.40	6.12	6.56	16.89
化学	P	18 057	58 963	55 910	147 542	70 118	87 234
	C	113 539	178 503	315 075	789 223	349 085	1 097 700
	CPP	6.29	3.03	5.64	5.35	5.08	11.71
临床医学	P	27 702	12 378	22 426	43 972	26 620	207 509
	C	197 157	43 255	111 515	327 774	169 925	2 929 954
	CPP	7.12	3.49	4.97	7.45	5.76	13.19
计算机科学	P	2 945	3 084	3 892	20 064	7 496	22 482
	C	5 295	3 887	8 989	35 008	13 295	89 688
	CPP	1.80	1.26	2.31	1.74	1.78	3.38
经济管理	P	618	350	899	3 745	1 403	15 288
	C	1 639	1 068	2 301	17 043	5 513	96 665
	CPP	2.65	3.05	2.56	4.55	3.20	4.61
工学	P	9 392	20 829	22 224	63 523	28 992	62 394
	C	34 250	51 871	64 708	198 521	87 338	293 436
	CPP	3.65	2.49	2.91	3.13	3.05	4.47

续表

学　　科	指标	巴西	俄罗斯	印度	中国	BRICs 平均	G7 平均
环境/生态学	P	5 037	2 550	6 100	12 653	6 585	22 244
	C	35 920	13 358	27 699	66 347	35 831	255 324
	CPP	7.13	5.24	4.54	5.24	5.54	10.57
地学	P	3 492	18 577	7 891	19 526	12 371	28 114
	C	23 662	62 464	31 644	109 979	56 937	309 195
	CPP	6.78	3.36	4.01	5.63	4.95	10.16
免疫学	P	2 195	427	1 555	2 728	1 726	14 560
	C	21 773	4 374	11 025	18 012	13 796	333 091
	CPP	9.92	10.24	7.09	6.6	8.46	21.21
材料学	P	5 997	15 878	18 526	70 421	27 706	30 688
	C	24 513	38 458	78 676	259 964	100 403	230 775
	CPP	4.09	2.42	4.25	3.69	3.61	7.03
数学	P	3 849	11 826	4 480	23 865	11 005	21 964
	C	10 053	17 369	7 739	57 086	23 062	79 358
	CPP	2.61	1.47	1.73	2.39	2.05	3.34

资料来源:《中国科技论坛》2010 年第 1 期。

表 10.2 中的 P 表示论文数量,C 表示总被引次数,CPP 表示篇均被引次数。可以看到,"金砖四国"在化学、材料等领域发表论文的平均数已接近 G7 国家发表论文的平均数,但其他领域均还不到 G7 国家发表论文平均数量的 50%;特别是在临床医学、经济管理、免疫学等领域,仅为 G7 国家发表论文平均数的十分之一左右。同时,从总被引次数看,一般为 G7 国家的 30% 左右;但从篇均被引次数看,多数已接近 G7 国家的 50% 左右,其中经济管理、工学、数学等领域的篇均被引次数已接近 G7 国家的水平。这就说明,相对发表论文的数量而言,"金砖四国"发表论文的数量和影响力是比较高的。

《欧盟创新竞争力报告》显示,新兴大国科技投入的增长速度远高于发达国家,从 1995 年到 2008 年,巴西、俄罗斯、印度的实际研发投入增加 145%,中国甚至达到 855％，而欧盟仅为 50％，美国为 60％左右。同时，新兴大国科技产出的增加速度也远高于发达国家，从 2000 年到 2008 年，中国国际论文的年增加速度为 17.5％，巴西为 12.2％，印度为 10.2％，而美国和法国仅为 2.5％，英国为 1.7％，日本为 0.3％。这就说明，"金砖四国"的科技进步具有后发优势。而且在某些领域，"金砖四国"显示出了相当的实力。印度成功发射了一艘非载人登月飞行器，在汽车、制药、信息技术和电信领域具有优势地位；巴西在可再生能源、生物燃料和环境领域具有优势地位；《光明日报》2012 年 3 月 31 日的《全球创新报告》表示，中国在航天技术、农业科技领域具有优势地位；俄罗斯在航天技术领域处于领先地位。

10.2 新兴大国自主创新道路的基本框架

自主创新是一个综合性的概念，它是包括创新主体、创新内容和创新环境的有机整体。根据新兴大国的特点，应该突出政府在创新中的主导作用，突出自主创新投入的增加和环境的改善，突出创新成果应用和产业化机制的构建。因此，新兴大国的自主创新道路的基本框架，应该包括自主创新的主体、内容和环境。

10.2.1 自主创新主体

创新体系的主体要素即创新执行机构，它是创新行为主体，包括政府、企业、高校、科研机构和中介机构等。新兴大国外在转型的过程中，自主创新缺乏完善的机制，因而需要科学地处理各种主体的关系，充分发挥各种主体的自觉能动性，从而为自主创新提供内在的动力。首先，新兴大国的创新应该以政府为主导。新兴大国属于后发型国家，美国经济史学者格申克龙认为，在后发国家的现代化进程中，制度因素的作用特别突出。目前，巴西和中国的技术创新模式都是政府主导型模式,俄罗斯的大型企业主导型模式是政府主导型模式的一种表现形式,印度的重点产业带动型模式也是政府主导型模式的一种表现形式。而且,欧美发达国家和亚洲四小龙的现代化进程,都与政府的产业政策和科技政策的引导、推动作用相关。因此,新兴大国应该完善政府主导型模式,通过制定国家政策、科技计划、投资基金等形式,充分发挥政府引导和推动科技创新的作用。其次,新兴大国的创新应该以企业为主体。新兴大国是处在"转型期"的国家,正在建立和完善市场经济体制,因而在创新中应该充分发挥企业作为技术创新主体的作用,激发企业技术创新的内在动力,鼓励企业增加研发投入。要围绕转变经济发展方式,引导企业通过技术进步提高发展质量,由粗放发展向集约发展转变。再次,新兴大国的创新应该以高校和科研机构为依托。无论哪个时代,高校和科研机构都是创新的重要发源地,它们的创新能力和水平是一个国家或地区创新能力和水平的重要标志。在现代社会中,不仅基础科学创新,而且包括某些技术甚至产业的创新,都是以高校和科研机构为依托的。总之,新兴大国的创新主体设置,应该科学地处理政府、企业、高校和科研机构的关系,使各种主体能够科学定位,形成全社会推动科技创新的格局。

10.2.2　自主创新的内容

创新的内容即创新的重点领域,它是创新体系的实质性要素。根据大国发展的规律,应该将基础研究和应用研究有机结合,各个产业部门的技术创新协调发展;同时,要注意整体推进和重点突破相结合。首先是基础研究和应用研究相结合。俄罗斯应该在发挥基础研究优势的同时,重振高新技术产业的发展;中国既要加强基础研究,也要重视科技成果的应用和转化;印度要重视科学技术的普及,改善整体的科技进步状况。其次是各个产业部门技术创新的协调发展。俄罗斯不仅要发展军工技术的创新,更应该重视军工技术向民用技术的转化;中国不仅要重视传统产业的技术创新,而且应该培育和发展战略性新兴产业;印度不仅要重视软件产业的技术创新,而且要重视其他产业的制度创新;巴西不仅要重视航天技术和清洁技术,同时要重视制造业的技术创新。再次是整体推进和重点突破相结合。与大国产业部门齐全的特征相联系,技术创新应该选择整体推进战略,以适应国民经济的全面发展。同时,也要根据本国的特点,选择一些重点支柱产业,在关键核心技术方面取得突破,形成竞争优势,通过技术创新带动产业创新。

10.2.3 自主创新环境

创新体系的环境要素是创新行为发生的外部条件,也是制约创新效果的重要因素,包括创新资源、创新机制和创新政策等。根据新兴大国的特点,需要培养高层次创新人才,完善创新活动的机制,制定和实施有利于创新的政策,从而为自主创新提供优良的外部条件。首先,新兴大国应该积极引进和培育高层次人才。美国之所以能够崛起成为世界强国,并且保持强盛不衰的势头,一个重要原因就是吸引了世界各国的高层次科技人才。近20年来,中国、俄罗斯曾经被欧美发达国家吸引了大量的科技人才,巴西和印度的情况比较好,特别是印度的"精英促进战略",引进和培养了一批高科技人才。近几年来,中国的情况开始好转,由于经济繁荣和优惠政策的作用,一些欧美留学的科技人才开始回流,有的已经进入各地的科技创业园,创办高科技企业。新兴大国应该借鉴美国和印度的经验,通过提供优厚的待遇和良好的创业环境,吸引和培养高层次科技人才,积累创新的人力资源。其次,新兴大国需要完善创新的机制。处在"转型"过程中的新兴大国,市场经济的体制和机制还不够完善,从而影响了创新主体的积极性和创造性的发挥,影响了创新活动效率的提升。中国尚未健全科研成果转化的机制,高等院校作为制造科研成果的重要基地,存在与生产企业脱节的情况;风险投资机制尚未建立,制约了科技成果的应用和转变。俄罗斯在基础研究领域保持较高水平,但也缺乏应用的机制,科技人员和企业都缺乏积极性,因而高新技术产业发展滞后。为此,需要转换机制,建立和完善市场运行机制、分配激励机制及公平竞争机制,保证创新活动的有效运行。再次,新兴大国需要改善创新的政策环境。处在上升期的新兴大国,政府政策的引导和支持特别重要。印度政府重视创新政策的制定和发布,还需要更好地发挥政策的促进作用;俄罗斯、巴西和中国不仅制定政策,而且重视对创新活动的规划和指导,但俄罗斯只重视发挥大企业的作用,而忽视了中小企业在创新中的作用;中国的问题则在于执行过程中的制约因素较多,政策实施的效果不佳。为此,需要改善创新的政策环境,既遵循科技发展规律,制定合理的引导和激励政策,又重视政策的执行,提高政策实施效果。

10.3　新兴大国自主创新能力提升的路径

进入新世纪以来,伴随着新兴大国的经济快速增长,国际竞争力逐步增强,创新竞争力也有所改善。然而,同美国等发达国家相比,无论在创新投入还是创新环境和创新产出方面,都存在较大的差距。为此,新兴大国应该借鉴发达国家的成功经验,针对目前存在的战略思路和体制机制方面的问题,采取积极有效的政策措施,探索新兴大国自主创新能力提升的路径。

10.3.1　促进技术创新模式的转变,努力掌握一批关键核心技术

遵循技术创新模式演进的规律,技术创新将从模仿创新、合作创新到自主研发依次地演进。三种模式对要素禀赋和技术能力的要求是不同的,当一个国家所拥有的要素数量和质量上升到一定程度的时候,其技术能力也会上升到一个层次,从而决定了该国必须选择相应的技术创新模式。在新兴大国发展的起步阶段,采取的是要素驱动型技术创新模式,根据技术差距理论,随着新兴大国与发达国家技术差距的缩小,从国际上可获得技术的范围越来越小。特别是由新兴大国庞大的资源规模、自成体系的国内市场、举足轻重的影响力和强烈的发展欲望所决定,在要素禀赋和技术能力发展到一定程度的时候,必然选择自主研发这种自主创新模式。

改革开放以来,中国在模仿创新、合作创新方面取得了重要成就,为中国经济的快速增长作出了积极贡献。一些产业通过引进国外比较先进的技术和设备,形成了相对的技术优势。然而,当经济发展到一定阶段的时候,增长方式需要转型,技术创新模式也需要转型。一方面,发达国家对新兴国家实行某些范围的技术封锁,不可能把最先进的技术和重点产业的关键核心技术转让给新兴国家;另一方面,依靠引进促进发展的"捷径"在某种程度上助长了"惰性",削弱了国内企业的自主创新能力。这样,就形成了一种"引进—落后—再引进—再落后"的怪圈。如果不破除对旧的发展路径的依赖,我们目前面临的缺乏关键核心知识和拥有自主知识产权的核心技术的问题将愈来愈突出,产业国际竞争力的提升将面临巨大的挑战。中国在这方面的问题相当严重,其他新兴大国也存在这个问题,这应该是新兴大国实现增长转型、提升国际竞争力所共同面临的重大问题。从"金砖四国"的情况看,俄罗斯掌握的核心技术较多,但是在民用技术方面不多;印度、巴西和中国都有一些核心技术,但是数量很少,以中国为例,20世纪80年代以来实行改革开放政策,通过"以市场换技术"的形式引进了一些国外先进技术,目的在于利用"技术外溢"效应,使引进的技术产生扩展。然而,由于发达国家的"技术封锁",我们学到的往往是普通的技术,而不可能学到关键核心技术。实际上,自主研发才是掌握关键核心技术和前沿技术的有效途径,新兴大国应该自主研发高新技术。事实表明,大国的发展具有阶段性,在其经济发展初期也就是罗斯托讲的为经济起飞准备条件的阶段,利用"后发优势"进行学习和模仿创新,可能大幅度地节约创新的成本,达到追赶发达国家技术的目的。但是,随着大国经济发展到起飞阶段,就应该转变经济增长方式,提升自主创新能力,选择关键领域进行组织研发。目前,俄罗斯处在"复兴"阶段,中国、印度和巴西处在"崛起"或"起飞"阶段,需要转变科技发展战略,把重点转向掌握关键核心技术。

为此,新兴大国的政府和企业应该增强自主创新的紧迫感,根据各国的产业发展重点和技术进步状况,选择国民经济和社会发展的重点领域,组织联合技术攻关,力争取得一批走在世界前沿的关键核心技术。

10.3.2　完善"产学研"一体化机制,以技术创新带动产业创新

怎样通过技术创新带动产业创新,从而促进经济增长与转型,这也是关系着新兴大国自主创新效果的重要问题。中国这个曾经拥有"四大发明"科技成就的文明古国,却没有带动产业的发展,在近代科技革命中变得无声无息,由此提出了"李约瑟之谜"。相反,西方国家发明的蒸汽机、发电机和电子计算机,却一次一次地带动产业的发展,引发了产业革命和工业繁荣。可见,怎样实现以科技创新带动产业创新,这是我国科技发展中一直没有解决好的难题。我们采用 CCR 和 BCC 模型对"金砖四国"创新体系效率进行实证分析,发现无论是研发效率还是科技成果向经济的转化效率都处于较低水平。发达国家(CGT)的技术效率均值为 0.770 865,规模效率均值为 0.990 327;"金砖四国"的技术效率均值为 0.228 798,规模效率均值为 0.283 339。关键的原因在于:"金砖四国"创新行为主体的错位以及联动机制的缺失,以及有效改善研发效率和促进科技成果转化的创新环境的缺乏。根据发达国家的经验,完善的国家创新体系应该以政府为主导、企业为主体、高校和科研机构为依托、中介机构为桥梁。目前,我国已经提出了"产学研"相结合的科技创新模式,但是要形成完善的机制,还需要各个行为主体准确定位:第一,实现政府由"项目推动型"为主,向"环境建设型"为主的转变。政府部门要改变以"项目推动"为主的行为方式,尽可能少干预企业的微观经济活动,把精力集中到顶层设计、战略规划和环境建设上来,努力营造一个有利于"产学研"结合的良好环境。第二,实现高校和科研机构由"技术供给导向型"为主,向"市场需求导向型"为主的转变。科研部门要改变主要做政府项目或者自己提出研究项目,然后将科研成果供给企业的行为方式,尽可能了解市场和企业的需求,主要从企业的需求中提出课题,把精力集中到主要解决企业急需的技术难题上来,努力满足技术市场的需求。第三,实现企业由"创新跟踪型"为主,向"主动控制型"为主的转变。企业要改变被动接受科研部门成果的行为方式,尽可能做技术创新的"发起者"和产业创新的"控制者",真正成为创新的主体。同时,要针对我国科技中介

服务体系较为薄弱的情况,致力于推进社会化和网络化的科技中介服务体系建设,加强信息网络、企业孵化器、公共技术服务平台以及政策法律环境建设。

金融危机发生以后,主要发达国家加大了科技创新的投入,通过发展新技术和培育新产业,创造新的经济增长点,抢占新一轮经济增长的战略制高点。新兴大国步入力量上升期,应该抓住这个战略机遇,通过技术创新和产业创新,摆脱在国际经济竞争中长期处于价值链低端的被动地位,努力提升国际经济竞争力。目前,"金砖四国"开始启动培育战略性新兴产业的计划,我国政府已经确定培育和发展战略性新兴产业的重点领域,关键的问题是合理地配置研发资源,并促进产业组织的演进。

纵观世界经济的发展,研发活动已经成为新兴产业培育的重要环节,产业集群成为现代产业发展的新模式。为此,我们应该致力于完善产业创新的组织演进机制,促进新兴产业从研发、孵化、生产到集群。第一,加强战略性新兴产业的研发资源配置。树立战略和全局观念,集中研发资源投入到战略性新兴及其关键技术和开发,拓展新能源产业、新材料产业和新能源汽车产业的融资渠道,建立政府专项资金和风险投资基金,发挥企业的研发和投资主体作用。第二,利用科技工业园区变成经济开发区的状况,借鉴美国的经验,积极吸收高等学校和科研机构进入园区,建立企业产学研"战略联盟",探索产学研结合的有效模式。第三,建设战略性新兴产业集群。以科技创新为依托,根据要素条件和技术能力建设产业集群,构建企业、产业、政府及中介组织的网络联系机制,形成产品设计、研发、生产的模块化和组织形成的模块化,并引导产业集群嵌入全球价值链,走向高端发展的道路。

10.3.3 完善国家创新系统和体制机制,营造有利于自主创新的国内环境

为了培育持续的创新能力,需要构建完善的国家创新系统,并建立国家创新体系高效运行的体制机制。要努力创造实现技术创新模式转变的条件,从主要致力于培育社会能力(即那些不能轻易纳入常规生产函数的发展激励)和学习能力

（即消化吸收新知识和新技术的能力），转变到致力于培育人力资本和社会资本，完善创新的体制机制和国家创新系统。具体地说，第一，要制定系统的创新支持政策，包括有利于自主创新的政府采购政策，税收激励政策和人才激励政策，引导企业、高等学校和科研院所独立或合作开展自主创新活动。第二，要制定自主创新的融资政策，建立自主创新基金和中小企业创新基金，实行优惠的金融政策，为技术研发和成果转化创造良好的融资环境。第三，要建立宽严适度的知识产权保护制度，既保护创新主体的创新冲动和积极性，又适度保护国内企业和产业的竞争优势。第四，要加强技术创新基础设施建设，健全和完善网络数据库，搭建创新信息平台，为创新主体获取文献和信息提供便利。

完善新兴大国自主创新的体制机制，应该发挥市场调控和政府调控的作用，有效地配置创新资源和研发资源。一是完善公平竞争的机制。竞争是创新的动力，不管企业创新还是个人创新，都需要有公平竞争的环境。在这种环境中，市场竞争主宰着经济主体的行为和命运，不存在阻止竞争活动的障碍，创新活动可以获得利益，创新行为及其结果都会受到鼓励，知识产权能够得到保护。二是完善市场调控的机制。在市场经济体制下，市场是配置资源的基础。从根本上说，技术创新的资源也应该通过市场机制配置；只有依靠市场机制，才能形成技术创新的内在动力。因此，需要建立和健全市场经济体系，完善要素市场、金融市场、技术市场和产品市场。三是完善政府调控的机制。从美国、日本等发达国家的经验看，政府都重视技术创新计划和政策的制定，国家有明确的政策导向；从新兴工业化国家的经验，政府推动技术进步的主导作用非常突出，显示了"强政府"的力量。可见，技术创新是一种政府责任。总之，新兴大国正处在"转型"的时期，市场经济体制还不够完善，自主创新的机制有待健全。因此，要积极探索政府与市场有效发挥作用的机制，从而为自主创新提供有效的机制。

10.3.4　完善国际科技合作交流机制，构建"金砖四国"科技合作交流平台

经济全球化已经成为世界性的趋势，其中包含着科学技术的全球化。新兴大

国应该发挥后发优势,充分利用自主开放的国际环境,搭建技术引进和服务公共平台,提升技术引进的层次和效率,在掌握国际前沿的基础上实现高水平的自主创新。发达国家拥有成熟的先进技术和良好的创新机制,最大限度地利用这些技术资源和制度资源,可以尽快缩小新兴大国同发达国家的技术差距,在追赶发达国家的基础上,实现技术跨越,成功地引进消化吸收再创新。

胡锦涛在叶卡捷琳堡峰会上的讲话指出,"金砖四国已从一个经济学概念发展成为一个新的国际合作平台"。各国在科技领域有互补优势,存在广泛的合作空间。而且,新兴大国要突破四方国家的技术壁垒,并从外部获取短期的技术资源,都需要加强科技合作与交流。首先,应探索"金砖四国"科技合作交流的模式,采取政府间联合资助设立国际科技合作计划、政府间开展实施资源计划以及政府采购项目下的国际科技合作等形式,拓展合作交流的渠道。其次,应构建"金砖四国"科技合作交流平台,建设服务网络、服务联盟、咨询专家队伍和服务人才队伍,建设人才交流和人力资源开发平台。同时,可以考虑成立国际合作组织,制订"金砖四国"科技合作办法,引导合作的方向,营造科技合作交流的法律环境和政策环境,完善科技合作交流的机制保障。

第 11 章

"金砖四国"科技合作平台构建

随着经济全球化进程的加快,科技国际化已经成为经济和社会发展的重要推动力量,以科技为核心的国际竞争也日益激烈。开展国际科技合作与交流工作是保持一个国家科技创新能力的重要前提之一。通过科技合作与交流,掌握世界科学技术发展的新趋势,及时分享研究成果和管理理念,才能具备创新思想,具有国际竞争力和开拓能力。"金砖四国"作为新兴经济体,在科技领域有互补优势,存在广泛的合作空间。近年来,"金砖四国"在科技合作与交流方面活动日益频繁,广度和深度不断得到强化。但目前四国的合作主要还是一种粗放式的双边合作,需要进一步推动"金砖四国"加强科技合作与交流,这对于更好地利用"金砖四国"的科技资源,大力拓展四国间的科技合作领域,加强科技成果转化和技术转移,积极探索"金砖四国"科技合作与交流的新模式和形式,构建高效的科技合作与交流平台,具有十分重要的意义。

11.1 "金砖四国"科技合作的必要性和可行性

11.1.1 必要性分析

当前,全球经济一体化趋势日益增强,使得国家间的联系和相互依赖性日益加深,跨国和跨区域的合作也不断扩大。其中,科技合作始终是合作的重要内容。

伴随着科技全球化的浪潮,全球性的国际科技合作呈现出加速发展的趋势。在国家层面上,各国政府之间以双边或多边进行的科技合作也日益增强。这是因为任何一个国家或地区都不可能具有其经济发展所需的一切资源和生产要素,不可能独立地解决所有的科技问题,也不可能同时在所有科学技术领域都居于世界前列,因而必须通过国际科技合作来取长补短、互通有无,使各类资源、知识、智力、技术和生产要素在国家或地区之间实现优化配置。因此,对于"金砖四国"来说,在国家层面上开展四国间的科技合作与交流是非常必要的。

（1）"金砖四国"科技合作与交流有利于开展现代科研。现代科技的复杂性导致单个国家难以完成某一重大课题,而需要各方精诚合作,紧密配合。随着科学技术的发展,科学研究的设备和设施日趋大型化和复杂化,科学研究的规模、科研经费和人力的投入也越来越大,任何一个国家或者组织都很难单独承担大规模的现代科学研究项目。例如,人类基因组计划的实施就是由多个国家共同合作完成的。"金砖四国"作为新兴大国,对基础性研究均十分重视,但是无论是中国、俄罗斯、印度还是巴西,在某些尖端科技领域均难以具备齐全的科技能力,因此需要在国际上谋求合作。

（2）"金砖四国"科技合作与交流有利于"金砖四国"产生规模经济效益。国际科技合作为"金砖四国"产品生产规模的扩大和生产要素收益的提高,提供了广阔的前景。通过四国国际科技合作,生产要素从丰裕的国家流向稀缺的国家,与当地丰裕的生产要素组合,形成新的生产能力,带来更大的经济效益。同时,国际科技合作使不同国家具有优势的生产要素结合在一起,产生较大的规模经济效益。这是因为在扩大各类要素投入的条件下,生产规模扩大,收益增加。由于规模经济利益是建立在最低的生产成本和最佳的市场容量的基础之上的,所以选择适合的科技合作模式,不仅可以把各国间各自有优势的生产要素结合在一个实体中共同从事产品的生产,还可以在市场销售方面进行合作,共同研制、开发、生产和销售新产品,以致产生完全意义上的规模经济效益。

（3）"金砖四国"科技合作与交流有利于"金砖四国"从外部获得短缺的技术要素,推进产业升级。"金砖四国"由于社会条件不同,在科技合作中所处的地位不同,因而从经济全球化导致的科技合作中所获得的利益也不同。"金砖四国"在市场、产业规模、资金、技术和管理等方面具有一定的互补优势,可促进"金砖四国"形成具有较强竞争力的开放型经济。许多国家和地区的经验表明,经济的高速增长都要求产业技术结构升级,因此"金砖四国"可以在国际化科技合作的大环境中,通过有效的科技合作方式,利用外部技术资源获得经济增长所需的短缺要素,并使其与本国的后发优势有机结合,在更长时期内保持经济的较高增长速度,提高技术能力、研发水平等,缩小与发达国家间的技术级差,从而实现产业升级。

11.1.2 可行性分析

"科学没有国界",科学技术是人在认识自然现象、探索和利用自然规律的长期实践中发展起来的。科学技术可以在国家间转移,技术转让可以跨越国界。加强国际科技交流与合作是一种必然的趋势。科学技术本身的国际性和共享性为"金砖四国"间开展国际科交流与合作提供了可能性。"金砖四国"开展科技合作与交流的可行性主要体现在以下几个方面。

(1)"金砖四国"作为新兴大国,在国际竞争中具有相似的利益诉求。"金砖四国"依靠自身能力仍无法在短期内缩小与西方发达国家的科技水平差距,并不足以打破西方发达国家的垄断地位和技术壁垒;协调与西方国家在技术引进方面的利益冲突仍然是"金砖四国"在今后很长一段时间内的主要矛盾。但"金砖四国"通过不断培育新兴国际科技合作市场,积极探索打破西方发达国家的技术壁垒的方式和方法,取得了良好的效果,如何进一步推进新兴国际科技合作市场的建设及其布局、增强国际科技合作符合"金砖四国"的利益诉求。

(2)"金砖四国"间具有一定的历史合作经验与合作基础。四国间的科技合作与交流均有一定的基础。如中国与俄罗斯、印度与俄罗斯在 20 世纪 50 年代就开始实施技术合作,积累了丰富的经验。近期,巴西与俄罗斯签署了军事—技术合作协议,利用和开发俄罗斯全球卫星导航系统合作计划。中国与印度、巴西间的合作也日益加深。

（3）"金砖四国"在科技资源、创新能力方面互有优势，能在一定的程度上实现互补。"金砖四国"科技各具优势，发展模式呈现不同的特点，使相互合作具有较大的互补性和发展空间。印度在信息技术、生物医药技术、精密制造、核能应用、航天、信息通信等方面具有较强的技术实力，中国在航天技术、激光技术、超级稻及其他农作物杂交技术、反卫星武器技术、巨型水电站建设技术、智能机器人技术等方面处于世界领先地位，俄罗斯在航空航天、生物、新能源与新材料等领域拥有世界领先技术，而巴西在生物医药、传染病研究方面处于世界较前位置。

（4）现代信息技术——网络技术可以构建良好的平台，可以弥补四国地理空间上的距离。不断发展的互联网技术为"金砖四国"科技合作与交流平台的建立提供了软件和硬件保障。四国的科技网络的建设也粗具规模，各国基本上都建立了具有本国特色的科技信息网和国际合作平台。四国现在某些对个别国家的经贸科技合作的网站为信息平台的内容及运作模式提供了依据和经验。

11.2 "金砖四国"科技合作的现状及未来合作领域

从 20 世纪 80 年代开始，"金砖四国"加强了经济技术方面的合作；进入 21 世纪，其合作的内容也在逐步增加。

11.2.1 "金砖四国"科技合作交流现状分析

1. 中俄科技合作交流现状

中俄两国在科技创新方面各有优势，有着很大的互补性，地缘政治因素客观上也推动着中俄两国之间广泛的互利合作。1992 年 12 月 16 日中俄双方正式签订《中华人民共和国政府和俄罗斯联邦政府科学技术合作协定》；2000 年 11 月中俄两国正式签署《创新领域合作的谅解备忘录》;2006 年和 2007 年中俄两国互办 "国家年",表明两国政府对科技合作的高度重视。近年来,两国科技合作取得很大进展,双方都从中获得很大利益。从战略高度继续扩大两国的科技合作,增强两国的创新能力,"做共同创新的科技合作伙伴"成为两国战略协作伙伴关系的重要内容。在 2010 年中俄科技合作分委会例会上,双方讨论了从政府层面推动开展一些中长期、大规模科技合作项目的问题,并为此交换了一批重点合作项目清单。这些项目所涉及的领域基本上是俄罗斯的优势领域,而且绝大多数在我国中长期科技发展规划纲要中也是重大或重点项目,开展好这些项目的合作有助于通过有效的合作提高两国科技合作水平。

2. 中印科技合作交流现状

从 1988 年双方签订第一个政府间科技合作协定至今,两国的有关部门签署了 20 多个部门间的科技合作协议和备忘录。双方已经举行了 5 次科技联委会会议,确定了几十个项目。中印科技合作已经涉及农业、生物技术、化工、医学、电子和新材料等许多领域,具有相当的广度和深度。2006 年 9 月,中印两国科技部在北京签署了《科技合作谅解备忘录》,成立部长级中印科技合作指导委员会,这是双方在科技合作方面迈出的积极步伐,将进一步协调解决双边合作中的战略性问题,指导和促进两国科技合作的发展。2006 年双方发表了《联合宣言》,制定了深化两国战略合作伙伴关系的"十项战略",其中一项重要内容就是促进科技领域合作。双方认为应在科技领域建立中印伙伴关系,并同意在以下 4 个领域联合开展合作:地震工程学、气候变化和天气预报、以先进材料为主的纳米技术、以生物纳米为主的生物技术和制药。中印两国同为世界发展中大国,科技发展水平、模式和内容各有千秋,具有不同的特点,因此加强中印科技合作与交流可以发挥各自优势,取长补短,增进了解,形成良好的即竞争又合作的互惠关系,为两国的经济发展和科技进步作出贡献。

3. 中巴科技合作交流现状

2001 年,双方签订了信息、生物技术、新材料合作的备忘录,2009 年签署了《中国科技部和巴西科技部科技与创新合作工作计划书》,2010 年双方宣布建立

"巴—中技术革新、气候变化及能源中心"。该中心将由里约热内卢联邦大学和清华大学共同主持,以推进两国大学间的合作与交流,加强两国科技创新与可持续发展。该中心的宗旨是面向目前共同的挑战,包括环境污染、气候变化、清洁能源、能源效益、核能等。20多年来,中巴双方签署的科技合作协定、协议和议定书等文件有20多个。双方科技界高层互访不断,来往考察团组十分频繁。中巴科技合作领域相当广泛,涵盖了航天航空、信息技术、通信、水电、农牧业、林业、医学医药、环保、地质、交通能源、化工、生物技术、水产养殖和新材料等。

4. 俄巴科技合作交流现状

1997年,两国发表联合公报,宣布成立俄罗斯巴西高级合作委员会(CAN),俄巴高级合作委员会下属俄罗斯巴西政府间经贸和科技合作委员会(CIG)。俄巴政府间经贸和科技合作委员会的工作主要通过6个工作组展开:经济贸易合作组、科学技术合作组、能源领域合作组、民用空间技术合作组、战略技术合作组和农业合作组。科技合作事关俄巴两国的共同利益。两国技术合作已经在许多领域取得了成绩,包括光电子学、生物技术、激光技术等。最近俄罗斯与巴西的科技人才合作卓有成效。越来越多的俄罗斯科研人员与巴西大学及科研机构签约,在巴西出席研讨会、学术会议或从事研究工作。通过大学校际合作,两国科研人员和学生交流日益频繁。在1997年签署的政府间合作协议框架下,俄巴两国在民用空间开发、应用技术等方面进行了合作。两国航天局保留了互派专家机制。第四次俄巴政府间经贸和科技合作委员会会议后,为深化双边合作,双方签署了改良巴西"VLS"空间运载火箭的合作意向书。俄罗斯科研机构还参与了"巴西地球同步轨道卫星"(BGS)项目中通信设备的研究工作。

5. 俄印科技合作交流现状

俄罗斯自1955年援建印度Bhilai钢铁厂,至1987年原苏联在印度共完成此类科技项目70个。1994年12月,俄双方签署了内容涉及经济、贸易、航天科技和军事技术合作协议,加强了在核技术和航天领域的合作。近年来,双方在军事技术合作方面,俄印两国军事技术合作的内容十分广泛,涉及印度各军兵种的主战武器装备,包括空基导弹、地空导弹、第五代战机、潜艇、军事装备零部件以及航空、航天、舰船、兵器、电子、核等多个军工技术领域。

6. 印巴科技合作交流现状

1990 年巴西与印度签署了科技合作协议。1996 年卡多佐总统访问印度期间,强调了双方科技交流与合作的重要性。目前巴印的科技合作主要是在信息领域相互提供技术与服务,并在信息领域大力发展贸易。2000 年 11 月巴西科技部与印度信息技术部签署了谅解备忘录。2001 年双方组建了"巴印专题研究组",首要任务是探讨在先进的信息技术方面进行合作研究、设计和开发的可能性,探讨开拓第三国市场,开展电子贸易,并在电子管理、信息安全、计算机监控犯罪、银行自动化,以及通过教育手段开发人力资源等方面进行合作。2001 年 7 月印度科技部部长对巴西进行了访问,同年 10 月巴西科技部部长参加了在印度召开的第三世界科学院会议,双方随后建立了巴西—印度科技合作联合委员会。

"金砖四国"的科技合作有一定的历史基础,在科技合作与交流方面活动日益频繁,广度和深度不断拓展。主要的特点有:(1)科技合作主要是在两国之间开展,缺乏多边合作。"金砖四国"加强了双边科技合作,但是因为"金砖四国"间的复杂关系,导致多边合作比较少,合作的领域也不够宽。(2)当前的国际科技合作取得了进展和成效,但总体上还处于粗放式发展阶段,各国间科技合作工作缺乏协调沟通机制,资源共享少,没有真正形成合力。(3)虽然签订了一些合作协议,但缺乏科技信息平台和资源共享机制,不能共享相关资料和信息,包括科技合作国别信息、领域信息、海外顶尖人才信息等。因此,"金砖四国"科技合作仍存在广泛的空间和潜力,可以通过构建有效的科技合作平台,积极探索"金砖四国"科技合作的模式,促进四国加强多边科技合作,更好地利用"金砖四国"的科技资源,拓展四国的科技合作领域,提升科技创新能力。

11.2.2 "金砖四国"未来科技合作的领域

国际金融危机爆发后,"金砖四国"都将提高技术创新能力作为提高经济竞争力、培养新的经济增长点、实现产业升级的应对之策。2009 年,中国制定了重点培育和发展节能环保、新一代信息技术、生物、高端装备制造、新能源、新材料、新能源汽车等产业。俄罗斯政府将发展纳米技术和核能技术视为应对金融危机的有效途径,改变过于依赖能源的经济增长模式。巴西在国际金融危机爆发前便出台了"科技加速增长计划",其中乙醇和生物柴油等清洁能源是巴西重点支持的创新项目。另外,巴西加快电子技术的自主发展,建成了拉丁美洲第一家电脑芯片制造厂,巴西总统卢拉称"这是巴西科技改革史上的分水岭"。印度坚持将信息产业置于技术创新的优先产业,出台了包括国家广域宽带网络计划、建立信息技术投资园区、电子元件和电子材料发展计划、生物技术产业伙伴计划等多项措施。

1. 低碳技术研究领域

低碳经济时代已经来临,低碳经济是以高科技为特色的后工业化经济发展的新阶段。"金砖四国"各国能否在其中谋求应有的地位并获得利益,在很大程度上将取决于低碳技术研发与应用能力。四国都重视低碳相关技术的研发,因此主要围绕低碳技术展开交流与合作。

2. 基础科学研究领域

"金砖四国"科技合作在基础研究领域应本着求同存异的原则,即以"金砖四国"各自的基础研究重点领域中的相同学科为切入点并作为合作重点。四国共同的基础研究优先方向应包括数理科学、技术科学、化学科学、材料科学、生命科学,这些基础研究方向符合四国开展国际科技合作的规划。中俄基础研究领域的合作应注意把握两个关键因素,一是要优化合作环境,创造便利条件,充分支持两国专家之间的技术交流与合作;二是要制定中俄双方均认可的基础研究发展规划,精心组织重大合作课题,着重提高合作的质量和效益。

3. 高新技术研究领域

"金砖四国"可在纳米技术和材料、生命科学、能源和节能、合理使用自然资源、信息和通信技术等领域优先开展合作。"金砖四国"可以利用其他国家已有的设备和实验条件完成一些重大实验项目,同时还可优选一些技术出售方的高新技术和关键设备,在本国内创办高新技术合作企业。

11.3 "金砖四国"科技合作模式及主要方式

11.3.1 "金砖四国"国际科技合作的原则

"金砖四国"存在合作的基础,但相互间也存在竞争,为保证科技合作与交流的通畅,四国需要制定出相关的原则并在合作中遵守。国际科技合作平台模式的基本原则是:一个国家或者一个地区通过自主创新,提高自身的技术,带来良好的收益,改善经济环境,同时也吸引国际科技合作,整合各个国家的资源优势,实现科技资源互补,促进经济的共同发展。

1. "双赢"和保护知识产权原则

国际科技合作虽然也包括援助的内容,但主要强调的是各方共同参与,根据合作双方利益需要,以平等的地位参与国际科技合作,分享合作成果,达到优势互补、互惠互利的目的。只有存在共同利益的分享合作才能长久。按照国际规则和国际惯例开展合作,保护知识产权,优化合作环境,切实维护合作各方利益。

2. 持续性原则

科技对经济增长的作用不是短期能体现出来的,增强科技实力是一个需要积累的过程。国际科技合作正是针对各方在科技实力上的优劣展开,所以也必须是一个长期的、渐进的过程。科技实力并非一朝一夕能造就,科技合作应该遵循客观规律,持续地开展下去。

3. 政府引导原则

要充分发挥四国政府在科技合作中的引领和示范作用,通过环境营造和重点的培育,吸引四国科技合作各方主体(企业、高校、研究机构、公共机构和个人特别是企业)参与到"金砖四国"科技合作中来。通过"金砖四国"项目计划合作,带动政府间科技合作和民间科技合作与交流,形成全方位的科技合作格局。

11.3.2 "金砖四国"科技合作模式

探讨国际科技合作模式,从不同的角度切入,因分类标准的不同,可有不同的模式分类。如果合作是按照国家或地区的科技实力的不同而开展,国际科技合作模式可以分为强—强合作模式、强—弱合作模式、弱—弱合作模式;如果合作是按照合作参与方的数目不同而开展,一般可以分为双边合作模式、多边合作模式;如果按照政府是否参与,可分为政府间科技合作、非政府间国际科技合作;按照技术流动的方向,可分为单向式科技合作(引入/in 和输出/out)、双向式科技合作;按照参与主体的身份不同,可分为个人间科技合作、组织间科技合作;按照合作内容的侧重点不同,可分为前瞻性基础研究、研发型、二次开发型、技术辐射性、产品产业化型;按照合作所依托的载体不同,可分为计划型合作、契约型合作、实体型合作、虚拟合作,等等。

本节侧重从国际科技合作中政府的角色这一维度来讨论国际科技合作模式,讨论从政府的角度如何推动国际科技合作的开展。从世界范围内看,无论是发达国家还是发展中国家,其科技活动都体现了政府的意志和战略,通过前瞻性地统筹规划本国的科技活动,并积极在全球范围内开展国际合作,获取资源,提升自身的创新能力。"金砖四国"的科技合作与交流处于探索阶段,企业也尚未真正成为科技合作与交流的主体、创新的主体,仍需要政府的引导。通过政府有针对性地发挥主导、导向等作用,引导、带动企业、科研机构通过开展国际科技合作提高自身技术水平,可有助于四国企业汲取国际科技资源,促进自身成长和发展。按照政府在国际科技合作中发挥作用的强弱,本书提出两种开展国际科技合作的模式:政府主导型和自由发展型。即分别针对社会发展、经济发展不同领域的问题,以及政府投资与否,政府应采取不同的模式来推进国际科技合作。政府主导型模式是指在社会发展领域、政府投资的重点项目等方面,由政府整合资源,发挥主导作用,组织和协同相关主体协同开展国际科技合作。自由发展型模式主要是指以企业、高校科研院所、中介等主体为主,由主体根据自身组织的发展目标和战略来自主开展各类国际科技合作。在自由发展型模式下,政府不直接主导国际科技合作,而是通过法规、制度和政策等来调节和影响主体的合作行为。在社会发展领域的国际科技合作,主要适宜以政府主导型模式来推动;在经济发展领域的国际科技合作,主要适宜以自由发展型模式来开展。

"金砖四国"在技术创新方面还存在一个共同特点,即政府投入占研发总投入的比重过大,这与发达国家以企业为研发投资主体的情况形成对比。巴西的公共部门和私人部门在科技研发上的投资各占 50%,政府的研发投资多集中在研究机构的科研方面,而非企业的技术推广和升级。印度的企业占研发总投入的比重不足 30%,俄罗斯在研发投入方面则更依靠政府的财政支持。2000 年以来,中国的企业研发支出占 GDP 的比例迅速提高,目前已接近欧盟的水平,2006 年为 1.02%。

因此,"金砖四国"的科技合作与交流应以政府主导型模式为主导。政府主导型模式主要强调:为了解决社会发展领域的各种问题,政府应采取积极主导的态势,牵头开展国际科技合作,体现政府的意志,突出政府目标,以提升本国发展的竞争力。

11.3.3 "金砖四国"科技合作方式

政府主导型模式下主要有四种合作方式:一是政府间国际科技合作计划;二是社会发展方面的国际科技合作;三是部分经济发展方面的国际科技合作,即政府采购项目特别是政府投资大项目为平台的国际科技合作;四是政府推动下开展人力资源流动计划。

(1) 政府间联合资助设立国际科技合作计划。当前,"金砖四国"科技规划呈现日益强化的态势,金融危机后各国制定了各种科技规划或计划,而且新出现的重大科技规划呈现出政府干预的新特点:一是四国纷纷出台新的科技规划或计划,突出国家目标,提高产业的国家竞争力。科技战略规划是国家意志在科技方面的集中体现,也是政府对科技进行干涉的最具效率的方式。近年来四国出台的科技战略规划就可以发现,其中大部分涉及与国家整体利益密切相关的重要科技领域,或涉及国家竞争力的提高,如经济主导产业、国家安全、健康与环境保护、基础性或战略性研究等,都与科技的国家目标直接相关。二是围绕国家目标确定优先发展领域。纵观"金砖四国"重大科技战略规划和科学技术发展趋势,信息、先进制造、生命科学与生物技术、人类健康、能源、新材料、空间、环境保护、教育培训以及其他一些创新性和战略性的科学研究,是国际科技战略规划研究的"热点"和提高综合国力及科技竞争力的重大优先领域。三是强调建设国家创新体系,形成整体优势。在此大形势下,在开展国际科技合作中,政府间的国际科技合作具有重要的示范和引导作用。

"金砖四国"政府相应的政府机构(如科技部)通过科技合作协定等联合设立四国科技合作主题计划。主题应紧紧围绕"金砖四国"经济和社会发展目标,将与国民经济和社会发展息息相关的重大科技问题、重点科技主题计划纳入双边或多边的国际科技合作计划下,积极借助国际资源提升主体的创新能力。"金砖四国"拥有较高的科技能力,在开展政府间国际科技合作方面具备其他城市无可比拟的优势,应有效地挖掘和利用。四国可以通过在其他三国各自设立相应的科技机构的代表处等,积极推动所在国与本国间的合作和本职工作。如果能有效建立与这些机构的联系与合作,通过这些机构和官员的窗口功能,能发挥杠杆作用,撬动四国很多难以直接联系的合作方和科技资源。如果"金砖四国"政府部门能有效利用这方面的资源,国际科技合作的渠道会大大拓宽,达到事半功倍的效果。

在具体运作上可采取以下步骤:首先每一个优先合作研究领域均由某个国家牵头负责实施,成果分享。各项研究计划的牵头国由参与国协商选出,并由各参与国的代表组成计划管理委员会,负责计划、费用和计划实施细则的管理。根据研究计划实施细则,由参与国协调,牵头国择优选标,并交参与国专家审查,然后提出投标情况介绍,由计划管理委员会决定最终选标。

(2)社会发展方面的国际科技合作。对于社会发展方面的国际科技合作,政府应采取主导方式。在"金砖四国"科技合作中,应加大对社会事业的支持力度,围绕生态文明建设,对资源节约、环境保护、节能降耗、减排等重大问题重点开展国际科技合作。其中,科技考察、引智(人才交流的一种)、国际会议、人才培养、信息交流、科技展览等看似简单的交流合作方式在社会发展领域可能产生良好的效应和成果。如聘请外国医疗、卫生、公共安全、社会保障和危机管理等方面专家,通过引智支持现代服务业发展;通过引智、国际会议、人才交流与培养等借鉴发达国家在劳动就业、教育和人力资源开发、医疗卫生、文化事业和环境治理保护等领域的先进经验;将国际科技合作专项经费投入向社会事业和社会管理领域倾斜,增加对社会事业和社会管理领域的海外智力资源和科技资源的供给,改善对社会发展事业和社会管理领域的公共服务;通过多种灵活多样的交流与合作形式,以较低成本引进国外的技术和经验,促进郊县现代农业的发展进程等。

(3)政府采购项目下的国际科技合作。对于政府采购项目(尤其是政府投资大项目)下的国际科技合作,政府也应采取主导方式。在政府投资的重大项目中,政府通过发挥主导作用,组织企业、科研院所、中介等协同合作,能更有效地撬动国际科技资源,推进技术引进,形成技术引进、技术转让、产学研互动进行技术消化吸收和再创新的有序链条。要发挥政府在引导消化吸收再创新中的关键作用。一是政府要发挥组织协调作用,统筹协调技术装备引进方和技术装备制造方的关系,将消化吸收作为引进的重要目标。二是落实鼓励技术引进消化吸收的政策,凡是由国家有关部门和地方政府核准或使用政府投资的重点工程项目中确需引进的重大技术装备,由项目业主联合制造企业制定引进消化吸收再创新方案。三是用好政府采购政策,建立财政性资金采购自主创新产品制度,优先安排自主创新项目。从国际来看,国际科技合作、特别是产业利益攸关的合作中,国外政府也都极力在为其企业谋利益,摇旗呐喊。在调研中,一些大型企业负责人强调,我国在市场经济转型的过程中,只有在政府主导下,才可能实现跨越式发展。企业或机构的单体行为,往往与外方尤其是跨国公司差距巨大,在技术引进的谈判中处于弱势地位,难以开展真正平等互利的合作。只有政府有所行为,与跨国公司、国外政府的国际科技合作中的角力才能成功。对于重大政府投资项目而言,只有通过政府的主导作用通盘考虑来开展国际科技合作,以巨大的市场为杠杆,"金砖四国"才可能更好地撬动国际科技资源,提升本国的科技实力。

（4）在政府推动下开展人力资源流动计划。科技人才是科学技术的核心载体，是先进生产力的开拓者，是社会经济和科技发展的"第一原动力"。而国际科技合作的智力密集性、学科综合性技术集成性和高竞争、高风险、高效益等特点，决定了它们的建立与发展更需要大批受过良好教育与特殊训练的高层次优秀科技人才和经营管理人才的强力支撑。作为全球知识和技术流动重要载体的国际科技合作中的国际科技工作者，无论是从事学习深造学术交流还是合作研究，科学工作者的活动都已成为了科技人力资源全球流动的一个重要形式。因此，"金砖四国"可通过人力资源计划，促进四国科技人才的流动，加强交流。"人力资源"专项计划以专家互访的形式，通过"金砖四国"行动计划，支持"金砖四国"研究人员的培训和职业发展。专家互访是实现技术交流的最有效形式，专家引进是引进技术的最高级形式。数学模型分析也表明，这种合作模式有较好的合作潜力和较强的创新能力。因此通过该专项计划可激励"金砖四国"的研究人才流动，推动研究人员开展互惠互利的研究合作。

11.4　加强"金砖四国"科技合作平台建设

"金砖四国"科技合作平台建设的总体目标是：建设以网络平台为依托、服务体系为支撑的国际科技合作平台，包括构建"金砖四国"科技合作的公共信息网络平台、服务体系、人才交流平台和保障机制，为开展国际科技合作提供服务和保障。由于"金砖四国"在科技管理、部门归属、科技体制、语言文化等方面存在差异，四国科技合作管理在实际操作中存在较大难度，因此，构建合作管理平台是非常必要的。可考虑组织有关人员，联合成立一个组织，共同制订"金砖四国"科技合作办法，从宏观层面上引导四国科技合作方向，激励科技合作，形成科技合作管理制度，提高科技合作项目的立项水平和合作质量。四国应在合作交流方面达成共识，由科技主管部门策划、组织，成立"金砖四国"科技合作管理委员会，共同构建一个专业、高效、完善的"金砖四国"科技合作平台;针对"金砖四国"科技研究动态,制作导航系统,揭示"金砖四国"各领域主要科技合作项目、合作机构,同时发布四国主要科研计划的招标信息,加速"金砖四国"科技信息流动,为四国科技单位参与本国科技计划提供信息沟通渠道。"金砖四国"科技合作平台主要以渠道网络、服务体系、人才交流和机制建设等四个功能平台为支撑,以国际科技合作数据库为基础而构成,在"金砖四国"国际科技合作平台门户网站上设置相关模块。基本框架如图 11.1 所示:

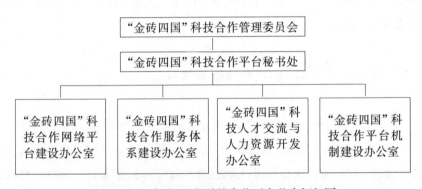

图 11.1　"金砖四国"科技合作平台基本框架图

11.4.1　搭建"金砖四国"科技合作网络平台

要加强"金砖四国"科技合作平台建设,首先应建立"金砖四国"科技合作的电子物理网络系统,实现信息资源共享和服务功能互补,优化"金砖四国"科技合作的网络科技环境、网络中介环境和信息保障系统。(1)建立"金砖四国"国际科技合作平台门户网站。研究开发网站的合作渠道、信息交流、中介服务、计划项目、引技引智引资、专题、商务、国别概况、政策法规、科技会展等内容模块;开发集成网站的后台管理系统、信息采集、传输与发布审核认证系统、基础数据资源管理系统、数据库检索系统等网站应用系统。门户网站主要设置计划项目、信息交流、中介服务和机制建设等四个模块。计划项目模块主要发布项目公告、项目追踪、项目效果等内容;信息交流模块主要发布"金砖四国"科技合作交流业务工作的信息,如人才交流、专家信息等内容;中介服务模块主要发布"金砖四国"科技合作交流中介机构的信息;机制建设模块发布相关的保障机制和各国的政策文件、管理办法等。(2)建设"金砖四国"科技合作基础数据库。开发、集成和维护"金砖四国"专家人才数据库、学术团体数据库、科研机构数据库、中介机构数据库、投资机构数据库、科研成果数据库、国家企业信息资源数据库、标准数据库、国家政策法规数据库、专利文献数据库等"金砖四国"科技经济资源基础数据库。(3)建立标准与规范。研究制订信息交换、发布标准和网络平台管理制度,规范"金砖四国"科技合作平台的运行。

11.4.2 建立"金砖四国"科技合作服务体系

"金砖四国"开展科技合作交流,必须建立畅通的信息渠道,以此为基础并借助网站信息资源为"金砖四国"科技合作交流提供服务。(1)建立"金砖四国"科技合作渠道服务网络,实现相互利用和共建共享,推动本国企业、科研机构、高校、科技中介机构与其他三国同类机构的交流,合作开展引智力、引技术、引人才、科技成果转化与产业化招商引资、人员培训、企业诊断、信息咨询等多元化业务。(2)建立面向"金砖四国"科技创新的服务联盟,建立以网络平台为依托,以协作互利为原则,联结中心城市、服务全区、信息数据共享、信息资源互通的联盟组织,共建共享"金砖四国"科技合作交流的基础条件,为企业、科研机构、高校等提供科技合作交流服务。(3)组建科技合作的咨询专家队伍,加强国际科技人才资源的研究、开发和利用,根据技术引进的需求和产业发展的实际情况,组建一支境外咨询专家队伍,为科技创新主体提供技术咨询和管理咨询服务。(4)培育"金砖四国"科技合作服务人才队伍,建立和完善国际科技合作人员培训制度,制定理论与案例相结合的培训大纲和计划,开展规范化的培训,逐步建立一支懂技术、会语言、熟悉国际惯例和法律法规、业务素质高、信息渠道宽、协调能力强的科技合作服务人才队伍。

11.4.3 构建科技人才交流与人力资源开发平台

加强"金砖四国"各国人才互访、互派的合作,制定"金砖四国"合作机制建设进程中有关人才资源开发合作的各项行动计划,构建"金砖四国"人才交流平台,打造人力资源开发平台。(1)建立"金砖四国"科技人才教育基地,以四国的高校为平台开展教育合作,举行各种主题的培训。(2)建立"金砖四国"人才交流协会,通过定期举办人才交流会,加强四国人才信息交流,促进科技人才的流动。(3)有计划地组织大学、科研院所科技人员交流,以多种形式开展对具有国际竞争力和共同面临的科技问题的合作研究。

11.4.4 完善"金砖四国"科技合作平台的机制保障

"金砖四国"各自存在不同的利益诉求,需要完善科技合作机制,为国际科技合作提供保障。

(1)创建科研合作的法律环境。建立"金砖四国"科技合作专利体系,加强四国的立法协调性。采取措施,规范国际科技合作的法律文本,使其符合国际惯例。加强知识产权的保护,明确国际科技合作中未申报专利技术的许可证法律保护制度和机制,避免各国的技术流失和非法盗用。

(2)四国协商制定国际科技合作政策。国际科技合作政策是实行合作的制度保障,是根据合作目标制定的。合作政策的制定要坚持灵活性和原则性的统一,既要有一定的调整余地,也要对具体目标有硬约束。由于科技内容的广泛性,在目前的科技合作政策中大多灵活性有余而原则性不够,软约束过多而硬约束太少。

(3)成立国际科技合作协调机构。合作与交流计划需要有力地执行,而协调机构是实施合作政策的组织保障。成立协调机构要遵循成本—效益分析的原则,既要有利于政策的实施,又不至于增加太大的制度成本,否则会抵消科技合作带来的规模收益。协调机构的成立可以采取成本分担的原则,受益多则分担多。

(4) 考核国际科技合作绩效。政策制定的初期,由于各种主观、客观条件的限制,不可能对合作中可能出现的各种问题作出全面的预测和提出完善的措施,只有在执行过程中不断地总结和纠正,才能使暴露出的问题得到合理的解决。所以,应该对国际科技合作的绩效分阶段、有步骤地进行考核,及时改正原来政策的不合理之处,并根据实际情况补充新的内容,这样才会使合作的宗旨得到实现。否则问题日积月累,最后会导致合作无疾而终。

(5) 研发资金的筹措与管理。四国根据各国的 GDP 及综合国力,确定适当的比率共同出资,建立一个专门资助高科技国际研究的风险投资银行,建立适当的风险投资基金,对四国科技合作项目施行优惠贷款或无息贷款的配套政策,从而在资金运作和管理上对四国科技合作协力予以支持。也可以充分利用市场机制,拓宽科技合作资金投入渠道,在"金砖四国"内联络风险投资公司、科技投资公司、中小企业贷款担保公司以及相关商业银行,建立协作关系,将科技项目的可行性研究报告送给他们进行评估,在资金安排上争取给予优先支持。

11.5　中国推动和参与"金砖四国"科技合作的对策建议

中国是"金砖四国"的重要成员,有条件在"金砖四国"的合作中发挥重要作用;同时,中国是处在经济增长方式转型阶段的新兴市场大国,面临着提高自主创新能力、建设创新型国家的战略任务。应该从上述两个方面认识和把握中国在"金砖四国"科技合作中的战略定位,做"金砖四国"科技合作的积极推动者和参与者。为此,特提出以下对策建议。

(1) 积极倡导和推动"金砖四国"科技合作及平台建设。"金砖四国"有着共同的利益和共同的愿景,从而使它从经济学概念迅速发展成为国际合作平台。中国是当今世界最大的发展中国家,也是新兴大国的重要成员,在促进"金砖四国"合作方面发挥了重要作用。为此,应该积极倡导"金砖四国"科技合作及平台建设,主动与其他国家进行磋商,尽快建立"金砖四国"科技合作管理委员会,作为"金砖四国"实施科技合作平台建设的协调组织机构,并争取在北京设立"金砖四国"科技合作平台秘书处,负责处理"金砖四国"科技合作中的各类事务,每年组织科技合作交流高层论坛,组织开展科技政策、法律服务及科技统计等方面的交流合作,逐步形成"金砖四国"科技资源共建共享机制。

(2)积极引导国内有关单位参与"金砖四国"科技合作。长期以来,国内的相关单位在选择国际合作伙伴时,倾向于选择美国、欧盟、日本等发达国家。为此,应该进行适当的战略调整,在与发达国家合作的同时,加强与其他国家的科技合作,积极引导国内的企业、科研机构、大学和科技专家将合作的视角转向其他"金砖"国家。应该充分利用"金砖四国"平台给中国国际科技合作带来的新机遇,将与"金砖四国"的科技合作放在国际战略的重要位置进行规划和部署,加大与其他"金砖"国家的科技合作与交流,努力增强国际科技合作的综合效益。中国政府可以根据"金砖四国"科技工作的目标和需求,寻求符合各方共同利益和需要的新的合作领域和形式,制定"金砖四国"科技合作计划,引导国际科技合作的发展方向。

(3)积极推进中国与其他"金砖"国家科技合作的机制建设。加强与其他"金砖"国家的科技合作机制建设,是吸引其他国家科技资源、扩大国际合作溢出效应的重要前提。因此,中国要加大对基础研究的投入,改革科研评价方式,优化评价指标体系,把增强创新性摆到基础研究和战略性新兴技术研究的突出位置;加强科学研究基础设施建设,培育形成一批高水平的合作研究基地,形成局部优化的科研环境和优势;努力营造有利于自主创新的良好文化环境,鼓励创新,克服人为的学术壁垒,在尊重知识产权的基础上扩大信息资源共享。要加强协调机制,发挥整体优势,完善科技外事工作的规章制度,建立和营造有助于国内单位参与"金砖四国"科技合作的机制和环境。

第 12 章

结论和展望

本书运用理论分析方法、历史分析方法、比较分析方法、实证分析方法和系统分析方法,对"金砖四国"自主创新的体系、模式及能力进行了综合评价,对新兴大国自主创新机制进行了系统分析,并借鉴发达大国的经验和针对"金砖四国"的问题,提出了新兴大国自主创新的政策框架,研究了"金砖四国"科技合作交流平台的构建。

12.1 研究的主要结论

12.1.1 "金砖四国"自主创新的比较研究

首先,选取 8 个发达国家与中国、俄罗斯、印度、巴西进行比较,结果表明:"金砖四国"创新体系的效率同发达国家有较大差距,无论是研发效率还是科技成果向经济转化的效率都处于较低水平。分析关键的原因,一是国家创新体系中创新行为主体的严重错位及其联动机制的缺乏,企业的主体地位尚未确立,高校和科研机构主要完成政府计划和任务;二是缺乏有效改善研发效率和促进科技成果转化的创新环境,风险投资和专利制度不健全,市场机制引导和促进创新的作用尚未充分发挥。

其次,通过对"金砖四国"的技术创新模式的研究,发现巴西属于政府主导型创新模式,俄罗斯属于大型企业主导高新技术型创新模式,印度属于重点扩散型创新模式,中国属于任务导向型创新模式。"金砖四国"创新模式的共性在于:一是政府在促进科技创新方面都采取积极的扶植措施,制定相关的适应政策;二是创新模式的复合化,既重视原始创新又重视集成创新。

再次,通过确定国家自主创新能力评价指标及权重,并以创新投入、创新环境和创新产出等方面进行比较,发现中国在创新产出方面有明显优势,其直接产出(专利)、上游产出(论文)和下游产出(高技术产品出口)都遥遥领先于其他三国,但与发达国家比较又逊色很多,印度的优势主要体现在直接产出(专利)和上游产出(论文)上,其下游产出(高技术产品出口)和劳动生产率较低;巴西的优势主要体现在创新的下游产出和劳动生产率上,其直接产出和上游产出较为薄弱;俄罗斯的优势主要体现在劳动生产率上,其下游产出和直接产出都较为薄弱。

12.1.2　新兴大国自主创新的机制研究

首先,分析了新兴大国自主创新动力转换机制,认为一个国家所拥有要素的数量和质量上升到一定程度时,该国的技术能力才会相应地提升层次;新兴大国由于庞大的资源规模、自成体系的国内市场和强烈的发展愿望,使它在模仿创新、合作创新到一定程度后,就必须实行自主创新战略。因此,新兴大国自主创新动力转换需要经过三个阶段:一是新兴大国凭借庞大的资源优势,不断增加要素投入,通过社会能力的培育实行模仿创新;二是新兴大国提升要素质量,通过学习能力的培育实行合作创新;三是新兴大国改善要素禀赋,提升自主创新能力实施技术领先战略。

其次,分析了新兴大国自主创新模式转变机制,认为新兴大国自主创新模式的转换取决于技术差距和人力资本中熟练劳动与非熟练劳动的比例,随着人力资本的构成比例和技术水平不断提高,自主创新模式从专业化模仿创新、到模仿创新与自主研发并存、再到专业化自主研发逐步转换。而且,只有以自主研发为主要模式时,采取对自主研发的补贴政策和较强的知识产权保护政策才有利于技术进步;当技术差距较大时,采取鼓励以模仿创新为主的政策有利于技术进步和经济增长。因此,新兴大国的科技政策应该体现行业和区域的差异性,在技术水平较高的行业和地区,通过鼓励高素质人力资本积累、补贴自主研发,并辅以较强的知识产权保护鼓励技术进步;而在技术水平较低的行业和地区,通过"逆向工程"对引进技术进行模仿性创新。

再次,分析了新兴大国自主创新资源配置机制,通过拓展以研发为基础的内生增长模型,将新兴大国技术进步刻画为通过自主研发和对国外技术的模仿创新两条途径,并使用物质资本和人力资本投入共同作用的结果,利用动态最优方法分析了资源在生产性投资与研发投资间的最优分配,以及研发资源在自主研发与对国外技术的模仿创新间的最优分配,结果表明:应该根据技术差距权衡生产性投资与研发投资、模仿性投资与自主研发投资,使有限的研发资源得到有效的利用;新兴大国在技术差距较大时,可以实行适度鼓励研发投入的政策,努力缩小与技术领先国的技术差距,实现有限赶超。

最后,分析了新兴大国自主创新成果转化机制,认为的科技成果转化能力不强,主要的问题在于:一是新兴大国可转化的有效性科技成果供给的不足;二是新兴大国的科研管理体制尚未真正与市场接轨;三是新兴大国科技成果转化的有效性需求不足。为促进新兴大国科技成果的转化,需要明确政府角色定位,构建引导、激励和交流协调体系,营造良好的创新环境;设立转化基金,弥补创新链条的缺失,设立中试环节的专项资金,建立相应的评审监督机制;吸纳大学、研究机构、企业和政府人员共同打造中介机构,构建功能完整、服务专业的中介体系。

12.1.3 新兴大国自主创新的道路研究

首先,分析了发达大国自主创新的经验借鉴,总结了美国、法国和日本的有效做法:一是大幅增加教育和科技投入,推行国家高技术发展战略;二是铸造产学研一体化链条,加速创新知识的产品转化;三是政府主导加强创新政策体系调控,促进企业开展创新活动。

其次,提出了新兴大国自主创新的政策框架。通过分析目前"金砖四国"自主创新的状况,根据新兴大国的特点,认为自主创新应该构建以政府为主导、以企业为主体、以高校和科研机构为依托的体系;应该实行整体推进战略,并选择一些重点支柱产业,在关键核心技术方面取得突破,通过技术创新带动产业创新;应该培养高层次创新人才,完善创新活动的机制,制定和实施有利于创新的政策,为自主创新提供优良的环境。同时,应该借鉴发达国家的成功经验,采取积极有效的措施提升自主创新能力:一是完善新兴大国自主创新机制,健全公平竞争机制、市场调控机制和政府调控机制;二是努力掌握关键核心技术,选择国民经济和社会发展的重点领域,组织关键核心技术的攻关;三是积极培育和发展战略性新兴产业,以技术创新促进产业创新,创造新的经济增长点。

再次,提出了新兴大国科技合作的平台构建。认为金砖国家的科技合作有利于突破西方国家的技术壁垒,有利于开展具有大型化和复杂化特征的科学研究,有利于从外部获取短缺的技术要素。同时金砖国家的合作基础及科学技术本身的国际性和共享性特点,为开展国际科技合作提供了可能性。具体的合作方式:一是政府间联合资助设立国际科技合作计划;二是政府间开展人力资源计划;三是政府采购项目下的国际科技合作。为此,需要建设以网络平台为依托、服务体系为支撑的国际科技合作平台,包括构建金砖国家科技合作的公共信息网络平台、服务体系、人才交流平台和保障机制。

12.2　主要创新和意义

该成果在实证研究、理论研究和对策研究方面都有所创新:第一,在实证研究方面,将定性研究与定量研究相结合,对金砖国家创新体系、创新模式和创新能力进行了综合评价,概括了共性和个性,优势和劣势。第二,在理论研究方面,结合金砖国家自主创新的特点,系统地分析了新兴大国的自主创新的机理,揭示了动力转换、模式转变、资源配置和成果转化的内在机制。第三,在对策研究方面,根据新兴大国自主创新的现状和存在的问题,借鉴发达大国的成功经验,提出了包括创新主体、创新内容和创新环境的政策框架,以及完善自主创新机制、掌握关键核心技术、培育战略性新兴产业和加强科技合作交流的对策建议。

同时,本书有着重要的理论价值和实践意义。其一,通过分析新兴大国自主创新的特点,揭示了新兴大国自主创新的机理,对于进一步总结和概括新兴大国自主创新的特殊规律,丰富和深化自主创新理论,有着重要的理论价值。其二,通过评价金砖国家自主创新的效率,揭示各自的优势和劣势,对于总结成功的经验和发挥特殊的优势,推动新兴大国的自主创新,有着重要的实践意义。其三,通过提出新兴大国自主创新的政策框架,确定创新主体、创新内容和创新环境的思路,制定完善机制、突破关键核心技术、带动产业创新和加强科技合作交流的措施,对于加强和改进新兴大国科技创新工作,有着重要的战略意义。

12.3　成果的应用前景

全书成果沿着"现实状况、内在机制、经验借鉴、政策建议"的逻辑思路开展研究,在分析"金砖四国"自主创新状况和新兴大国自主创新机制的基础上,提出了明晰的思路和政策建议。目前,《完善以技术创新带动产业创新的机制》、《完善金砖国家科技合作模式及平台》两项对策建议已经分别在国家科学技术部办公厅调研室主办的《软科学要报》2011 年第 10 期、第 22 期刊登,报送中共中央政策研究室、中央办公厅调研室、全国人大常委办公厅、全国政协办公厅、国务院研究室、国家科教领导小组办公室以及国务院各部委办局的负责同志参阅。我们还将对现有的对策建议进行细化和完善,形成更加系统的有操作性的对策措施,为国家制定科技创新战略提供决策参考。

2011 年 4 月,"金砖"国家领导人第三次会晤在海南三亚成功召开。实践证明,"金砖"国家合作机制不仅树立了新型大国关系的良好范例,也成为新型国家间合作机制的突出代表。这种合作机制是致力于发展的机制,涉及经济、贸易、金融、投资、科技、文化等领域。科技进步是经济发展的重要推动力量,我们准备将"金砖"国家自主创新的研究扩展到"金砖"国家经济增长与转型的研究,基于技术进步影响经济方式的视角,探索新兴大国依靠技术进步和自主创新,推动经济增长方式转变,实现经济可持续发展的道路。

参 考 文 献

Acemoglu, D. , Aghion, P. , Zilibotti, F. Distance to Frontier, Selection, and Economic Growth[J]. *Journal of the European Economic Association*, 2006, 4(1):37—74.

Aghion, P. , Blundell, R. , Griffith, R. , Howitt, P. , Prantl, S. Entry and Productivity Growth: Evidence from Microlevel Panel Data[J]. *Journal of the European Economic Association*, 2004, 2(2—3):265—276.

Ahuja, G. , R. Katila: Technological Acquisition and the Innovation Performance of Acquiring Firms: A Longitudinal Study[J]. *Strategic Management Journal*, 2001, (22):197—220.

Andrew, T. Young, Daniel Levy, Matthew J. Higgins. Many Types of Human Capital and Many Roles in U. S. Growth: Evidence from County-Level Educational Attainment Data[J]. *RePEc Working Paper*, 2004.

Arrow, Kenneth J. The Economic Implications of Learning by Doing[J]. *Review of Economic Studies* 1962, 29:155—173.

Barro, R. , Sala-I-Martin X. Technological Diffusion, Convergence, and Growth[J]. *Journal of Economic Growth*, 1997, 2:1—27.

Benhabib, Jess, Mark M. Spiegel. The Role of Human Capital in Economic Development, Evidence from Aggregate Cross-Country Data[J]. *Journal of Monetary Economics*, 1994, 34:143—73.

Breezes, E. , Krugman P. , Tsiddion D. Leapfrogging: A Theory of Cycles in National Technological Leadership[J]. *American Economic Review*, 1993, 83: 1211—19.

C. Freeman. *Technology Policy and Economic Performance: Lessons from Japan. London*[M]. Pinter Press, 1987:128—167.

C. Freeman. "Japan: a New National System of Innovation?"[A]. In G. Dosi et al. *Technical Change and Economic Theory*[C]. London: Pinter Publishers, 1988.

Chen, Yongmin, Puttitanun Thitima. Intellectual Property Rights and Innovation in Developing Countries[J]. *Journal of Development Economics*, 2005, 78:474—493.

Chesbrough, H. W. *Open Innovation: The New Imperative for Creating and Profiting from Technology*[M]. Boston: Harvard Business School Press, 2003:8—12.

Chris Freeman. The National System of Innovation in Historical Perspective[J]. *Cambrige Journal of Economics*. 1995(19):5—24.

Coe, D. T. , Helpman, E. International R&D Spillover[J]. *European Economic Review*, 1995, 39(5):859—887.

Currie, David, Paul Levine, Josph Pearlman, and Michael Chui. Phase of Imitation and Innovation in a North-south Endogenous Growth Model [J]. *Oxford Economic Papers*, 1999, 51:60—88.

Edquist. *Public Technology Procurement: Theory, Evidence and Policy*[M]. Boston/Dordrecht/London/: Kluwer Academic Publishers.

Fagerberg, J. A technology gap approach to why growth rates differ[J]. *Research Policy*, 1987, 16(2—4):87—99.

Fagerberg, J. Technology and International Differences in Growth Rates[J]. *Journal of Economic Literature*, 1994, 32:1147—1175.

Fidel Perez-Sebastian. Transitional Dynamics in an R&D-based Growth Model with Imitation: Comparing its Predictions to the data[J], *Journal of Monetary Economics*, 2000, 45:437—461.

Freeman, C. *Technology and Economic Performance: Lessons from Japan* [M].

London: Pinter, Pub Ltd, 1987.

Friedrich List. *The National System of Political Economy*[M]. New Jersey: Augustus M. Kelly, 1991 edition.

Furman, J. L. , Porter, M. E. , Stern, S. The Determinants of National Innovative Capacity[J]. *Research Policy*, 2002(31):899—933.

Grossman, G. M. and E. Helpman. Quality ladders and product cycles[J]. *Quarterly Journal of Economics*, 1991, 106:557—586.

Grossman, G. M. , E. Helpman. Comparative Advantage and Long-run Growth[J]. *America Economic Review*, 1990, 80:796—815.

Grossman, G. M. , E. Helpman. Endogenous Product Cycles[J]. *Economic Journal*, 1991, 101:1214—1229.

Hariolf Grupp, Mary Ellen Mogee: Indicators for National Science and Technology Policy: How Robust are Composite Indicators? [J]. *Research policy*, 2004 (33):1373—1384.

Helpman, Hoffmaister. North-South R&D spillover[J]. *The Economic Journal*, 1997, 1107:134—149.

Henry W. chesbrough. Why Companies Should Have Open Business Model[J]. *MIT Sloan Management Review*, winter 2007(48):87—126.

Jorge Katz, N. A. Bercovich. *The Case of Argentina in R. R. Nelsoned. National Innovation Systems*[M]. Oxford University Press, Oxford, 1993, p. 467.

Keller, W. International Technology Diffusion[J]. *Journal of Economic Literature*, 2004, 42:752—782.

Kim Linsu. *Imitation to Innovation: The Dynamics of Korea's Technological Learning*[M]. Boston: Harvard Business School Press, 1997.

Kim, Linsu. *Imitation to Innovation: The Dynamics of Korea's Technological Learning*[M]. Boston, Massachusetts, Harvard Business School Press, 1997, pp. 13—14.

参 考 文 献

Lee, J. , Bae, Z. T. , Choi, D. K. Technology Development Process: A Model for Developing Country with a Global Perspective[J], *R&D Management*, 1988, 36 (5):1125—1139.

Lee, Keun, Lim C. Technological Regimes, Catching-up and Leapfrogging: Findings from the Korean Industries[J]. *Research Policy*, 2001, 30:459—483.

Lundvall, B. A. *National Systems of Innovation: Towards a Theory of Innovation and Interactive Learning*[M]. London: Pinter, 1992.

Lundvall. National Business Systems and National Systems of Innovation[J]. *International Studies of Management & Organization*, Vol. 29, 1999.

Maria Inês Bastos, Charles Cooper(eds.). *Politics of Technology in LatinAmerica, UNU/INTECH Studiesin New Technology and Development*[C]. Routledge, London and New York, 1995, p. 171.

Mei-Chih, Hu, John, A. , Mathews: National Innovative Capacity in East Asia[J]. *Research Policy*, 2005, (34):1322—1349.

Moon, H. S. , Lee, J. D. A fuzzy Set Theory Approach to National Composite S&T Indices[J]. Scientometrics, 2005, 64(1):pp. 67—83.

Nasierowski, W. , Arcelus, F. J. On the Efficiency of National Innovation Systems [J]. *Socio-Economic Planning Sciences*, 2003, 37(3):215—234.

Nasierowski, W. , Arcelus, F. J. On the Stability of Countries' National Technological Systems[A]. In: Zanakis SH, Doukidis G. , ZopounidisC(eds) *Decision Making: Recent Developments and Worldwide Applications* [C]. Kluwer, Dordrecht, 2000.

Naushad Forbes, David Wield. *From Followers to Leaders: Managing Technology and Innovation*[M]. Taylor & Francis, 2004, 123—142.

Nelson, R. R. *National Innovation Systems: A Comparative Analysis* [M], New York: Oxford University Press, 1993.

Patel, P. Pavitt, K. The Nature and Economic Importance of National Innovation

Systems[J], *STI Review*, No. 14, OECD, Paris, 1994.

Patella P. , Pavitt, K. The Nature and Economic Importance of National Innovation System[J]. *STR Review*, 1994(14):14—22.

Pawan Sikka. Analysis of In-house R&D Centers of Innovation Firms in India[J]. *Research Policy*, 1998, (27):79—90.

Peter B. Evans, Claudio R. Frischtak, Paulo Bastos Tigre(eds.). *High Technology and Third World Industrialization: Brazilian Computer*[C]. Policy in Comparative Perspective, University of California, Berkeley, 1992. p. 2.

Porter, M. E. , Stern, S. National Innovative Capacity[A]. In: World Economic Forum. *The Global Competitiveness Report 2001—2002*[C]. New York: Oxford University Press, 2002.

Rachel van Elkan. Catching up and Slowing Down: Learning and Growth Patterns in an Open Economy[J]. *Journal of International Economics*, 1996, 3(41):95—111.

Rainer Anderdassen, Franco Nardini. *Endogenous Innovation Waves and Economic Growth*[M] Structural Change and Economic Dynmmics, 2005(3):1—18.

Romer, P. Endogenous Technological Change[J]. *Journal of Political Economy*, 1990, 98(1):71—102.

Rousseau, S. , Rousseau, R. Data Envelopment Analysis as a Tool for Constructing Scientometrics Indicators[J]. *Scientometrics*, 1997, 40(1):45—56.

Uzawa, Hirofumi. Optimum Technical Change in an Aggregative Model of Economic Growth[J]. *International Economic Review*, 1965, 6:18—31.

Vandenbussche, Aghion and Meghir, Growth. Distance to Frontier and Composition of Human Capital[J]. *Journal of Economic Growth*, 2006, 11:97—127.

Yue, C. , Hua, P. Does Comparative Advantage Explains Export Patterns in China? [J]. *China Economic Review*, 2002, 13:276—296.

Zhu, J. Multi-factor Performance Measure Model with an Application to Fortune 500 Countries[J]. *European Journal of Operation Research*, 2000, 123:105—124.

参 考 文 献

OECD. 以知识为基础的经济[M]. 北京:机械工业出版社,1997.

白俊红,江可申,李婧. 中国地区研发创新的技术效率与技术进步[J]. 科研管理,
2010(6):7—18.

保罗·肯尼迪 著,陈景彪 译. 大国的兴衰:1500—2000 年的经济变迁与军事冲
突[M]. 北京:求实出版社,1988:1—2.

曹丽燕. 韩国的科技创新体系[J]. 科技管理研究,2007(6):16—18.

陈劲,陈钰芬,王鹏飞. 国家创新能力的测度与比较研究[J]. 技术经济,2009,28
(8):1—5.

陈劲. 从技术引进到自主创新的学习模式[J]. 科研管理,1994(15):32—34.

陈涛涛. 影响中国外商直接投资溢出效应的行业特征[J]. 中国社会科学,2003.4:
33—43.

池仁勇,虞晓芬,李正卫. 我国东西部地区技术创新效率差异及其原因分析[J]. 中
国软科学,2004(8):128—131.

褚洪. 德国科技政策与管理述评[J]. 华南师范大学学报(社会科学版),2006(6):
138—140.

道格拉斯·诺思. 经济史中的结构与变迁[M]. 上海:三联书店出版社,1995.

傅家骥,雷家骕,程源. 技术经济学前沿问题[M],北京:经济科学出版社,2003.

傅家骥. 技术创新学[M]. 北京:清华大学出版社,1998:8—12.

高丽萍. 发达国家创新政策的分析与借鉴[J]. 郑州航空上湘管理学院学报(社会
科学版),2010(2):206—208.

官建成,陈凯华. 我国高技术产业技术创新效率的测度[J]. 数量经济技术经济研
究,2009(10):19—33.

官建成,何颖. 科学—技术—经济的联结与创新绩效的国际比较研究[J]. 管理科
学学报,2009(5):61—77.

官建成,刘顺忠. 区域创新机构对创新绩效影响的研究[J]. 科学学研究,2003(2):
210—214.

官建成,余进. 基于 DEA 的国家创新能力分析[J]. 研究与发展管理,2005(6):

8—15.

郭克莎.中国工业发展战略及政策的选择[J].中国社会科学,2004(1).

郭丕斌,王其文.欧洲国家创新体系建设的实践及启示[J].科学管理研究,2008
(5):112—115.

何树全.试论我国国家创新体系的框架、问题与思路[J].中国科技论坛,2005(3):
64—68.

纪宝成,赵彦云.中国走向创新型国家的要素:来自创新指数的依据[M].北京:中
国人民大学出版社,2008:147—185.

金麟洙.从模仿到创新——韩国技术学习的动力[M].北京:新华出版社,1998,8:
268—271.

孔婕.欧美国家创新政策绩效评估模型研究及启示[J].技术与管理,2010(3):
247—260.

李安方.建设创新型国家的韩国经验与中国借鉴[J].世界经济研究,2006(10):
75—81.

李宏,张薇.世界主要国家与地区国家创新系统比较研究[J].中国科技论坛,2003
(5):31—35.

林毅夫.发展战略、自生能力与经济收敛[J].经济学(季刊),2002(2).

林毅夫,张鹏飞.后发优势、技术引进和落后国家的经济增长[J].经济学(季刊),
2005(5).

刘凤朝,孙玉涛.国家创新能力测度研究述评[J].科学学研究,2006,26(4):
887—893.

刘凤朝,孙玉涛.基于三维模型的国家创新能力两步测度[J].科学学研究,2009,
27(11):1749—1755.

刘红玉,彭福扬.国家创新战略演变研究[J].科技进步与对策,2009(19):
191—195.

刘强,赵晓洁.德国国家技术创新系统运行机构[J].德国研究,2003(4):16—20.

柳卸林.中国国家创新系统的现状、问题与发展趋势[R].市场经济下国家技术创

新系统建设课题报告,1998.

卢巧玲.发达国家服务于中小企业创新的体系建设及对我国的启示[J].科学管理研究,2010(10):71—75.

路甬祥.对国家创新体系的再思考[J].求是,2002(20):6—8.

罗平,潘荣翠,尚晓慧.我国国家创新体系探讨[J].经济问题探索,2006(6):138—141.

马松尧.科技中介在国家创新系统中的功能及其体系构建[J].中国软科学,2004(1):109—114.

欧阳峣,侯俊军,罗会华.大国综合优势:中国经济竞争力的一种新诠释——兼与林毅夫教授商榷[J].经济理论与管理,2009(11):25—31.

欧阳峣,罗会华.大国的概念:涵义、层次及类型[J].经济学动态,2010(8):20—24.

欧阳峣.大国的抉择:培育战略性新兴产业[N].光明日报,2010-8-6.

欧阳峣.我国转型期发展战略性新兴产业的思考[J].湖南商学院学报,2010(4):5—8.

潘士远,林毅夫.发展战略、知识吸收能力与经济收敛[J].数量经济技术经济研究,2006,(2):3—13.

乔新生.韩国科技创新[J].决策与信息(财经观察),2006(1):24—25.

邵云飞,谭劲松.区域创新能力形成机理探讨[J].管理科学学报,2006,(4):1—11.

生延超.要素、技术能力与后发赶超方式的演变[J].财贸研究,2010(5):38—43.

史世伟.从国家创新角度看集群的创新作用[J].欧洲研究,2011(6):57—76.

史世伟.德国国家创新体系与德国制造业的竞争优势[J].德国研究,2009(1):4—8,78.

隋广军,申明浩,宋剑波.基于专利水平地区差异的高科技产业化问题研究[J].管理世界,2005,(8):87—92.

孙玉涛.国家创新能力成长机理研究[J].大连理工大学《网络出版年期》,2010(9).

涂成林. 国外区域创新体系不同模式的比较与借鉴[J]. 科技管理研究,2005(11):
　　167—171.

王春法. 国家创新体系理论的八个基本假定[J]. 科学学研究,2003(5):533—538.

王春法. 主要发达国家创新体系的历史演变与发展趋势[M]. 北京:经济科学出版
　　社,2003.

王海燕. 国家创新体系建设:经验、思考与启示[J]. 科技与法律,2010(2):1—5.

王凯峰. 发达国家创新体系建设的实践及其启示[J]. 未来与发展,2010(7):
　　94—99.

王遒. 俄罗斯大国崛起启示录[J]. 中国经济评论,2008(12):5—9.

王晓明. 德国科技政策演变对我国科技发展战略的启示[J]. 邵阳学院学报(社会
　　科学报),2009(6):21—24.

王亚刚,席西民. 国家创新体系的构建与评估:基于和谐管理理论的系统探讨[J].
　　中国软科学,2007(3):53—59.

王友明. 科学技术是经济发展的发动机——美国国家创新系统[J]. 特区实践与理
　　论,2008(5).

魏权龄. 数据包络分析[M]. 北京:科学出版社,2006.

吴贵生,谢伟. 国家创新系统的要素、作用与影响[C]. 第二届中韩产业技术政策研
　　讨会——面向21世纪的国家技术创新系统会议论文集,1997.

武福源,黄军英. 浅析韩国科技创新优劣势[J]. 海峡科技与产业,2007(5):
　　45—48.

谢蕾蕾. "金砖四国"创新能力结构的比较与启示[J]. 统计研究,2010,27(8):
　　110—102.

谢燮正. 科技进步、自主创新与经济增长[J]. 软件工程师,1995(5):53—55.

徐大可. 瑞典、德国加强自主创新的做法和启示[J]. 政策瞭望,2009(2):34—37.

杨德林、陈宝春,自主创新的研究[M],中国科学出版社,1997:43—45.

易先忠,张亚斌,刘智勇. 自主创新、国外模仿与后发国知识产权保护[J]. 世界经
　　济,2007(3).

易先忠,张亚斌.技术差距与人力资本约束下技术进步模式[J].管理科学学报,
　　2008(6).

虞晓芬,李正卫,池仁勇,施鸣炜.我国区域技术创新效率:现状与原因[J].科学学
　　研究,2005(2):258—264.

袁志刚,范剑勇.1978年以来中国的工业化进程及其地区差异分析[J].管理世界,
　　2003(3).

曾五一,肖红叶.统计学导论[M].北京:科学出版社,2007:318—335.

张宏性,程晞.国家创新模型及评价指标体系研究[J].统计研究,2005(7):20—23.

张景安.实现由技术引进为主向自主研发为主转变的战略思考[J].中国软科学,
　　2003,(11):1—5.

张俊芳,雷家骕.国家创新体系研究:理论与政策并行[J].科研管理,2009(4):
　　10—17.

张明龙.从引进技术走向自主创新——韩国科技创新路径研究[J].科技管理研
　　究,2008(7):58—103.

张平,刘霞辉.中国经济增长前沿[M].北京:社会科学文献出版社,2007.

张晓晶."金砖四国"的赶超之路[N].人民日报,2010-5-12.

张义梁,张嵋喆.国家自主创新能力评价指标体系研究[J].经济学家,2006(6):
　　28—34.

郑锦荣,屠梅曾.被威胁垄断状态下技术创新模式的选择研究[J].科学学与科学
　　技术管理,2007(11):77—81.

郑伟红,贾朋俭.俄罗斯经济增长原因及对中国经济发展的启示[J].经济问题,
　　2008(3):60—63.

中华人民共和国国务院.国家中长期科学和技术发展规划纲要(2006—2020)[N].
　　人民日报,2006-2-10.

周寄中,胡志坚,周勇.在国家创新系统内优化配置科技资源[J].管理科学学报,
　　2002,(3):40—49.

周文莲,周群英.试析日本国家创新体系的现状及特点[J].经济研究,2007(3).

后　记

经过一年时间的辛勤劳动,我们承担的国家软科学研究计划重大项目《新兴大国的自主创新道路——"金砖四国"比较研究》(批准号:2010GXSID034),顺利地通过了科技部办公厅调研室组织的验收。专家组认为:"该课题研究方法合理,理论基础扎实,结论科学,对策建议可行。"这是我们承担的第一个国家软科学研究计划重大项目,得到这样的评价,使我们感到由衷的欣慰。

本书是国家软科学研究计划重大项目的最终成果,由首席专家欧阳峣进行总体设计,课题组成员分别撰写初稿。具体分工如下:欧阳峣撰写第1章、第10章、第12章;生延超撰写第3章、第5章;易先忠撰写第6章、第7章;罗会华撰写第8章、第11章;陈琦撰写第2章;张芳、欧阳资生撰写第4章;张琦撰写第9章。最后,由欧阳峣、生延超修改定稿。

在项目研究过程中,得到了国家科技部和湖南省科技厅的指导和支持,胥和平、孙玉明、刘琦岩、刘育新、王小松、邵学清、常玉峰、姜郁文、易向凡、彭敬东、柳思维、曹兴、张亚斌、游达明、李燕凌、陈晓春、许鹏等提出了建设性意见,杜焱和张杨做了一些协调工作,在此谨致以诚挚的谢意!

欧阳峣

2013 年夏于长沙梦泽园

图书在版编目(CIP)数据

新兴大国的自主创新道路:"金砖四国"比较研究/
欧阳峣等著.—上海:格致出版社:上海人民出版
社,2013
(大国经济丛书/欧阳峣主编)
ISBN 978 - 7 - 5432 - 2290 - 8

Ⅰ.①新…　Ⅱ.①欧…　Ⅲ.①经济政策-对比研究-
巴西、俄罗斯、印度、中国　Ⅳ.①F112

中国版本图书馆 CIP 数据核字(2013)第 207391 号

责任编辑　　彭　琳
美术编辑　　路　静

大国经济丛书
新兴大国的自主创新道路
——"金砖四国"比较研究
欧阳峣　生延超　等著

出　　版　世纪出版集团　格 致 出 版 社
　　　　　www.ewen.cc　www.hibooks.cn
　　　　　　　　　　　上海人民出版社

(200001　上海福建中路193号23层)

编辑部热线 021-63914988
市场部热线 021-63914081

发　　行　世纪出版集团发行中心
印　　刷　苏州望电印刷有限公司
开　　本　720×1000 毫米　1/16
印　　张　15
插　　页　2
字　　数　167,000
版　　次　2013 年 10 月第 1 版
印　　次　2013 年 10 月第 1 次印刷
ISBN 978 - 7 - 5432 - 2290 - 8/F·669
定　　价　45.00 元